晨曦碎語

我的精神自傳

蘇曉康 著

一九八八年是蘇曉康創作高產時期。

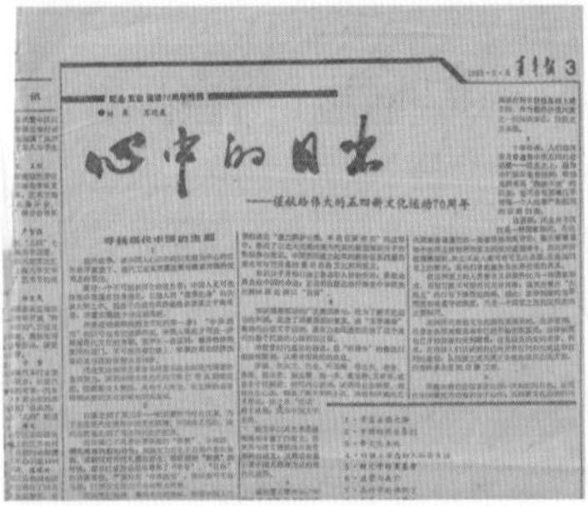

青年报 3

心中的日出

——谨献给伟大的五四新文化运动70周年

一九八九年五月五日，上海《青年報》刊登的「五四劇本題綱」。

一九八九年，初到香港，左起項小吉、蘇曉康、蔡淑芳。

一九八九年柏林圍牆倒塌之際，於牆下留影。

一九八九年攝於巴黎難民營；右圖為三年後的故地重遊。

一九九〇年蘇曉康初次訪台，與朱西甯（右）、梅新（左）合影（左圖），並參觀高信疆的象棋作品（右圖）。

一九九一年五月三日，蘇曉康於「從五四到河殤」討論會上發言。

蘇曉康與金鐘攝於普林斯頓高級研究院。

傅莉車禍後，蘇曉康在這張桌上寫《離魂》，攝一九九八年。

一九九三年羅海星（右）到訪普林斯頓，與劉賓雁（中）、蘇曉康合影。

二〇一三年，在台北國際藝術村舉行《屠龍年代》新書發表會。

二〇一三年七月十五日，蘇曉康與傅莉漫步台北街頭。

二〇一三年夏，擔任台北駐市作家期間與季季在捷運上合影。

二〇一一年三月在達蘭薩拉拜謁達賴喇嘛。

二〇一〇年十二月十日，攝於奧斯陸諾貝爾和平獎頒獎典禮。

傅莉生日聚會上，余英時夫人陳淑平（右二）和友人。

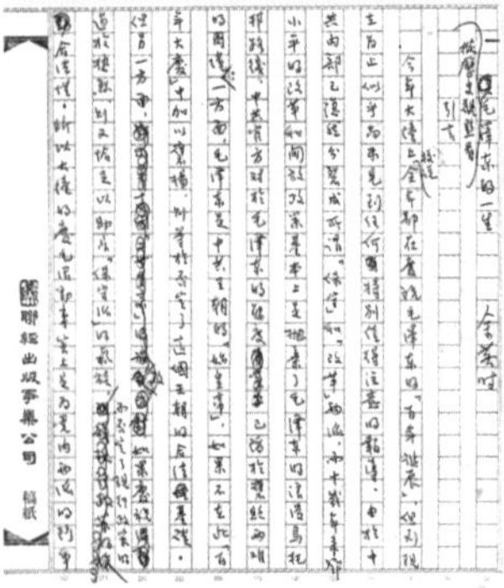

余英時先生贈送的手稿複印件。

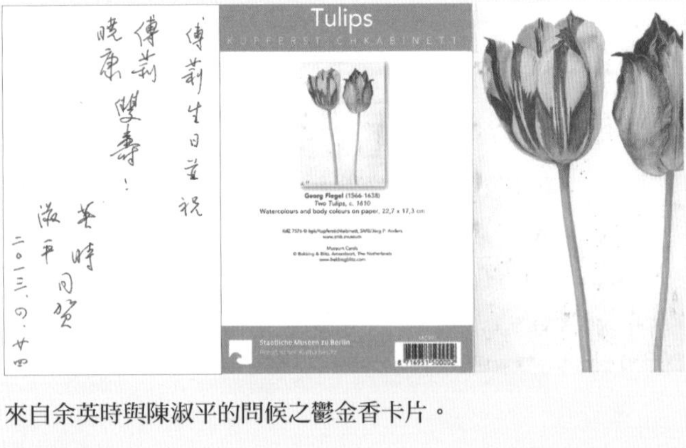

來自余英時與陳淑平的問候之鬱金香卡片。

目次

輯一 自紀

輯二　血光

輯三　尋蹤

輯四　別夢

輯五　存亡

代序

媽媽的墓塚

二十年前逃離中國之際，覺得不久便能回家的。
二十年的流亡生涯，已將回家漸漸看淡了。
二〇〇三年春天倉促回國奔喪之後，開始掐斷回家的念想。

沒有人不想回家的。我沒有很重的家鄉思念，只是非常想念媽媽。我的媽媽是一位報館編輯，八九那年已經退休在家，其實她剛六十五歲，但身體很差，從二十幾歲起就被嚴重失眠所折磨，人熬得乾瘦乾瘦。我媽這麼苦的一生，就因為出身不好，而她天生敏感、剛強，一個受不得氣的人，偏就要你處處忍氣吞聲，媽一輩子像是被委屈耗乾了似的，待到我大禍臨頭，她便遭到致命的最後一擊。兩年後，有天下午她出門取牛奶，就栽倒在街上，再也沒有醒來。當時我正在舊金山開會，不能回家奔喪，只好到金門大橋上，朝著東方，往海裡撒花瓣……

父親後來寫信告訴我：「差不多有一年時間，她經常坐在自己屋裡的沙發上，偷偷哭泣。我問她哭什麼，她說擔心曉康，我說哭有什麼用，她說她止不住。她陸陸續續哭了一年。」

蘇曉康在舊金山大橋上遙祭母親。

媽媽早在文革中就留下一紙遺言，死後不留骨灰、不建墓穴，但父親說，曉康還在外面，她要等他回來的。所以父親在京郊長辛店太子峪陵園，買了一方墓塚，葬下媽媽的骨灰。從此，我飄蕩在海外，心裡便生出一個牽掛來，被那萬里之遙的什麼揪著，很久我才悟到，媽媽的墓塚，就是我的家。那是一個要我去還願的所在，可是我去不了。如此歲月倥傯，其間我們遭遇種種，一言難盡。二〇〇〇年底，我的兒子入籍成為美國公民，我要他做的第一件事，是趁寒假回國一趟，給他奶奶去上墳。我把當年站在金門大橋時手臂上戴的黑紗，交給兒子叮囑他親手擺在奶奶的墓前。在北京，等到大雪初霽，爺爺便領著孫子去陵園祭掃，交通依舊艱難。兒子一絲不苟地照著我的要求做了，替我給他奶奶磕了頭，還拍了照片帶回來給我看，我在心裡還是不能說服自己，這就算是了卻我的心願嗎？但兒子替我去完成了我無力履行的一樁儀式，我是永遠感謝他的。

我父親見到自己唯一的孫子時，右眼幾乎看不見了，因為白內障的緣故，這是我催促兒子上路的第二個原因。我非常害怕父親等不及看孫子一眼，就完全失明，那會叫我鑄成另一個大錯，而終身悔恨。其實父親並非只想見孫子，他只是不說他也想我。我對父親說，我邀請你出來探親吧，但他不肯。他開始跟我通信，給我講家中和家族的許多故事，只是避開回憶他自己。

二〇〇三年春，父親在體檢時突然查出肝癌晚期。三月五日我接到家人的電話，馬上去紐約中國總領事館申請簽證，得到的答覆是，你的事情需要請示，回去等消息吧。這一等就是三個星期，父親在三月二十二日黃昏時分撒手，而三月二十八日我才得到簽證。這個簽證，還附加了三個條件：不見媒體、不發表言論、不接觸敏感人物，我有權利拒絕嗎？我必須回國奔喪，不是我的權利而是我的人倫，為了履行倫理而只好放棄權利，是個人面對國家怪獸時的無奈，我想，無數中國人跟我有過同樣的經歷。我的父親不是也放棄了讓我見他一面而出國的權利嗎？

回到北京，家人才告知這次我被允許奔喪的細節。事實上，我獲知父親病危而向中國政府要求的簽證，是被拒絕了；與此同時，北京的家人獲得提示：除非老爺子本人提出要求，否則沒有商量餘地。家人只好以父親的名義草擬一封信，拿到病床前念給他聽，這麼做，等於將絕症直接袒露給病人。父親簽字以後，一個禮拜就走了。他簽了一封自己的絕命書。從冰冷的程序角度來說，這個黨是接受了我父親提出的要求，即允許他那流亡的兒子回國為他送葬，由此而體現了對他的「人道主義」，那彷彿也是間接地施行於我的。我只是不知道，父親在彌留之際，明白了此種「人道」的含義沒有。

「組織上」自然是要為父親舉行遺體告別的，雖然他本人在遺囑中已經寫明「我死後不發訃告，不開追悼會和遺體告別會，不寫生平簡歷」等等；我們作為子女，也無法替他持守遺願。這個儀式，定在八寶山公墓的「菊廳」，告別者多為父親生前的同僚，於是我事先得到通知，其中許多人不方便與我碰面，儀式將分為兩段進行，前一段是「官辦的」，要我迴避；他們辦完之後，專門留下幾分鐘的儀式，乃特意為我一人舉行。我又能拒絕嗎？我只出現在父親的私人身分的這一面，其實也好。當我一個人被擋在「菊廳」外面的時候，忽然覺得，我回到這裡來竟有點荒唐似的。裡面有人來叫我，說輪到你了。我慢慢走進那「菊廳」，抬眼看見父親寬厚的遺容，我很想跪下去磕三個頭，可在這陌生而敵視的氛圍中，我竟跪不下去……

後來，我跟姐姐一道取來父親的骨灰，彷彿父親才回到我們家中。捧著盛骨灰的紅綢袋，微微燙手，好像父親的體溫還在。接下來，我們還有難題：父親的骨灰盒，要不要送進八寶山革命公墓？若是這樣，媽媽怎麼辦？她還一個人躺在太子峪陵園呢。媽媽自然是沒那進八寶山的「資格」，她也不要進那裡去。我們有什麼理由讓父母的骨灰分開安放呢？

我終於自己來到媽媽的墓塚前。她孤零零地躺在這裡，等了我整整十二年。作為一個中國人，我理當依循風俗，年年清明來此祭掃，這是起碼的人倫，可我卻無法履行這一點點為子的孝道。我跪在媽媽墓前深感罪責。來見媽媽之前的幾大裡，我夜夜失眠，被一個艱難的決定所折磨：難道我還要讓媽媽獨自躺在這裡嗎？父親也走了，他把這個問題留給了我。媽媽待在這裡，是在守望她那流亡海外的兒子，今天她終於等來了我，媽媽留在這裡的理由已經消失。我要帶她離去。

不久，我們姐弟三人，加入北京殯葬系統組織的骨灰海撒人群，來到天津塘沽渤海灣，捧著父母的骨灰，登船駛入海灣，親手將骨灰撒進大海。我是長子，我承擔這個決定的全部責任。我對姐姐弟弟說，父母皆有遺囑，兩人都堅持他們死後不留骨灰，僅以尊重死者遺願這一點而言，我們也只能這麼做。

對我而言，媽媽的那個墓塚一日空了，我的牽掛也就消失了。中國再也沒有我的家。

二〇〇九年春

輯一

自紀

塞納河畔

——最初巴黎鱗爪

一九八九年秋我有一本「流亡日記」開頭，第一頁上記著：

……九月十四日晨抵巴黎。被送至近郊CIMADE難民中心。此日正值中國的中秋節。海外流亡生活從此開始。個人命運如孤舟之飄蕩汪洋大海，不知何處繫纜……

九月二十五日那晚遊塞納河，夜色裡，法國輝煌的歷史在兩岸暗暗流動。遊艇上都是中國人，可大夥兒都好像故意不去議論那些著名的殿宇、雕塑，偏偏聚在甲板上齊聲高吼「妹妹——妳大膽地往前走哇」。歌聲濺落在河水裡，彷彿永遠不會得到回應似的。我伏在欄杆旁，被河上的涼風吹得直哆嗦，很想也跟著吼一聲，卻不知為什麼吼不出來。但我聽得出來，遊艇上這吼聲意味著某種深深的壓抑。大陸流亡者和海外留學生們在「六四」以後都染上了一種屈原似的亡國苦痛，據說發狂般的宣洩是經常發生的。

幾天後，我們幾個流亡者無意之中走到蒙馬特高地上的聖心教堂裡。雖然在北京我也多次走進過缸瓦市教堂，但總是帶著欣賞者的心態品味那裡面的寧靜和聖潔，卻從未有過跪下去的衝動。然而，在這裡我卻身不由己地跪了下去。我想祈求些什麼，一時竟想不出來。出來教堂才聽人說，這聖心教堂乃是梯也爾在鎮壓了巴黎公社後修築的，法國人頗為鄙視它。梯也爾便讓我們想起天安門廣場上的那些坦克和鋼盔，於是我又暗暗有些後悔。

坐在教堂前的山坡上，綠草地上落滿了不知道怕人的灰鴿子。我們幾個都默默地瞅著這些鴿子不說話。頃刻轉身一看，一路上說話頻率最高的老木已是淚流滿面。

我想，我們不必羨慕法國的歷史，因為我們本來擁有比他們更悠久的歷史。然而我們卻不能不嫉妒法蘭西藍天下的自由。說實在的，無論是凱旋門還是艾菲爾鐵塔，都沒有讓我特別激動。可是偏偏那些自由自在的灰鴿子，香榭麗舍大道兩旁酒店裡悠閒的巴黎人所投射出來的那種散漫而不經意的目光，卻讓我們這些從一場大屠殺、大逮捕中逃生的中國人受不了。

過去，我曾由羨慕西方人的自由精神而至羨慕西方文化，總是因為我們自己的文化未能湧出這種自由精神而不能原諒它。《河殤》或許正是這種想法的產物，而它的偏頗可能也由此產生。港台和西方的不少學者每每指出這種偏頗，認為當今中國的問題，主要在制度而不在文化。對此，我曾不以為然，覺得他們不過是太偏愛中國文化罷了。自五四以來，中國知識分子恨自己的落後，總是從文化上找根源，本來曾經認為，這總算找到了病根，慢慢來醫治它就是了。這十年的改革開放，大家也總認為只要觀念改變了，老百姓都懂得爭自己的權利，中國就有希望。大家都在做一種「文化救國」的夢。

在巴黎想起菜市口

繞開制度而去清算文化，自然有它的道理。我想這與其說是知識分子們的深謀遠慮，倒不如說是他們的謹慎和善良。即使有一九五七年反右和文化大革命這樣的災難，大陸知識分子依然沒有對導致這種災難的政治制度徹底絕望，相反，由於鄧小平的改革政策，大家甚至覺得這制度似乎還有起死回生的可能。大家願意善意地幫助完善這種制度，而決然無意推翻它，這情形，頗像當年的維新黨人，協助光緒改良而絕不想推翻大清王朝。無論是直接參與經濟、政治體制改革的「智囊團」，從學術領域裡論證各種改革難題的精英分子，或是在文學藝術創作上為改革而吶喊的作家們，哪一個不比當年的康有為梁啟超譚嗣同做得更謹慎小心呢？

然而菜市口的悲劇卻重演了。學潮之初，便認定學生背後有「長鬍子的人」在操縱，絕食發生後，整個知識分子階層哭天搶地的請求，都被視為是「煽動」、「火上澆油」；及至「六四」開槍後，明令「堅決打擊」的首要對象，果然正是知識分子。掐指算算，這十年改革以來湧現的較有成就的各學科各專業的傑出人物，有幾個不被通緝、逮捕、批判、審查？

知識分子依然被視為這個制度的頭號敵人——這是我在「六四」後才恍然悟到的。什麼「尊重知識」、「尊重知識分子」、「知識分子是工人階級的一部分」等等，原來都不過是些假面具。回過頭來看看，自「文革」結束後大陸搞過的兩次政治運動——「清除汙染」和「反對自由化」，對象都是知識分子。說這次「動亂」找不出「幕後」便拿知識分子出氣，這是一種解釋。但依我看，自中共取得大陸政權後，除了拿知識分子作為「敵人」外，實在也找不到其他任何「敵人」。

這便分明是制度問題而非文化問題了。中國傳統社會裡，除了末世昏君，很少有以仇視和虐待讀書人而能成功統御天下的王朝，共產黨在這方面恰恰表現出極為明顯的反傳統傾向，如果說這也是一種文化現象——一種極為病態的反智主義文化的話，則我們更需要從導致這種文化的那個制度上去尋找根源。

大陸當局並未因為《河殤》反傳統而饒恕它。相反，他們卻認為這部繞開制度而去清算文化的作品「煽動」了這次民運，是「顛覆社會主義制度」的，把它同黃色錄影帶和黃色書刊一道碾碎、焚燒。這恰恰證明他們才不在乎知識分子反傳統呢。這件事本身便提醒人們：不要再奢談文化而不敢直接面對這個制度了。

中國知識分子同這個制度的關係很值得反思。一方面，這個制度早從它在延安的雛型時期，就以王實味祭刀來表明它與知識分子勢不兩立；另方面，它在四十年前恰恰又是靠著廣大知識分子的衷心擁戴才在大陸取得政權的。這個制度一旦確立以後，便肆無忌憚地對知識分子實施「去勢」手術。問題在於，大陸知識分子基本上是無可奈何地接受了這個手術。這樣，他們便失去了審視和批判這種制度的能力，除了趨附它，就只有逃避它。「六四」以後，這種狀況應該結束了。

自由的巴黎收留了我們這些流亡者。她那無處不在的自由精神對我們不應只意味著庇護，而應成為一種刺激和鞭策。因為沒有自由而殘疾的中國知識分子，應該在這裡舔淨流血的傷口，再生為健全的自由人。

淫雨霏霏。我和遠志明搬出難民中心，挪到巴黎市共和國廣場附近的一個樓頂亭子間。我們在那個難民中心都蔫了，雖然它有二戰時代法國收留猶太人的盛名，極好的管理和服務。我在那裡面透不過氣來，也寫不出一個字。

遠志明似乎比我更沮喪。天安門的槍聲一響，他的精神就垮了。那槍聲對我倒是預料中的，而對他這個差點兒作了秦基偉祕書的北京衛戍區的驕子來說，則是轟毀了一切。在各自的倉促逃亡中，我們竟鬼使神差相遇在廣州一條繁華大街的洶湧人潮中，他在擦肩而過的一瞬間就認出了化裝的我，而我卻被他突如其來的擊肩一掌嚇得魂飛雲霄。我們先後順著同樣的「黃雀行動」、「地下管道」，同樣的香港—巴黎航線，走進共和國廣場附近的這個亭子間裡（後來又先後走向普林斯頓），但心靈卻已在兩個世界。

九月「民陣」成立大會期間，獲知《河殤》另一作者謝選駿入獄的消息，我們抱頭痛哭，遠志明說，八月間選駿應當也在廣州，卻無緣相遇，而那時他的妻子快要臨盆，就是僥倖逃出來他也沒法交待。《河殤》的另一位總撰稿人王魯湘，也被捕三個月了，毫無音訊。為同一件事遭難，如今天各一方，我們在西方獲得自由，他們卻在獄中受苦，別人很難懂得此時我和遠志明的痛苦：覺得他們是在替我們坐牢。

一天凌晨，從香港來的電話，是《星島日報》記者蔡淑芳，我從夢裡驚醒：

「羅海星是什麼人？同你有聯繫嗎？」

「沒有。怎麼？」

「出事了！」

再也睡不著。兩天後外電證實王軍濤、陳子明被捕，我再打電話去香港探問，原來這次「黃雀行動」上了圈套，進去的營救者包括聯繫人羅海星均被捕，損失慘重，香港朋友說，看來不好再救人了。剛放下電話鈴又響，一位已逃到巴黎的王陳舊友，在話筒那邊放聲大哭：

「怎麼辦？為什麼會這樣……」

又是一夜難眠。

我癱在那一個樓頂亭子間裡，羅浮宮、聖母院和艾菲爾都視而不見，拿破崙和我少年時最崇拜的左拉也沒有吸引力。不看歌劇而去看改編成電影的昆德拉，卻始終只有「生命中不能承受」之「重」……

拉雪茲神父墓地

我終於也被別人拿去拍進電視，同幾位流亡者，按英國女導演的鏡頭設計，俯身將為「六四」的鮮花，放在一百多年前的法國殉難者靈前。

BBC的電視導演露茜來找我拍片子。她到巴黎尋訪了許多大陸流亡者，逢人就問：「你們要的民主究竟是什麼？」人們大凡會對這位導演大講一通如今連西方人都不大聽得懂的民主理論，那情形好像是我們中國人在啟蒙盎格魯撒克遜人。露茜每每聽得極認真，但末了還是不懂。不過她總是知道不要讓這些中國人失望，裝出一副很能理解的樣子來。儘管露茜多次向我誇耀，她奶奶本世紀初在上海待過，但她對中國的了解彷彿只限於那座天安門，尤其令我驚訝的是她竟知道那地方在七十年前發生過一場「五四」運動，也知道那場運動好像也是一群大學生折騰出來的。中國對她來說，大概除了末代皇帝、毛澤東和鄧小平，就剩下從「五四」一下子跳到「六四」這樣一種撲朔迷離的歷史斷層。

難題來了。「怎麼什麼事都發生在這個天安門？」露茜的藍眼珠子充滿了好奇，「怎麼什麼事情都是中國大學生鬧的？你得向西方人解釋清楚這些問題！」

我舔舔嘴唇（這是我的一個毛病），驚異露茜能夠如此快刀斬亂麻地把中國人熬了七十年的苦難史簡約到這般精粹的地步。我心裡在揣摩，過去我們對西方人講中國的事總是過於彎彎繞繞，不得要領；循著他們的思路，或許倒能談得明白些。橫豎這片子是拍給西方人看的，不必像我們在大陸搞啟蒙那樣，凡事都得從古希臘民主制、盧梭和伏爾泰講起。露茜如此快捷的思路——從「五四」到「六四」，頗像我們搞電視片時的汪洋恣肆——從藍田人頭骨一下子侃到黃河漂流勇士。我預感我們的合作準能默契。

我認認真真地準備了劇本。三個星期後，她領著攝製組從倫敦匆匆趕來。天公不作美，巴黎那幾天淒風苦雨，沒一天好日頭，弄得我心情極壞。露茜穿了件黑色毛料連衣裙，幹起活來很瘋狂，每天把我們弄得精疲力竭。我為每一個叫到鏡頭前面來的人都設計好了「台詞」，但露茜卻全然不理會我讓他們按本子講了些什麼，她默默坐在攝影機旁邊，等一拍完，她就會跳起來，讓攝影師重新打開機器，向每個人連珠炮似地發出一連串問題：

你當紅衛兵時，在天安門廣場上真覺得很幸福嗎？

毛澤東死的時候你多大？當時什麼心情？

在不能說真話的社會裡，你意識到自己是天天在說謊嗎？

民主難道就是選擇一個好領袖嗎？

民主對你們來說，是不是有點像宗教？

中國老百姓真的擁護你們的民主嗎？

鄧小平為什麼覺得沒有退路？學生是不是太不給他面子？

做翻譯的南茜小姐已經面露慍色。她對我說過，一個翻譯的有效時間是兩個小時，露茜卻毫不留情地讓她五、六個小時不歇一口氣。我在一旁也很惱火。原來露茜根本不要聽我們講民主的大道理，她壓根兒認為我們天天掛在嘴上的那些理論，BBC的觀眾不會感興趣。而她要的那些東西，我們總覺得很「膚淺」的，彷彿同我們流了血、死了人的那樁煞是悲壯的天安門義舉不大搭界。但露茜根本不管我是否高興，纏著每個人刨根問柢，並且一再讓南茜提醒他們：

「請用最簡單的意思表達。你就只當我露茜是個白痴。你是在對一個英國的白痴說話！」

我的天，我這才發現，我們的世界離他們的世界隔得多麼遙遠。

我們七十年來所拚命追趕他們的那個目標，竟然是我們向他們理喻不清的一件事情。難怪去年五月份北京天安們廣場如火如荼之時，美國《時代》週刊上有篇文章發出這樣一個皺著眉頭的「傻冒」問題：「中國人要的民主究竟是什麼？」我們和他們，究竟誰是白痴啊？

不但露茜，對每一個普通的西方觀眾來說，要想讓他們明白毛澤東為什麼讓人這麼崇拜？（我還自作聰明地用拿破崙來做一個蹩腳的比擬）「文革」是怎麼回事？林彪幹麼要坐飛機逃跑？（這事在西方人看來就像上帝的弟弟跑了一樣）大躍進煉的那些鋼都到哪裡去了？（我只好說那時是把整個社會都扔進爐子裡去煉的，露茜滿臉燦笑）天安門廣場從哪裡跑出來一支摩托車隊？（我一急，說那是「小萬潤南」即個體戶，露茜高興得蹦了起來）如此等等，縱使我絞盡腦汁，到頭來發現好像都是在荒誕的層面上才足以同露茜溝通。當她明白了的時候，我卻糊塗了。

一禮拜下來，露茜要走了。我很憂慮地告訴她，這片子如果讓英國人看得懂，那麼中國人就恐怕看不懂了。她聽了以後若有所思，說：

「本該如此。」

胃與政治

一九八九年幾乎是一個「天安門廣場」年，這場廣場運動受到舉世讚揚，那時還沒有對「激進主義」的剖析和種種道德詰難。我在歐洲、台灣和北美飛來飛去，昏昏然於東西方的時差之中，內心卻只有失敗和愧咎。

在舊金山飛往台北的航班上，大概是吃了中西混合式的那種日本壽司，我肚子隱隱作痛，繼而上吐下瀉，昏昏然飛越太平洋。我知道老胃病又犯了。後來在台北看醫生，下了胃鏡，說是十二指腸球部有兩處潰瘍，老的一處已經癒合結痂，一處新的正在潰爛。那老傷口是十年前發現的，乃是「文革」中我當紅衛兵時一次絕食留下的紀念，折騰了我整個青年時代，後來娶了一個作醫生的妻子，平日頗注意調養，終於沒有穿孔，竟漸漸好了起來，人還發胖過一段。但由於改不了嗜菸酒的惡習，也未除根。那處新的潰瘍，想來隱伏甚久，也終於因「六四」以後的流亡生活而發作了。

說來滑稽，我這隻胃竟是個專得「政治病」的胃。倘不是它又出潰瘍，我還幾乎忘了自己也有過絕食的「壯舉」——去年春天，當天安門廣場黑壓壓躺了一片絕食學生時，我站在金水橋邊心急如焚，心想是誰想出這麼個主意，要用戕害自己的辦法去折服獨裁者？那時我居然沒想起二十二年前自己也幹過同樣的事情。

那是一九六七年二、三月間，正是「文革」在全中國各地演成派系武鬥的初期。我當時在某省上學，參加被軍區壓制的一派。公安局逮捕了我們這一派的幾個頭頭，於是各學校組織了幾百學生到公安局門前靜坐抗議。靜坐是可以進食的，於是各學校又專門有一支送飯的隊伍。我那時就被分派往靜坐場地送飯，每天蹬三輪車跑十幾里路，送去饅頭麵條一類的食品。第三天中午，當我拉了兩大桶飯汗流浹背趕到公安局門前，頭兒說：「蘇曉康，這裡已經宣布絕食了，你不用再送飯了，過去參加絕食吧！」「那這兩桶飯怎麼辦？」我一下子懵了，戀戀不捨地瞅了一眼三輪車上那兩桶熱騰騰的饅頭麵條，便迷迷糊糊走進人群，撿了一塊空地坐下來——就這樣，我空著肚子開始了五天一百二十個小時的絕食。

絕食的滋味自不必說。只是我們那時候絕食是無人理睬的，餓昏的人都要我們自己抬出去送醫院。周圍既沒有號哭勸食的觀眾，也沒有來回巡邏搶救的「白大褂」，更不會有那淒厲的救護車鳴笛，總之我現在彷彿回想不起當時有什麼悲壯的氛圍。大夥兒躺在冰冷的水泥地上，抽菸聊天，各自講一段自己童年好玩兒的事打發時光。不能吃東西就拚命喝水，越喝越想尿，弄到後來尿出一泡去就有天旋地轉之感。如今想起來，那時憑著年輕，一百多個小時的飢餓不知怎麼回事就挺過去了。那次絕食在第五天深夜被對立一派武裝偷襲所打斷，我們都在深更半夜落荒而逃。這座城市從此進入恐怖的武鬥時期，學校也被人家占領。我記得絕食後很長一段時間沒吃過熱飯熱湯，那胃病的病根兒恐怕就在那時落上了。年輕時不在乎它，三十歲以後便漸漸受它報復，折磨是時時刻刻、永無止境的。每回我犯起病來，劇烈嘔吐，茶水不進，頭暈不敢站立，妻子便會在床邊一面給我餵藥，一面嘲笑道：「瞧你當年為捍衛毛主席革命路線有多賣力吧，自個兒餓自個兒也算革命？」換了別人，我自然只有苦笑，可她也當過紅衛兵，不知為什麼對我當年的「壯舉」竟無半分同情。

後來我從台北又飛回舊金山，聽說柴玲剛逃到巴黎時常常嘔吐，終日只能進流食，但來美國居然還能七個城市巡迴演講下來。人們爭睹這些天安門明星的風采，卻不知道他們那已然上身的病痛。

相隔二十多年，兩代中國青年學生竟都會採用這絕食的辦法，倒是一件奇事。自然，二十年前我們這些被毛澤東騙得靈魂出竅的紅衛兵搞絕食，誠如我妻所言乃是餓得冤枉，五天絕食除了弄壞自己的胃以致於終身受累，實在沒有換來半點好處，斷不可與「八九」民運中天安門的絕食運動同日而語。無論如何，今天大學生畢竟不會蠢到為了捍衛誰而餓自個兒，至少他們是為保護自己的權利而餓肚子，餓得還算值得。在天安門廣場躺過幾天的人，日後總算是可以向子孫誇耀的一段光榮歷史，不似吾輩之絕食，弄得至今羞說當年，連老婆都會拿去取笑。

不過我還總有些猜測，以為今天大學生之絕食，與當年紅衛兵之絕食，恐有點師承關係，也未可知？「文革」模式與這次「八九」民運有何內在聯繫，在今天或許還是一個有些忌諱的話題，可留待日後有歷史癖的人去探究。或許我自己從「文革」中來，總覺得相隔二十年的這兩項大規模群眾運動雖在性質和訴求上迥然不同，但在形式上卻讓人有似曾相識之感。我這種感覺或許同中國的獨裁者們不謀而合——因為我可以想像得出，經歷過「文革」劫難的鄧小平等輩，當他們看到天安門廣場前出現的標語不是「小平您好」而是「打倒鄧小平」時，是何等敏感地會聯想起一九六六年來。他們實在是被毛澤東那套「自下而上」的大民主搞怕了。他們其實並未領教過真正的西方式民主，下意識的恐懼恐怕主要來自對毛澤東和紅衛兵的恐怖記憶。所謂「動亂」之說，鄧小平在四月間就提出，卻正可視為這種心態的流露。以搞學潮起家以致於到後來最怕學潮，這一共產黨的戲劇性異化，乃是「文革」之「碩果」，是毛澤東留給他的繼承者的一份禮物。

「文革」因毛去世戛然剎車，鄧小平等一代碩果僅存的老人們也僥倖活下來，撿了一個權力真空的便宜，卻未獲得處理「文革」模式的政治經驗，日後掌權又忌諱徹底清算老毛，阻止全民族反思「文革」，他們卻患了「恐學潮症」，稍有苗頭便要壓制，為此還把一個同情學生的大學副校長方勵之打成「世界級異議分子」，弄到八九年壓不下去便動起真刀真槍來了。「文革」是共產黨自己作孽，到頭來報復共產黨。歷史邏輯就這麼無情。但話又說回來，「文革」二十年後中國人搞起一場民主運動來，主角雖換了一代新人，論起年齡來恰是在「文革」後呱呱墜地的那一代，按理他們根本不知「文革」為何物，卻已然在基因裡遺傳了搞大規模群眾運動的天分，不知是何神機使然。

就拿絕食來說，那幾乎是發動群眾運動的靈驗之術，頗投合中國人的惻隱之心與注重飲食之身，也使絕食者自身很容易昇華到自我犧牲的悲壯境界，人我便可在忘情的層面上取得「共識」，而不必去理會各自原本的理念和訴求。凡搞群眾運動，非此種情緒氣氛不能成事，可稱之為「政治走火入魔」。若論「文革」，原本是渾渾噩噩的眾生，為那紅太陽所傾倒，為他而絕食，那理念情緒倒也相宜，記得我們那時都會唱一首歌，叫作〈抬頭望見北斗星〉，餓腸轆轆地唱得滿臉淚水，彷彿毛主席在天上也聽得見的，知道我們在為他餓肚子。這是一種頗為委屈、感傷並頗能使自己產生悲劇感的情調。由於我很熟悉它，忽然發現它竟瀰漫於八九年春天的天安門廣場。諸如〈血染的風采〉、〈便衣員警〉乃至一些所謂「西北風」的流行歌曲，本與這場民主運動風馬牛不相及，卻被大學生們反覆詠嘆，幾乎成了「八九」民運的象徵性聲音，這緣故我想就在於它所提供的某種感傷悲切的情調，頗投合廣場上學生們自認滿腔報國之心被曲解的那種感覺。然而，這種歌唱它幾遍，人便自動進入角色，自我陶醉於其中，哀怨激憤的情緒、以死相拚的情緒、「唯我獨革」的情緒，紛然而生難以控制，於是不肯撤退、由絕食而絕水而自焚，以致最後要以肉軀與坦克相拚，凡此種種，都與冷靜、理性相去甚遠，把個極為嚴酷極需智慧的政治較量變成亂烘烘的情緒化的一幕舞台悲劇。在這層意義上，它又比紅衛兵運動進步了多少呢？

西方人看中國的大規模群眾運動，總覺它有非理性的濃烈宗教色彩，故而常常將義和團與紅衛兵相提並論，對此我曾頗有反感，近來仔細想想，那道理也是有的。所謂調動群眾，在前理性時代，必有誘發狂熱的機制才行，如偶像崇拜、神話領袖、煽情造勢等等，以此搞一場舊式的改朝換代尚可，搞現代民主政治則絕難成功。

說到絕食，那或許是一壯舉，卻顯得古舊了些，無非證明當今中國人搞民主還得用老把式，玩不出新招。倘若我們同中南海裡那些老人都只能以昔日拳腳見陣，再打一百年中國還是老樣子。而那「自上而下」和「自下而上」兩套拳經，也會遺傳下去。再過二十年，我們的兒子或許也會對絕食無師自通，末了同我們一樣也患胃潰瘍、吃胃得樂，腸胃消化不良，瘦得猴精，倒是免了美國人好得肥胖症的憂慮，可到底脫不了「東亞病夫」的帽子。

人間沒個安排處

從台灣反身回西方去，竟因為這裡的溫馨而倍感落魄和孤單，淒涼又襲上心來。雨霧中離開台北，飛抵戴高樂機場還是陰霾沉沉，望一眼大巴黎，憂鬱的冬雨正濃。順著鵝卵石的陌生小道，走回共和國廣場附近的那個亭子間，覺得不是一個歸宿。盼有電話來，鈴一響又心驚肉跳。縮在小屋裡頭腦空空，寂寞得一分鐘也不想多待，一出門就是演講、宴會、採訪，一副面具底下的內囊，快要被榨乾了似的，卻還是死要面子，有請必到，強撐「精英」嘴臉，心裡蒼白無力，叫苦不迭。這是一個誰的玩偶，或者調味品？我為什麼要這樣活著？夜深人靜時，我會端詳自己在外面充當的那個角色，總在想「他」是從哪裡來的？

我生性敏感而懦弱，是個平庸的胚子，從小我那很淡泊的父親不知為何給我灌輸了一種不靠外界靠自己的哲學，以致在社會劇變之中，竟給了我大起大落的人生，很折磨我的性格。青少時代一路挫折，漸漸染上宿命感，未洩氣卻也無野心，中年偶然出名後，便下意識不斷作驚人之舉，好像生怕再失去那世俗名聲。因報告文學和電視片而漸漸捲入政治裡去，妻子傅莉看在眼裡、急在心裡，似乎也不好攔我，只是不斷旁敲側擊：我願意你寫出好東西，可不願你從此像沒這個家一樣，蘇單還小，你悠著點。我哪裡「悠」得住？終於「悠」到海外來了，把她娘兒倆扔給員警去「抄家」、「傳訊」、不准出國……自己也沒本事逃出來，仗著那點「名氣」，許多素不相識的人來「營救」，於是平添了無數對國家民族、對民主、對俠膽義腸之士的欠帳感，還帳只有一途：更深地捲入政治，去充當自己都厭惡也絕對拙劣的角色，心理上還越來越依賴那個「《河殤》作者」，彷彿放棄「他」就會驟然跌為乞丐……

出來後，第一次往父親那裡打電話，老爺子的口氣聽上去很緊張，媽媽卻泣不成聲。傅莉和兒子另住，聽不到他們的聲音，心裡悵然。猶豫了幾天不甘心，忽生一計，想起北京有一美國女記者，曾請我和傅莉吃過飯，手中竟還有她的北京電話號碼，於是撥通，求她去看一眼我家。又隔了幾天，我如約再去電話，她去過了，說有「清查辦公室」管著傅莉，凡事必須彙報，不得接觸外國人，朋友們也不敢再來往；兒子也還好，對爸爸的事一清二楚，但嘴上絕不肯提一句。她寥寥數語，把我說得涼了半截。

拉雪茲神父墓地就在不遠處，靠近它的那座教堂鐘聲，常常在清晨殘夢中傳來，令我會有人生原本不幸，只是我多僥倖，而僥倖只是一場春夢，夢醒了無路可走之傷感。幾天後忽然收到寄自香港的一封信，厚厚一疊，抖開滑出幾張照片，兒子一張緊繃的臉，沒有笑容，傅莉卻沉靜如故，看不出變故的一絲痕跡，只有媽媽更見其蒼老，令我落淚。此信寄自康乃爾，由一個在北大留學的美國學生湯姆轉寄。現在才知道什麼叫「家書抵萬金」。

舊金山—芝加哥—紐約，每處一落腳，就如約往北京父親家中掛電話，傅莉會帶著兒子候在那邊。有一次約定的時間到了，我這裡卻無處打電話，後來媽媽告訴我，傅莉和兒子在那邊巴巴地候了兩個小時。趕回巴黎已有她的來信，附來的照片是她站在我們家中那個大書櫃前，比先前顯得憔悴，但信裡隻字不提煎熬，只寬慰我，勸少抽菸、胃病犯了沒有？她是只關心世界上一個人的那種妻子，不管這個人在天涯海角。在香港的一個親戚也側面轉達，傅莉已經苦不堪言，也動了逃的念頭。可是，眼下正常管道不通，黑道又極危險，怎麼辦？我通宵失眠，凌晨起身給傅莉和兒子回信，又只能婉言寬解，暗示切不可莽撞，要有耐心等待，直寫得滿紙灑淚。幾天後捱到深夜再通話，那邊竟是兒子接的，一上來就說：

爸爸，我背一段英文給你聽！

小嗓子沙啞地嘟囔一通，我這廂聽得心酸，那分明是說，爸爸別嫌棄我們，我拚命學外國話呢。

老蘇：謝謝你那天來電話。這些日子以來，依然感到抑鬱，許多無法排解的愁緒。我用不停地工作來消磨自己，最近身體越來越不濟事，腦筋也遲鈍了，工作效率低，周身疼痛，真有捱不下去的感覺……

這回是香港人蔡淑芳給我的來信。她在廣場上同學生一道靜坐，屠殺時她也在。她是唱著〈血染的風采〉神色恍惚回到香港的，等我們逃到這裡來，她還在那刀光血影中沒醒來。我逃來香港，借住她家的客廳，常常深夜聽她在臥室裡突然大叫，只見她先生衝出門來：「她又在夢裡驚醒了。」

我終於決定辭職了。但手停口停，又忙於找工作，有時真覺得自己太自作孽，無可救藥。現在義務幫忙支聯會，做得又十分苦悶，沒人體諒，撐得很吃力。面對今日大陸，我不會甘心的，雖然無力正乾坤，也不用我們拋頭顱、灑熱血，但是總要有人堅持下去的，我只想這樣幹會令自己好過點而已。我常記著一句話：「知我者，謂我心憂；不知我者，謂我何求」。儘管我只是一個不起眼的小人物，但我仍以為要好好做人，一個完完整整、堂堂正正、不亢不卑的人，也著實不容易。
你還能創作嗎？知道你們流亡海外的日子也絕不好過。中國人的圈子又這麼窄，這麼多是非。你對未來的計畫想必很惆悵，人走上這條路，只能見步行步，我對自己也只這樣說，即使所做的一切都沒有什麼效用，能做便是了。現在香港在中英雙方的玩弄下搖擺，人人都看穿了，雙方都自以為替港人說話，其實誰也沒真正把香港人看在眼裡，除非有利用價值。我早就討厭這種氛圍，把心思放在更遙不可及的地方，就這樣。

這次回來，巴黎春色漸顯，半月前離開時的陰鬱褪盡了，但「民陣」派系之爭漸烈，我這樣的迂腐文人看不懂門道，不知該往哪頭站，以致渾渾然在理事會上舉手表決，常常舉起來又後悔。心裡話，我該走了。

一天陰雨未斷。遠志明突然說，昨天他找牧師談了。他不再對人世寄希望，他想受洗。我未置一詞，只是覺得那也許該是他的歸宿。「蔚藍色」這個意象，最早是他想出來的，或許他會在那裡面走得最深。

離開巴黎時，他已遍體鱗傷。送他出門的當口，我閃過一念：難道真的是「人間沒個安排處」？

決定獨自出去走走，是逃避嗎？體驗孤單的滋味，不是怕孤單嗎？逼自己走進孤獨。我其實從未孤獨過，才那麼不中用。流亡即流放，比坐牢並不好受。

我在巴黎飛往舊金山的途中記著日記。早晨去戴高樂機場時還是冷風冷雨，此刻舷窗已是陽光明媚，巴黎的天氣真如一個反覆無常的女人，給你淒風苦雨，也給你春風豔陽，看你受得了那樣。登機那會兒，心裡一陣難過，好象要與巴黎永訣。

接近紐約時，氣流很大，顛得厲害。舷窗外濃霧洶湧，飛機在五里霧中，就像我的處境，只是它有導航系統而我沒有。人屆壯年，突遭變故，會退化起來，變得脆弱和幼稚，順手亂抓救命稻草，此時人真是一座不設防的城市，誰都可以進入你、耍弄你、操縱你，你卻無能為力，還渴望人家進入，生怕人家不肯，恐懼被拋棄。這是一種對外面的依賴，因為內心軟弱、空虛，無所憑依。我自覺很自信，有時甚至狂妄，可在流亡中最深的感受，卻是沒有一絲來自內心的自我力量，只有失敗和幻滅之感。我很容易幻滅，「文革」時遭父親問題株連時就幾乎垮掉，那時才二十出頭，人開始頹廢，一切意義感消失，這樣便在個體淪喪中也連帶著幻滅了同那個制度有關的一切，其中並未深思熟慮，也沒有新的價值觀、人生意義的填補，內心已成廢墟。所以，中年冉遭變故，還會回到原點，無非又是淪喪和幻滅罷了。這前後二十年之間，我竟會以「憂患意識」而賺來世俗名聲，不過是那顆枯竭之心的外化而已，轟轟烈烈一番，最終留給我的還是那顆枯竭的心。

落下舊金山，依舊陰雨霏霏。幾天後，友人陪我去看金門大橋，那壯景被近幾日的暴雨奪去風采，寒風中看它也未覺動人。

旅次芝加哥，中西部盡在大雪中，芝城處處雪中暴露的鋼筋水泥，冷徹心底，密西根湖也一派封凍。偶遇落腳於此的劉再復、李陀，兩位著名流亡文人，他們遠離民運，仍在思考文化問題，劉再復說，十年改革中文化陣地（或資源）基本被我們掌握，公民社會初具形態，民主制要靠這些根本上的轉換，而現在全部喪盡，國內又在重建極左秩序。李陀委婉對我出來後的「文化清談誤國」說頗有質疑，也對我承認《河殤》確有偏激情緒不敢苟同。我只聽著，不加申辯，以為他們在一場大屠殺後還能保持文化興趣堪稱內心不躁，殊為不易，但思路上似乎對文化激進主義尚無感覺，依然在膜拜「五四」，同我因《河殤》震盪而生出的「始作俑」之感很有距離，這也是無法強求的。他們很欣賞「後現代」論說的一套新知，此刻正是西方的時髦，而我已索然無味。

在門檻外偷看的家

蘇曉康，生在新中國，長在紅旗下，獨具個性，極富才華，他曾經真誠地信仰過他崇敬的一切……但無產階級和資產階級爭奪接班人的鬥爭，在他身上，我們失敗了。

題為〈從知識精英到暴亂先鋒——蘇曉康「大膽地」走向何方〉一文中的這幾句，讓我吃了一驚：我這裡兀自沮喪，為給家人帶來的災難而深深自責，那思路竟同我的批判者十分相近，真是見鬼了。難怪傅莉來信說「你的問題又升級了」，接二連三登報將我「雙開除」（公職和黨籍）外加全國作協會員之後，在鋪天蓋地的聲討《河殤》的「檄文」之外，終於有清算我的一篇專文出籠。

平心而論，此文算是很客氣的了。叫我感興趣的是對我的所謂「文學生涯」的剖析：「蘇曉康的作品多數以揭示重大而尖銳的社會問題為主旨，這自然無可非議，關鍵是站在什麼立場」，作者認為我是在文藝界的「叫好聲迭起」、「某些人的大力支持」和「一片喝彩聲下，興致越來越高，膽量越來越大」，「頭腦膨脹起來」的。除了「某些人的支持」以外，基本上是對的，其實「立場」早就變了，否則，會老老實實當個記者或講師，鸚鵡學舌一輩子，不去寫也不碰「重大」題材的，這是批判者無論如何不懂的，好象「一片喝彩聲」把我從他們手裡奪走了，但為什麼會有「喝彩」，卻是問題的關鍵。我被這「喝彩」所引誘大概是我最大的不幸。

「自由女神號」從馬賽港開出不久，我告別巴黎，去了美國。

你去美國時我還在台北受苦。你說慚愧不慚愧，一班外國人，傻傻的浪漫，坐這頭破舊不堪的老船，他們把船叫成「女神」這「女神」那，親膩得不得了，跑去南中國海為中國民主受盡挫折，反被各種各樣的中國人玩弄了。回來後「民陣」的人都跟我說：「我早知道不會成功」、「我早知道……」云云，可是，當然，事後風涼話特別易說，還有，我總覺得，民主不比別的投資，要有充分把握才該出馬，一句外語老師最愛說的話：學一個新字，你要把它認十次忘十次才能牢記，外語我倒有點心得，這話是真的。民主或許亦如此：你要跌倒十次才進步。我跌了一次，還要九次……

南茜跟著那條船去了，後來用電腦打了這封信給我，就是給BBC導演露茜做翻譯的南茜，其實是個中國姑娘，本名李玉葭，巴黎流亡者最初戲稱她「國民黨小姐」，因為其父曾是國軍將領，「大陸淪陷後，他跑到香港，現在他的女兒來同你們合作」，南茜總要這樣描述她同中國的關係。她長在美國，卻迷戀巴黎，從柏克萊加大畢業後即來此定居，法語英語說得都比廣東味的國語流利，中文寫得極流暢幽默，還一肚子巴黎掌故，卻崇拜吾爾開希。

「民主女神」號的點子，原本出自「傻傻的浪漫」法國人，萬潤南主政「民陣」，苦於沒有「鮮點子」造勢，自然會被這種「浪漫」所吸引，化了幾乎一半財力去搞這趟「漫遊」，還很相信吾爾開希上船就有神效，理事會討論時很多人反對，但都拗不過「萬總」，財權在他手裡。一種典型的「政治浪漫」，同無恥而老辣的共產黨，還差著幾個量級。當然，也是「傻傻的浪漫」的南茜，主要氣在中國異議分子連這玩「浪漫」的認真都沒有。南西從來不跟我提她對《河殤》的看法，卻發給我不少粵語味道十足的文字，她也是一個「張迷」。

「六四」那天我沒哭，只想有更多、更多的資料：是政變嗎？是軍管嗎？吾爾開希柴玲他們在哪？是哪條軍隊進城？我需要用純資料、「數據」來麻醉自己，總想現在哭不是時候，明天才哭，今天我要知道是誰？哪？怎？但我還是要面對自己說：恐怕我不能在年輕時看見民主在中國，恐怕要等我現在還沒影子的兒女，也許他們成長後會看到那日子。當時雖然盡量不想那一張一張絕望的北京人民的面孔，地上一灘一灘的血，但還是十分傷心的。現在想起只有我子女有緣的民主中國，不這麼傷心了，只是帶點蒼涼的希望。也許因為這點蒼涼的希望，我去年沒有別的華僑（如香港人）般激情，現在也沒有他們般心灰意冷。

中國，我一生都在門檻外偷看的家。

大概我的性格和身分得罪了誰，竟有人在巴黎大散謠言，說我是美國中央情報局「受過高級訓練」的特務，還越說越天方夜譚，說我是高級賣淫（有人問證據，他們說我永遠「花枝招展」，這是證據嗎？還有，我真的「花枝招展」麼？當然，你要知道，世界上沒有女人站在鏡前覺得自己「花枝招展」的。如果我真的如此你要告訴我，我一定要反省。）後來竟有人說我一定是同性戀特務，派來勾引女民運分子。最後說我五官不像漢人，還見過達賴喇嘛，一定是……西藏人！我打電話跟媽媽訴苦，她初聽什麼特務，也氣得要死，又聽女兒不止同性戀還是西藏人，以後每次來電話總問「西藏公主」在否？真是有其母……

當然，你認識我，紙醉金迷的生活我還過過。許家屯曾為香港九七下豪語：大限到時，「舞照跳，馬照跑」（粵語「照」是繼續的意思），我也舞照跳，馬照跑。「六四」周年後的星期一我上慕尼黑談船談民主，我說「六四」傷口沒結，我們還痛，我們還要幹下去。然後，我戴個大草帽，「花枝招展」地和其他也從俗戴大草帽的淑女們看賽馬。在西方，沒有比看賽馬更無聊的社交，是最貧血最頹廢的貴族風俗，老實說，流連在這種場合總覺得有點不是味兒，但在那些神聖的政治場合聽一個又一個大義凜然的陳詞，也同樣覺得不是味兒，總覺得都在演戲，演技還特別差……想到這裡，人生真沒意義。

有一天，我們會站在天安門樓台上大笑，笑今天好笑的，不好笑的一切。有一天，我會擠進門檻內。

如今，我也在門檻外，既沒有南茜的真情，也沒有她的幽默。

一九九五年底從零碎日記整理而成

灰飛煙滅一甲子
——共和國同齡人的回首

一九六一年我家從杭州遷到北京，住進景山東街西頭的一個大雜院，名叫西齋，原先是京師大學堂、亦即後來北京大學的宿舍。隔街就是紫禁城後面的景山，舊稱煤山，有個左側門可進。於是天天放學之後，我都跟夥伴們到那裡面去，先找個石凳寫作業，然後環山追逐，或在山坡上打滾兒。這景山頂端，有個萬春亭，朝南望去，整個故宮就在眼底，一覽無餘。那鋪天蓋地的黃燦燦琉璃瓦，宛如一個金色大湖。再往南端遠眺，便是天安門廣場，卻只見紀念碑露出它的小頂冠，而萬春亭的山坡，成了觀煙火的最佳地段，每逢十一國慶，我們小孩子夜裡就去找個樹叢臥下，看那大殿群背後衝起的煙花滿天繽紛。

煙花明滅，在轉瞬之間，鑄成了一代人的虛假觀念，也燃盡了他們輕薄的理想。六十年代初，北京城裡幾人知曉，神州大地已是餓殍遍野？而這廣場上的絢爛夜空，跟後來長安街的血光，又是一種什麼因果？而今清點這六十年，不如清點一下我自己的心智（mentality），看看在那裡面積澱了一些什麼東西，是我不能言明卻又制約我的？我是一九四九年生人，標準的「共和國同齡人」，也是「眼看他起朱樓，眼看他樓塌了」的一代人，我們卻說不明白這幻滅的滋味，因為我們從未面對過自己的「個人精神史」。

史達林／俄羅斯

「白茫茫大地真乾淨」，無疑是我們的一個來源。你剛睜開眼睛，已經沒有歷史了。也許使用「蒙太奇」的鏡頭描述，是此刻我只能做的。一九五三年我才四歲，至今記得那時的一個場面：大人們都站在院子裡，仰面朝天，等待天上一架飛機駛過，那是為史達林逝世而全中國舉喪。你能說這不是一個來源嗎？我們這一代人，跟已經顛覆了他們自己歷史的那個俄羅斯，有太多聯繫，而跟我們自己的傳統毫不相干。意識形態、制度建構的移植，就不去說它了，在文化上我們所能吸吮到的養分，從哲學、文學、音樂、美術等等，哪一樣不是來自蘇聯？我們讀托爾斯泰多於雨果，對莎士比亞則很陌生，自然讀得最多的是魯迅，而他也只曉得東歐蘇俄。《列寧在一九一八》是我們的黑白電影。我們一輩子只愛聽那個《外國民歌二百首》，大部分是社會主義國家的，尤其蘇聯的最多。從那斯拉夫旋律中，可以追尋捕捉我輩難以言說的私人心境，更是屍陳國家話語的一座馬王堆。那時既無電視MTV也無CD隨身聽更無iPod，但這一代人的音樂記性好得驚人，個個皆靠模仿，把歌詞和歌手的唱腔學得逼真。說這是「吃狼奶」，大概過於簡單化，但是標榜為「俄羅斯傳統」，則是一種矯情。我們沒有能力從這種「傳統」中剔除民粹主義、領袖意識、政黨邏輯、暴民傾向、平均觀念等等，以及思想方法上的決定論、兩極化，才是要害。

東方紅／溫都爾汗

於是「領袖」便糾纏我們一輩子，成為難以擺脫的一種「父權」。一九六四年國慶節前夕，人民大會堂裡在彩排音樂舞蹈史詩《東方紅》，我弄到一張票，看得目瞪口呆，像喝醉了似的回家去。一種來自朝鮮的造神「巫術」，對於北京的魅力型領袖，乃是如獲至寶的，而真正的總導演是宵衣旰食的國家總理。那其實是在彩排十年文革。舞台上的阿諛、迷醉、癲狂，後來如法炮製到天安門廣場，觀眾席裡如潮水一般流傳的，則是來自全國的百萬紅衛兵。這個彩排一直進行著，也沒有隨同文革而謝世，又在二〇〇八年夏天的「鳥巢」裡再次上演。這種巫魅的儀式，對現代中國人進行了一道作舊處理，把他們變成一支支雄壯的秦俑方陣，六十年來從驪山秦始皇陵寢中陸續出土，也預先為兩千年後的「全球化」世界工廠備好了龐大勞力。

話說溫都爾汗的一個炸雷，把我們從批鬥、武鬥等種種攻擊他者的野蠻之中驚醒後，記憶就被刷得一片空白。甚至塞給我們的這個幻滅，至今都是一個說不清的陰謀，而若是沒有這個陰謀，我們恐怕一直要樂呵呵地呆傻下去——世上曾有哪個世代如此可憐過？於是，這樣的幻滅，便不是甦醒。於是，我們還會對另一個「領袖」著迷，雖然他只不過比前一個矮了一頭。他們可以再騙我們一次，實在怨不得他們，只怪我們永遠不懂一個常識：他們本來就是騙子嘛。無可救藥者，更在這種「政治盲瞽」已然進入遺傳基因，將繁衍出一代代幼稚的「理想主義青年」，無論是「八九」學生還是「可以說不」的憤青。八九年五月的一個夜晚，我站在金水橋的欄杆旁，張望那沸騰廣場上的黑壓壓一片，心裡焦急的只有一件事情：怎麼才能讓這些絕食的學生，和前來助威、呵護的百姓們相信，共產黨是會開槍的？那是已經殺了四、五千萬人之後依然存在的一個難題！

子彈費／民族魂／造神

因為人口過剩就人命不值錢？因為尊齒就得聽任老人無恥？因為皇帝曾經喪權辱國就讓主席凌駕一切？因為八國聯軍燒了圓明園就得服從「四項基本原則」？因為學生不肯撤出廣場就得開放外資大舉入侵？假如這些也算爭議的話，那麼都要由子彈來裁決，而子彈果真呼嘯而來，木樨地的飲彈者卻是一聲「橡皮子彈」的慘叫——無奈林昭媽媽被逼為女兒遭槍決而支付五分錢子彈費的驚人細節，仍不能驚醒這樣的懵懂。可是，一旦「反右運動」的陣前主帥，搖身一變為「改革總設計師」，我們還來不及去釐清這筆帳，又要繼續為他的「開放設計」，而支付江河斷流、草原沙化、森林消失、食品有毒甚至禍延子孫後代的代價。

說來淒涼，我們或許是「亡國滅種」的冤大頭，叫它討了二百年的債，否則我們不必慌著強國忠黨或改造民族，以至滅絕了單個的人，而人口卻從四億增長到十二億。六十年裡中國埋頭生產「反革命」，幾無科學發明，卻精於羞辱、折磨之術的鑽研，內含多項世界之最，假如金氏世界紀錄肯收錄的話。「與人奮鬥」因發達成一門哲學而「其樂無窮」，這一次我們倒是不屑於俄羅斯的「靈魂」拷問，因為我們有「民族魂」魯迅的專利「靈魂療救」，並在毛澤東手裡發揚光大為「靈魂深處爆發革命」，因為紹興的阿Q穿越時間隧道，終於跟雷鋒握上了手。

在這種國度裡，抗議是一種「群瞻文化」，悲痛才能聚眾，「清明」由此變成一個「政治哀悼節氣」，而「覺醒」總是在一個「好人」死了之後。七六年一月的寒冷清晨裡，我躺在豫北農村冰涼的被窩裡，被廣播裡的哀樂，催得濁淚滿枕巾。其實大家都跟我一樣，主要是在哭自己，只不過找到一個政治理由才哭得出來。「十里長街送總理」幾乎是一個街頭運動的新創造，但十三年後又去重複一次，至少是很沒有想像力；而統治者更沒有想像力，以為推倒前朝宮牆，擴出一個巨型廣場來，它只具有萬眾雀躍歡呼萬歲一項功能，殊不知造神的空間，恰好是最佳的滅神場所。

盛世／鬼打牆／李叔同

不過，苛政不會錘鍊叛逆者的智慧，毋寧只煎熬了他們的焦慮。異想天開的「民主一舉成功」，大概不過是「解放全中國」、「全國山河一片紅」的翻版，乃是由「叫你永世不得翻身」未預期地馴化出來。即便聖雄甘地的「非暴力主義」，似乎都用錯了地方，儘管這是二十世紀所能提供的不能再好的和平抗議模式，無奈共產黨豈有英國殖民者的「婦人之仁」？至於文革的絕食，那原本就是中南海裡那個梟雄玩於股掌之上的雕蟲小技。中國七個星期的浩大抗議，啟動了蘇東波崩潰浪潮（東歐一九八九系列革命），卻在本土勾起二十年更冷酷的壓制。這個更大幻滅，使中國知識分子的脊梁骨愈加缺鈣，而我們或許只能遺憾，那為中國異議者所能使用的抗爭模式，這個世界還沒來得及打造呢。

這六十年，卻把俄國人巴枯寧最早預感的「黃禍」幻覺，落實成真——鴉片戰爭輸入的西方技術與中國人的原始奴性相結合，撫育兩億五千萬勞力，日工資一美元，只是沒有再拖著一條辮子而已，也非「亞洲四小龍」同日而語，卻由「新儒家」早就預備好一頂「儒家文明現代化」的桂冠，偏又遇上亞洲當紅而歐美衰退，於是它的胃口，就是全球訂單和買斷全球，於是它便可以綁架酒色財氣的神州，又贖買昏頭脹腦的華爾街，迎來一個油膩膩的「盛世」。

假如歷史可以「假如」——假如譚嗣同沒有把光緒手詔交給袁世凱，假如陳獨秀出了北洋監獄後沒跟李大釗去樂亭，假如一九一九年初毛澤東沒能從上海碼頭赴法留學的人群中溜掉，假如在四川阿壩的葉劍英沒有截獲張國燾的電報，假如胡宗南的軍長劉戡在延安王家灣追上了毛澤東，假如一九六一年彭德懷去美廬求見時毛澤東沒有睡覺，假如文革中毛澤東沒有特意留下鄧小平的活口，假如林立果小艦隊用高射炮平射擊中了主席專列，假如八九年四月下旬趙紫陽不去平壤，假如五月份柴玲被人私下串線見了鄧小平……這六十年會不會稍有不同呢？恐怕，它依然是近代二百年的邏輯後果、五四近百年的自然延續。你瞧，無論全盤西化還是「以俄為師」了一個多世紀，我們居然哪兒也沒去過，還是在祖先設下的歷史循環圈裡「鬼打牆」，設若西太后還魂於鄧小平，趙紫陽就是光緒了，那麼誰是袁世凱呢？惡的歷史，竟如此輕易地重複了一次，而我們卻不可能在六十年裡，再找到梁任公的如椽大筆、陳獨秀的曠世吶喊、胡適之的冰潔清醒……

忽一日，聽網上飛來一支小曲：

長亭外，古道邊，芳草碧連天。晚風拂柳笛聲殘，夕陽山外山。天之涯，地之角，知交半零落。一壺濁酒盡餘歡，今宵別夢寒……

這來自上個世紀初的音調，好像有上千年的塵埃，卻又分外的清新、悠揚。歌詞的韻味，貼近千古絕唱的唐詩樂府，又很像徐志摩的散文。有人考證，那曲調原是一首美國通俗小調，歌詞則是濃縮了《西廂記》的某個折子，竟然成為現代中國晨曦中的一曲〈陽關三疊〉，然而淒迷之處，是李叔同在〈送別〉無法送別的一切。輪到我們來送自己的「六十年」，則彷彿沒有什麼值得送一送了。

二〇〇九年八月寫於年居一甲子

專訪八九年剛逃亡到香港的蘇曉康

——與蔡淑芳談「六四」

（按：這是一九八九年九月我在逃亡到香港後，接受《星島日報》記者蔡淑芳的獨家訪問，而後由她整理出來的對話原文照錄，這份採訪稿二十年來從沒有發表。）

記者：可否先談談你的流亡生活和感受？

蘇曉康：我是從五月二十二日開始，直到最近已經歷了一百多天的恐怖生活，現在剛剛平靜下來，所以許多問題沒有好好地想。人在恐怖當中的時候，很多問題不能想出來，只能想一些現實的問題、生存的問題。

說起來，老實說，也是很可笑的，結果，我呢，躲起來比較早。我在戒嚴令一下就躲起來，為什麼呢？因為我知道中國的局面一進入白色恐怖的話，他們馬上就會抓人，我有這種預感。

去年，公安部就列了十大現象，亦即反對共產黨的十種人，其中第六種就是我，就是以蘇曉康為代表的「文化政治勢力」，其餘包括第一種是方勵之啦，還有王軍濤等都是，金觀濤的《走向未來》叢書、學派都是，再加上《河殤》這場風波，我是預感到如果中國一旦有大的逆轉的話，我們肯定非常困難，因此戒嚴令一下，我在凌晨從廣播中聽到消息，第二天我就走了。

我的預感是因為他們已經從對知識分子及文藝方面、宣傳及意識形態的作品上壓制你、批判你，例如，《河殤》給批判，《烏托邦祭》給封了，我搞的《五四》片集搞了一半不讓搞了，這都是宣傳部或是國家出版局出面，但在他們的後面還有公安部，公安部從來沒有露過面，但他們已經把我們作為監視的對象。我說的十種人，是去年的事情，今年年初不是搞了個三十多人的簽名嗎？之後，據說，個把星期約十天左右，就是陳軍出事前後，三十三名簽名的，全部都被監視了，有特務在家門口附近盯住你、跟蹤你。

記者：你也發現自己給跟蹤、監視嗎？

蘇曉康：我沒發現，我比較遲鈍，也沒經歷過這事，看不出哪些人是特務。後來，老木告訴我，最近有人盯你，所以在這種種跡象就說明，如果大局還是穩定，那他們只會是從意識形態上批判、壓制，而不會威脅你的人身安全。如果一旦出現大的衝突，那就必然要抓你，這件事以前就有預感。所以，我這種狀態、處境也使我在學潮當中不是那麼很積極。老實說，不是很積極的。

我想先談談這一百多天躲起來的感受，我感覺到有危險，但我不大相信會抓我。到六月開槍以後，我才真的藏起來。開槍之前，我離開北京，但並未真正躲起來，開槍後我開始藏起來了。

當然，開槍之後馬上知道白色恐怖就要來了，但還認為不至於要抓我，當我真的知道「七人通緝令」時，當時的心情，怎麼說，總覺得很冤枉的那麼一種心情，好像夠不上要通緝我，我夠不上被通緝的資格和條件，因為當時通緝是按照參與學潮的程度，我覺得我好像沒有參與過什麼，怎會通緝我呢？

但我的朋友們比我都清醒，就認為你是跑掉的，肯定要抓你。當時的心情，一方面感到很委屈、冤枉；另外就總是抱有幻想，因為從廣播裡、電視裡看到了什麼，人大常委會萬里講的要以法律為根據，以事實為準繩，民主黨派的領袖們都給中共提出來，要區別兩類不同性質的矛盾，要區別「罪與非罪」的界線，聽到這話，覺得很對自己的心情，覺得不會對我怎樣。

但你瞧，他已經開槍了，我當時還有這麼的幻想，認為他不至於這麼瘋狂，我甚至去找了《刑法》看一看，給我定的「反革命宣傳煽動罪」要判幾年徒刑。人在那個時候，說起來很可笑呀！但確實是真的，後來藏得更加祕密，更跟外界切斷一切聯繫，電視也看不到，什麼也沒有，躲在屋裡，不能出去，不能開燈。有一度精神已經崩潰了，每時每刻都恐怖緊張，沒辦法，睡不著覺，食不下飯。

後來我的朋友們，明確的告訴我，你不要抱任何幻想，抓住你，起碼要二十年徒刑，甚至會殺了。我過去一直不太相信，直至我出來以後，我才感覺到，確實是這樣的。據說，王震是說過這樣的話：「不殺蘇曉康，絕不足以消心頭之恨。」因此，我覺得，從這點，從我自己的經歷來看中國知識分子，對於暴力，對於共產黨殘暴的本質認識很少，起碼我是這樣，雖然我經過文化大革命，看過很多殘暴的事情，但臨到真的領教時，總不大相信。

當然，我躲起來以後，有很多事情我不知道，廣場發生什麼事？電視看到一點，很多事情不了解，北京全國濫捕濫殺的情況也不太了解。我後來才逐漸的聽到我的許多朋友被捕，很多跟我合作寫東西的都給抓去，甚至刊物發了我的作品，編過我的作品的編輯都被捕了，真的覺得他們確實是瘋了。

那麼出來的事情也是這樣，原本是不想出來的，一直不想出來。後來才覺得絕望了，沒辦法了，不想就這樣抓去，被抓去後，恐怕就活不成了。

因此呢，可以說，學生也好，人民也好，知識分子也好，對於他們敢於向人開槍、屠殺，以至屠殺後的白色恐怖，是毫無思想準備，確實毫無思想準備。這確實是，是理論問題，很多各種各樣改革的理論，整個根基上都受到挑戰，面對這樣一個瘋狂的政權、暴政。

當然，我現在，據我個人來說，現在到了這一步，在沒有出來之前，我想了很多的問題，更多的問題就是真正能夠跑出來，做點什麼？一開始想，比較簡單，總覺得我是寫東西的作家，他的作用就在他的作品上，去做職業革命家？可以這麼說，不是我們的所長呀！開始時不是太想直接去從事所謂民主運動。去海外後，還是想能夠保持一個作家的身分，寫點東西。

我也聽說了，出去的一些人當中，不少的確到現在為止沒有參與，他們怎麼想我不知道。出來之後這幾天，我所想的有了點變化，怎麼說，我覺得那麼多朋友營救我，香港的朋友冒這個生命危險，出了那麼多錢把我們救出來，到底為了什麼？救我們去海外當流亡作家去嗎？還有，我們到底還可以寫些什麼呢？寫的東西不能給大陸裡面的人看又有什麼意義？海外誰要看這些東西呢？這就是很矛盾，不知道流亡的角色怎樣扮演，我到現在還不知道，因為我本身從八五年以來吧，我有一個原則，我堅持我的原則，就是我以我的作品發言，我不作其他表白，我就用我的作品來說話。所以，當《河殤》遭到極大爭論的時候，像我們的合作者都出去到處講，但我不講，我不願意講，我覺得我的作品就是我最好的發言，我不願給人家多做什麼解釋。

另外，我在北京的時候，也不大參與這些包括知識界的活動，我參與不多。我參與比較多的是文學界的事情，討論我的作品吧，這超出我的一些範疇的，一般我都不去，這是我過去給自己定的一個原則，因為我覺得我畢竟跟哪些搞理論的人不太一樣。搞理論問題可以對形勢、對局勢、對政治問題發表他們的見解；我們搞文學的，也不大能說清楚，只能寫作品，通過作品來表達我自己的想法，對與不對由社會去評價。

可是，後來越來越不行，越來越把你往那個上面推，特別是《河殤》之後，他們把這些文學作品都看成是政治問題，例如：《河殤》的問題，我曾經寫了一篇文章在香港發表過。《河殤》問題是這樣的，在國內，官方認為我們反動，汙衊中華民族，詆毀中國偉大的傳統，就這麼一個調子。海外、港台，特別是台灣，罵我們是不敢批評共產黨、社會主義，而去批評老祖宗，這兩者都是把《河殤》當作政治問題來看待。

我寫的文章，我們的出發點不是從政治角度來看，我們的確是檢討中國傳統得失，從這樣一個角度，而且是用文藝性的辦法來做這件事情。當然了，我們表達了一種政治現實，而且儘可能容納許多許多的觀點，這不僅是我的觀點，我還把很多觀點歸納起來，所以《河殤》有一個現象很意思，就是它裡面有很多矛盾的，原因就在於集大成，很多觀點都匯起來，觀眾可以看，自己去作自己的判斷，我不怎麼提供結論。我提供的結論也是一種形象型的，或者是情緒型的東西，由於它的反響很強烈，結果被上層政治權力鬥爭利用，把我們擺在一個尷尬的位置上。

另外，在報告文學界，我是他們說成是繼劉賓雁之後，繼承劉賓雁那種報告文學批判現實主義傳統的這樣作家，認為我是第三代報告文學作家，這一批人批判現實主義，揭露這個現實問題的。所以呢，劉賓雁被打成參加自由化，我們這種文藝流派，評論家認為是繼承他的。我當然不覺得完全是這樣，有繼承的一面，但也有變化的一面，我覺得這種文藝界批判現實主義是一種傳統，也不一定是繼承劉賓雁，因為中國近代文學，它就是批判現實界，它的功利性很強。

從梁啟超開始，談小說功能，它就是一種政治功能，講得很明顯的，講「救國」、「喚起民眾」，所以文學後來出現新的淡化政治、遠離生活的這種流派，頗遭非議。結果就像我們這種貼近生活的很受吹捧。真正按文藝，從文學角度看，兩者都應該存在，誰也不要攻擊誰。

可我們這種批判現實主義的流派，就在政治上被擔上很重的政治色彩，儘管你口上說不參與政治，不參與具體政治活動，但是官方還是把你看成是政治上的一種反映。

記者：現在中共把你們這些作品看成是資產階級自由化的產物，你認為公平嗎？

蘇曉康：當然不公平啦！我對「資產階級自由化」的提法不同意呀！完全是很荒謬的提法，什麼是「資產階級自由」？根本不成立的。它拿不出很科學的概念來界定改革以來出現的這種思想解放運動，就打出這麼一個「資產階級自由化」，它根本就站不住腳。

為什麼胡耀邦、趙紫陽在「反自由化」問題跟他們的看法不一致？首先就是這個提法不科學，你可以不同意這種思想解放運動，那你也拿出科學的說法來，但他們拿不出來呀！

我們確實，不錯，我們從文學的角度對中國的現代化，想對人民作出啟蒙，這點毫不諱言。不僅官方這樣批評我，連文學界也這樣批評我，說我們是政治功利主義，有政治目的。他們認為他們搞純文學的沒有功利，為藝術而藝術的。結果，在學潮起來後，我在上海去領獎，上海《文匯報》搞了一個文學新人獎，上海有一派理論家，他們很厲害，跟王蒙、劉再復唱反調的，他們誰都罵，我在上海時，他們也罵我，批評我是功利主義，認為我代表文學上非常墮落的功利主義，罵我說是政治手段，都是把這些看成是政治問題。

本身從我們創作的角度來說，確實沒有那麼的政治目的。我是記者出身，然後轉去搞文藝創作，那我就帶有一種記者的特點，寫的東西都是真實的情況，我覺得任何虛構的東西都沒有真實的那麼感人，而依我的看法，中國的文學在當前很難令到廣大民眾去搞一種「超越」。中國文學由於它的這種批判現實主義的傳統，文學從它的形式發展來說的確比較差，文學的檔次比較低，它還未能走上「純藝術」的路去，所以中國作品和現代文學的發展，不是那麼成熟有關，也跟它一直接近現實生活，內容上很淺顯，形式上就很難有比較高級的發展，確是有這個問題。因此我覺得文學應該分成兩個方面去走，一部分作家應該去寫現實的東西，人民都看這些；另一部分作家完全可以自我追求、孤芳自賞，你去鑽你的象牙塔，沒關係。你去搞你的「超越」，你去發展文學的純形式，可以的，不要排他。現在就互相排斥，爭吵得很厲害，就以我自己來說，並沒有很強烈的想搞民主運動。

記者：這次學運發展到民運，中共政府常說幕後有黑手，但知識界很遲才出來，是什麼原因？是否時機不成熟？

蘇曉康：首先，我得說，中國民主運動，從粉碎四人幫之後，西單民主牆遭到壓制，基本上就沒有太大的發展，作為運動而言是這樣。

這不是時機問題，它從整個群眾基礎、理論準備、實際經驗，也有時機問題在裡面。整個來說，都有欠缺，往往是碰到一個偶然契機，就爆發出來。這個跟中國的社會危機、政治危機、經濟危機有關，尖銳時就容易爆發出來，所以它不是很自覺的問題，它帶有很大的盲目性、偶然性，就變成運動的東西。

從西單民主牆之後，中國知識分子實際上在不斷地積累，不斷地從各方面檢討中國文化、中國政治和經濟制度，不斷地進行思想啟蒙，沒有那樣一個自覺的意識搞運動，中國就沒有這樣的一個東西。

在沒有人權及政府腐敗的明顯情況下，民主運動的發展，民主意識還未有發展到這一步，知識界也遠遠沒達到這一層次，首先大家不敢組織起來。試想，在四人幫以後的民主運動，很顯然都是改革遭到挫折，改革碰到困難的時候才出來。

如果改革順利，它不會出來，不會爆發民主運動，包括這幾次出現的學潮，它所追求的價值目標，跟民主是兩回事情，根本是兩回事情，不是追求人權這東西，追求的是反腐敗、反官倒、反貪汙這些平均主義的要求，而不是平等的、或者是民主的要求，遠遠沒達到。這跟中國現在整個民主意識只達到這樣一個水準有關係，只有這樣的口號最易團結大多數的人，你如果提人權的口號根本不成的，沒有人理睬你的。

方勵之在這方面，我覺得他是比較超前的，他抓住了人權的問題，可是響應的人卻極少了，很少，很少。一般的工人、老百姓對這個不會感興趣，雖是最基本的，但中國人沒有這觀念，思想解放運動雖然進行了十年，但是禁區太多呀！每想突破一個禁區，馬上帶來極大的壓制，從「清除精神汙染」，到批自由化，就是不斷突破禁區。

八六、八七年的學潮，學生堅持不提工資問題，運動由上海學生最先鬧的，工人就要求你們要提工資，我們就跟你們一起上街，但學生堅持不提。當時大學生在這問題還是比較清醒，這種口號，反對物價通漲，是很低的經濟要求，我們現在要提更高的政治要求，所以後來很多人批評學生，認為學生太幼稚了，不去團結工人。那時候，經濟改革，是要漲物價的呀！不漲不成，這是經濟規律的問題，但那是工人追求的目標，學生不願意苟同，結果得不到工人支持。

這就可以看得出，中國人在民主化、現代化上，不同的利益集團，不同階層的目標完全不一樣，這目標上就沒有辦法統一，它就無法形成一個很有目的、有秩序的群眾運動，它必然是狂風暴雨地來臨，狂風暴雨地退去，必然是這樣子的，理論上沒有準備。

我覺得這次學潮也是這樣，以胡耀邦之死而突發，本身就很像「四五運動」，也跟八七學潮非常像，都是靠這樣一種辦法產生起來。

初期知識界怎樣我說不清楚，我自己當時的看法就覺得又是借一個死去人做文章，我猜學生的心態覺得上一次學潮把胡耀邦弄翻了，弄倒了。這次胡耀邦死了，學生有一種內疚的心情，我看過很多人們抄給我的，學生寫的輓聯，那種嘲諷、調侃、戲謔來表達學生那時候的複雜心情。

很明顯，它背後還是一種對中國出現倒退有一種反抗和希望改革向前。當時，那些輓聯非常像這一代大學生搞的，因為這一代的大學生，依我們的看法認為，由於八六、八七年學潮的失敗，大學生出現一種幻滅，非常嚴重的幻滅，他們的口號是「家事、國事、天下事，關我屁事」。他們不願意關心政治了。我在大學教書，當時的大學生都很頹廢，北大、清華怎麼樣，我不知道。這說明這一代大學生的精神風貌，他們被批評為文化上營養不良的一代。政治上虛無主義、道德上墮落的一代。

當時，我也想寫這一類的報告文學，講八六年學潮的這一代青年，最優秀的大學生，給他們造成了副作用、負面的影響，對一切都失望了、幻滅了。不過，後來在這一次，我發現這判斷是不對的，說他們營養不良也好，說他們道德上墮落也好、政治上虛無也好，完全是不對的，這次學潮證明了這一點。

所以，這次把學生鎮壓以後，我也曾一度認為，這會對下面的一代造成很大的影響，後來，我想想，中國青年不會幻滅的，他們會更加厲害。這要我們好好研究一下這個現象，這涉及對這一代青年總體上的把握，我說不了。這方面的研究也很多，比較著名的有《第四代人》，就是分析這一代大學生的，就是用我剛才所說的那一類調子，這本書的其中一個作者就曾公開寫文章，支持鎮壓，抨擊資產階級自由化。

記者：知識界在這次學潮中，以改良主義的姿態出現，學生對這態度並不十分接受的，知識界是怎樣出來的呢？

蘇曉康：悼念出現以後，大學裡頭很熱鬧，眼看一場學潮要來，但我想可能會跟八七年差不多，鬧一鬧就過去了，而且我們也有一個想法，這東西肯定會被政治上層、政治權力鬥爭所利用，必然是這樣。誰利用它，誰高明，利用學潮達到他們的權力重新分配、更迭的目的。因為那時候，趙紫陽地位危險，受到威脅，改革上出現問題，被攻擊得很厲害，鄧小平還是想協調，在這樣情況下，學潮爆發了，極像胡耀邦當年情況。因此，我個人覺得肯定會重演、歷史要重演，所以不想參與。而很多人跟我的心情也差不多，因為都看過這一幕，完全是一樣的，所以沒有在意。

後來，四月二十日凌晨新華門事件，十九日晚上就已有一個北大青年教師來找我，講及新華門情況，說員警打人了，又說壓死了一個學生。學生堅持是警車壓的，鬧得很嚴重，他指責我，問我為什麼到現在，知識界沒有一個人出來？說學生就是看了你們的書、你們的文章，是被你們啟蒙起來的，而學生現在站起來了，你們卻不動。他說這些，我也覺得確實是這樣的，起碼，知識界應該出來，提醒政府，應該跟學生對話，不能用武力鎮壓，起碼要說這麼一句公平話，所以首都的知識界是這樣介入的，是作為一個局外的，第三者的角色開始介入這場學潮的。

所以第二天，包遵信發起了聲明，二十一日的聲明開始了簽名，我也簽了。包也說，這是知識界的第一次介入，就是這樣，完全是局外的，還想帶有知識分子獨立的，不參與政治的，要作為理性的，不是與學生站在一起，我們是站在政府和學生之外的，這樣的情況。這也很自然，整個知識界對這次學潮並沒有思想準備，也不大贊成學生這樣弄，很明顯，最初是這樣的一種態度。

記者：為什麼還說知識分子是幕後黑手？

蘇曉康：這完全是無稽之談。當然，要說這幾年所做的事情對學生造成的思想上影響，我們無法推脫。但必然，我就是要做這事情，就是要影響學生。看看中國現在會出現怎樣危險的境地，我們覺得不能倒退，那我們就是這樣幹，你說這就是策劃動亂，說知識界搞了這樣那樣的沙龍、討論會都是策劃動亂，在法律上根本說不通的。這說明，這些年知識界的確對中國的問題提出了很多這樣那樣的解釋，做了這樣那樣的宣傳和啟蒙工作，在人民群眾，特別是青年當中引起了很巨大的影響，但人民接受它呀！只能這樣講，我覺得，完全沒有什麼處心積慮、有計畫、有計謀的去組織這一場學潮，誰也組織不來。我當時的感覺是，這批學生，當時誰也操縱不了，別說知識分子能操縱，連政府也操縱不了，沒人能操縱得了。

記者：你怎樣反思這場學運，以及它起了什麼作用？

蘇曉康：四月二十七日那天，我從上海返回北京，中午一到火車站，交通就全面中斷，北京市學生大遊行呀！我在上海只聽說四二六的社論，上海學生也想動，但上海市委壓得很厲害，結果同濟大學九個學生來找我，他們知道我在上海，想問我意見，但我沒在。會議上的人很怕學生來找，說我回北京了。

在北京，人們對我說，四二七的遊行多壯觀呀！我突然覺得學生了不起，不得了，因為學生打出了憲法的旗幟，打出了「擁護四項基本原則」、「擁護共產黨」，而且組織得非常有秩序。從四二七大遊行，知識界就看到這次運動超越過上一次，它有一種理性的、秩序的東西在支配它，而且因為四二七遊行採取了這樣的形式，受到了百萬北京市民的擁護。

這事情如果分析一下，在中國搞民主運動，怎樣搞才能成功，要爭取儘可能多的人使獨裁政府害怕，這個實際上在四二七大遊行已經做出來了。很明顯呀！像八七年的學潮，學生提出很理論化的口號：「要民主、要自由，反獨裁」，沒用了，老百姓不跟你呼應，產生不了共鳴的，而且要提出「打倒共產黨，推翻社會主義」這口號，老百姓根本不敢跟你站在一起的。

所以，四二七大遊行出現以後，知識界就有人出來組織了，新聞界、文藝界也出來，理論界也站出來，都受了感染，而且實在是學生表現的理性精神和秩序，在這樣的前提下才敢站出來，就是這樣做，能夠逼使官方讓步，在這個基點下，統一起來。

那麼，後來的問題很複雜了，就是說官方不退讓，我現在才感覺到，他們這老人政治不肯在四二六社論往後退，認為從四二六社論往後退，他們就完蛋。這樣的一個邏輯對他們來說是對的，因為四二七表現出來的一種巨大的正義力量，他們面對的再不是過去的那愚昧的、只會做暴動的、騷亂的群眾；他們面對的是非常策略、非常克制、非常難對付的群眾，其實任何獨裁政府最怕的就是這一個。如果是一群暴民，它不怕，鎮壓就完了，以安全理由鎮壓。但這樣的情況下退的話，的確共產黨可能要走一條新的道路，再也不可能是獨裁的局面。這我不把它作為黨內鬥爭來說，我只把整個政府看成是一個舊的傳統中央集權的東西，把整個人民群眾看成是要求民主力量，在它們之間的博奕。所以它面對的是這樣的一種力量，這力量是按照民主程序，按照這種現代政治的手段來進行一種非暴力、和平的這麼一種民主運動，這個是任何一個獨裁政府最害怕的，所以我現在認為，經歷了六四屠殺之後，我們還有沒有信心，有沒有勇氣，仍然堅持一種理性的、非暴力的一種鬥爭？是不是六四殺了人啦，鎮壓之後，我們也只有用暴力對付暴力，是否應該這樣？

現在有這麼一個觀點，認為這政府是瘋狂的、非理性的，因此就不能用理性辦法對待它。理論界在民主運動現在出現這麼一個危機，就認為，既然他們用暴力，我們也就用暴力對付它，以牙還牙，是否應該這樣？這是一個很大的問題，這是我現在考慮到的一個非常重要的問題。

四二七是一個很大的轉折，四二七出現的是一個真正的現代民主運動。我覺得如果中國有現代民主運動的話，就是從四二七誕生的，而且是由學生創造的。至於學生怎會這樣子出來的，按照陳希同報告說，是有人在後面出主意的。我不在北京，據我所知，也不可能有人操縱學生，是學生自己，而學生也有矛盾分裂，但產生這共識，最後學生贊成這方式，這說明是學生自己創造的。

因此，過去對學生的判斷是錯誤的，認為他們是非理性的一代，不對嘛！他們在關鍵時刻，是非常理性嘛！他們一開始就令全世界、全國人民目瞪口呆。據說鄧小平看了四二七大遊行的錄影後，連連叫後悔呀！連連說上當、上當！不知這真還是假，但反正當時共產黨一籌莫展，沒辦法。

看學生扛著憲法，擁護共產黨、堅持四項原則，員警沒辦法只有撤。所以有人說，他們說什麼陰謀，打著紅旗反紅旗，甚至攻擊他們，包括我們自己也說學生是實用主義，不是啊！這就叫做理性，因為他們看準了在中國當前什麼樣的口號，什麼樣的方式，能夠團結最大多數，而使獨裁政權感到害怕，這就是理性，是最高級的政治智慧。很明顯，要成功、勝利，搞激進、搞革命，就是打敗對方也沒用啊！

記者：為什麼政府會表現得一錯再錯，學生也好像一樣，錯過了機會？

蘇曉康：這裡面，怎麼說，是有一種難以避免的命運在裡面，悲劇性的東西。就是說，我們一批這麼優秀的學生，碰著的恰恰是一個腐朽的老人政治，它有它的偶然性在裡面，如果這樣一場學潮，爆發的是在四人幫的時候，亦即鄧小平只有七十多歲的時候，整個共產黨政權沒有那麼腐敗的時候，它也沒有感覺到那麼巨大的威脅時，是不會出現這樣的一個狀況，這種堅決拒絕對話、堅決拒絕用和平的秩序、法律的形式來解決矛盾，而訴諸於暴力，一步步把學生逼向對抗，完全是用心很明顯，你不是說不動手，和平嗎？我就逼得你要跟我打，這一打，一動手，就有藉口把你打死。

對方就是這麼一個東西，而這個東西之所以會這樣，跟當前特定情況，中國共產黨高層領導出現這麼一種狀態有關係。我覺得有特殊性的，不是必然的，因為在這點上，我不同意絕對要推翻共產黨，我不這麼認為，只有某種特殊性，並非共產黨必然要這樣做，因此從這一點來說，他們長久不了，他們現在的統治是長久不了的，冒天下的大不韙呀！這不成的，這在中國絕對長久不了的。

記者：為什麼你對共產黨還寄予希望？

蘇曉康：這不是我對共產黨還主觀地寄予希望與否。首先，中國現在唯一就只有這麼一個政治權力，就是共產黨，就是從政治學的概念來說，唯一這樣一個中央集權的東西，這跟中國社會的結構有很大關係，因為中國是一種東方式的社會，跟西方、跟香港完全不一樣的。東方的傳統社會就是一個金字塔形的，就是要靠一個高度集中的，權力很大的這樣一個金字塔的尖，才能維持社會結構的穩定。那麼，這個社會，想轉型想現代化，有兩種辦法，一是把這個金字塔的尖，即這中央集權推翻，把它徹底瓦解，整個社會結構的瓦解，按西方現代化道路來重新組合；後一種辦法，不要令這政治舞台徹底垮台，而改良、改變它，使它願意改革，願意現代化，那麼，中國這傳統東方社會不破碎的情況下，完整地走向現代化。

記者：中國現在的制度已經是千瘡百孔，本身毛病很多了，是患了絕症，怎去醫？怎去救呀？

蘇曉康：是的，但是塌下來以後，結果是什麼？塌下來的結果是根本搞不成現代化，沒有辦法搞現代化。

記者：破了以後，就立不成？

蘇曉康：不成的，因為中國歷史上已經出現過幾次這樣的情況，例如戊戌變法，就表示改良並不是一種壞事。你總以為改良是壞的，革命是對的，不是的，革命是不對的，改良如果能成功是最好的。

記者：改良之後，壞的東西還存在，洞是補之不盡的。

蘇曉康：沒關係，下次可以再改。革命就是壞的東西照樣更多。我不知道妳為什麼有這麼一種觀念就是革命就是對的，人類歷史上的革命都是非常骯髒的，真正的革命，像法國大革命，恐怖極了，它給人類留下來的遺產並不一定都是好的。一九一七年的俄國大革命，就產生蘇聯這麼一個政權。東方的革命，共產黨革命導致什麼結果啊！這就是所謂革命，就是這麼的一種東西啊！把你整個摧毀，把生產力都摧毀掉，暴力的血與火的一種東西，好像在廢墟上能夠重新建立這麼一個社會，沒有哪回事情，根本不是這回事情。所以我們很多年青人搞不清楚革命的含義，一說改良，或者是改革，就不對的，就要革命。

英國的革命道路是最好的道路了，它到最關鍵的時候，革命黨和皇權達成了妥協，是英國在未有徹底破碎的情況下走向現代化，所以它是最早成功的，這是英國模式。人類從傳統到現代化過渡時有很多種模式，現在西方學者研究後，認為英國模式是最好的，但是確實英國這種模式是很多國家做不到，它是最好的模式。

例如，中國戊戌變法就是希望在不造成大的社會破碎之下，倚靠晚清皇朝自己的力量，改變當時中國的落後狀態，使中國邁向現代化。這樣的道路在俄、日都成功了，俄、日都是皇帝親自帶頭改革開放就馬上走向現代化。中國不成，正好在戊戌變法時碰到了也是一個非常昏庸的慈禧太后。試想，如果戊戌變法碰到的不是慈禧，而是康熙、乾隆，就不會是這個樣子，這是歷史的偶然性。

記者：中國就是這樣，過去碰到慈禧，現在碰到鄧小平，這就逼得人們要出來了。乾隆時期，人民生活得很好，就不會有一種改良意識了。

蘇曉康：不，那不是。乾隆也搞了很多改革，但他不是這麼大的改革。或者，我不說慈禧，我比喻不當，就是碰到道光、咸豐皇帝都不會導致這程度。因為這一樣的，慈禧因為她是女人，她年紀很大了，又加上是少數民族統治，很多人分析滿清皇朝，改革沒法成功，其實當時中國在各個方面來看，環境、條件要比俄、日都還好，中國改革總沒搞成，百思不得其解，沒有一個一定的規律在內裡的。

記者：現在就是這樣，有一個人，就這個人便破壞了改革。一個人，或幾個人就可以破壞整個中國的希望了！

蘇曉康：是這樣，是這樣子的，他一個獨夫民賊就可以把整個中國這民族向前進的希望破滅了，但結果是什麼？戊戌變法之後，辛亥革命就起來打倒皇朝，孫中山以為這政權一旦打倒，他就可以搞共和了，結果歷史不這樣，他一打倒後，遍地就是軍閥混戰。從一九一〇年辛亥革命一直到一九二七年，蔣介石基本上統一中國，整整十七年，中國一片混戰，人民塗炭，整個生產力整個給摧毀，什麼現代化都沒有。孫中山在討袁之後講過這樣的話：「軍閥混戰，世道黑暗，比沒有皇帝更糟糕。」這用現代化理論來說，你把東方政治打掉後，想重新組織它非常困難，最好的辦法，最高級的智慧是改變它，在它不崩潰的情況下改良，人民付出的代價是最少的。打掉它的結果也還是沒有現代化，所以事情不是我們想像的那麼容易。

記者：我總覺知識界表現得很軟弱。

蘇曉康：不是軟弱的問題，這怎麼是軟弱？

記者：你們不敢闖過去，所有難題還存在，沒有一個很突破性的，把東西弄好。

蘇曉康：誰能突破？學生能用拚死到底的方法解決問題嗎？坦克壓過來，機關槍一開，不照樣打敗？血也流了，沒有用的，中國照樣是黑暗的，不能解決問題呀！趙紫陽要垮台了，本來趙不垮台還有點希望，現在我們沒有什麼了，你想組織武裝跟他打，沒有想靠外國勢力支持，不可能。你想等中國人民覺醒，不可能。只能等什麼？只能等鄧小平死，鄧死後，它內部的權力之爭重新爆發，然後才可以借助這種力量。只有這樣，不是這樣解決，不把趙弄垮台，趙還當總書記，改革還能維持下去，那多好呢！

很明顯嘛！這是長時期的問題，不是保皇派、新權威主義，歷史就是這樣子，現實生活就是這麼一回事情，我們不能因為絕食了、死人了，就情緒化，就要打，跟它拚命去，不是的。

波蘭的道路就非常好的說明這一點，波蘭的工人一開始也是一直用暴力反抗手段為主，死了大量的人啊！最後波蘭知識分子悟出了一個道理，就說要想在現成的體制下，你想推翻這體制，可以，但要準備付出五十年、一百年、二百年，長期的奮鬥、長期的流血，也可能推翻波蘭共產黨，但是人民能不能跟你長期的鬥下去，這誰也說不準，而且這麼曠日持久的鬥爭的結果，波蘭社會完全會崩潰，人民也得不到什麼好日子，倒不如爭取合法的鬥爭，結果它經過一、二十年的合法鬥爭，它贏了，可以與共產黨平起平坐。這確是波蘭工人自己創造了一個好的模式，就是堅持理性，你不講理，我跟你講理，因為講理本身最具有力量，不可能不講理靠暴力永遠維持下去。

我覺得暴政最害怕的就是這麼一種東西，不是你用武裝來跟我打，這是問題的一面；另一方面就是用武裝鬥爭的辦法，結果把它打垮之後，你自己也異化，你起來也會跟它一樣的。共產黨推翻國民黨的暴力就在這兒，共產黨本來是一群知識分子組織起來，後來遭國民黨鎮壓以後，他就覺得要自己武裝起來，搞自己的軍隊，毛澤東起來了。搞武裝的結果，把共產黨全部都異化掉了，等它奪取政權以後，他自己又變成比國民黨還要壞的黨，就出了一個比國民黨還要壞的政權，而靠五四精神建立起來的中國共產黨完全沒有繼承五四精神。

我現在就在考慮這個問題，確實歷史上的經驗，包括我們這次學潮的經驗，四二七遊行，以致後來絕食這個問題。

絕食，按照學生當時的心理狀態，用遊行、用對話，種種辦法都不行的情況下，學生有點兒絕望了，那麼就採取了一種最激烈的方式，就是除了用對抗、暴力形式行為，就是以傷害自己來跟政府碰，所謂甘地主義，他們也是把對方假設是理性、有良知的一種對象。那麼，這行動的結果是什麼？它感動了整個人民，是一種道德的一種力量，而不是用一種理性的，而是道德的力量，這跟開始時候的理性有點變了，就不太一樣了。這反而是傷害我自己，大家都同情我，用這樣的辦法，在這樣的情況下，整個學潮，民主運動已經沒有什麼政治上的口號，或政治上的目標，學生具體來說與官方談的是一些很具體的問題，平反、直播，而它就要求停止絕食，用這辦法。結果，反過來說，當兵的捱了打，特別是那幾個被燒死的，北京老百姓也不是那麼恨當兵的，他們同情當兵的，也是一種道德、情緒化的東西產生作用，中國就是這樣，誰弱我就同情誰。反過來，它一搞這樣的宣傳以後，很多人轉去同情解放軍，解放軍可憐啦！群眾同情解放軍。

所以學潮到後來，放棄了理性精神，而轉去求道德、感情的元素，我覺得本身就是一種異化，已經離開了它開始時的路向。

從絕食開始，整個北京老百姓都給召喚起來，那麼老百姓是怎麼樣的思想基礎召喚起來呢？是從同情的、可憐的，每一個街道老太太都給召喚走來，看起來轟轟烈烈，非常感人，但實質上，它的靈魂，它的實質性東西已被沖淡。

當然，我們將來分析時，可以認為這東西很感人，但作為政治運動，它並沒有起到什麼特別積極的作用，那麼，到最後就導致完全失控了，完全情緒化。全民上街堵軍車，確實是悲壯呀！但這時候，已經沒任何辦法來妥協了，找不到任何轉機了，一步步的逼到最後趙紫陽就這麼樣的攤牌、下台。靠這樣的一種力量，是不是能夠逼使中共退一步呢？按道理來說是可以的，可是又回到我們剛才所說的，你碰到的是這麼一個極端腐敗，極端政治恐懼症的一批官員，他們更覺得他們沒有路可以退，必須鎮壓了。

記者：制度有問題，毛病很多……

蘇曉康：這是沒有問題的，問題是你怎樣改變制度有問題，毛病很多，一定可以慢慢改。

我們就是想辦法令制度變，不是就在做這個工作嗎？中國的問題很明顯，首先必須改變經濟制度，這很明顯，改變經濟制度，造就一批中產階級，這個社會整個基礎就會變了。

歐洲資產階級的革命家就是這樣搞出來的，商人產生了企業家，成了獨立階層以後，它就會提出政治上的要求，就要跟貴族爭天下，它就這樣子導致資產階級革命。

中國也是這樣，你只要經濟制度改變，從計畫經濟，變成市場經濟之後，然後產生了這一批個體戶也好、企業家也好，或者中產階級也好，這要先形成，跟知識界的力量結合起來以後，就能形成很龐大的社會力量，就可以從經濟自由化發展到政治的民主化。

你說，打倒共產黨，換了一個說法，誰去打倒它，可能打倒它嗎？不可能，沒有可能。

蘇聯的例子不是看得很清楚，蘇聯共產黨出了一個戈巴契夫，他要改，他自己要挖自己的根基，當然戈的現象還值得深研，起碼要比布里茲涅夫好得多。

中國還不是十年文革迫出鄧小平，改了十年，改了十年後中國還有很多變化，然後就產生了趙紫陽、胡耀邦。現在的問題是保守派把趙紫陽、胡耀邦擠下去，現在又把鄧小平拉回去了，鄧小平自己要回去了，他倒退了。不是說，鄧小平開始就是壞蛋，或者共產黨從四人幫以後就沒有好過，不是這個結論吧。

所以我們說還要寄希望於此，道理就在此呀！它已經出現公開開明的力量，它已經出現過願意改革的苗頭，你還是要設法使這種力量壯大起來，讓它主動的領中國走過去。那麼，你如果把它推翻掉，你們既沒有手段，也沒有這力量，沒有這個可能，那麼就是白說呀！沒有用！這就是我說的，為什麼學生打出擁護四項基本原則、擁護社會主義、共產黨的口號能夠取得重大的勝利。想想，這口號，這東西，學生勝利了，而且獲得了廣大民眾的支持和讚賞，而且它只能在反腐敗、反官倒這樣的一個最低要求下才成，如果提的要求很高，沒有人敢支持，學生運動就搞不成，搞不起來，就不會對中國社會有任何改變。

記者：就是說，不這樣就會脫離現實性。

蘇曉康：當然，你不可能搞起這民主運動來，香港也是呀！假如你不對香港講，他媽的，九七年以後，這麼的一個政權來統治香港的話，香港會有一百萬人上街遊行嗎？不可能的。你現在弄幾個人說我們香港獨立，不跟共產黨走，有多少人跟著你上街？道理是一樣的。香港能提這口號嗎？這口號在大陸跟打倒共產黨一樣，是非常的現實。

記者：如何評價現在的中國共產黨？

蘇曉康：中國共產黨，說起來很非常複雜，中共由於中國社會在辛亥革命之後，軍閥混戰，皇權垮台之後，中國社會變成世界上一個比較強大的民族，不受西方欺負的一個民族，能夠在這個世界上生存下去，能達到這樣一個目的的話，首先的任務是統一，剷除軍閥，統一中國。

國民黨基本統一中國，所以二七年以後，蔣介石開始現代化；三七年抗戰爆發了，中國現代化開始停止了；八年抗戰下來，國民黨腐敗，這時候共產黨起來，它掌握了中國大陸；四九年是中國又來一次統一，又開始回到可以走上現代化的開端，就跟二七年一樣的，又回到這。所以在辛亥以來到一九四九年，這五十年的歷史，基本上對中國來說就是統一的問題，回到原來晚清皇朝那一個基礎上去，才可能往前走，這責任不在辛亥革命，責任在滿清皇朝，它不敢前進，人民就把它推翻。但推翻的結果不是現代化成功，而是一塌糊塗，然後又要五十年的時間去統一中國，再搞現代化。

所以四九年中國共產黨統一中國，應該是功勞最大，中國人民是開始有了一些希望，中國現代化是有可能的。可是由於中共的暴力，它走上了一條武裝鬥爭的路，武裝鬥爭奪取政權靠誰？靠不了知識分子，靠不了工人，就是靠農民，農民是非常落後、瞎包（指沒出息）的，共產黨就是靠農民奪取政權，建立一個農民黨，它依靠的不是知識分子，依靠的是王震等這一批人。他們掌權後，把整個中國倒退了，它否定了科學、否定了民主，所以它搞經濟，毛澤東想把中國國有化搞起來，就搞了個大躍進，胡搞的。

中國在四九年，在二次大戰之後，中國搞現代化的時候，日本、東歐各國都在搞，人家的路子都走對了，十年、二十年就飛起來。而中國呢？雖然中國人民付出了巨大代價，但是整個路子不對，它整個的領導人根本沒有科學精神，就公有制這問題，然後三十年下來，一貧如洗，犯了很大的錯誤。應當說，在四人幫以後，他們意識到這一點，共產黨意識到這一點，那麼我覺得就是很大的進步，它就開始從一個腐敗的、一個沒有希望的政治力量，變成一個比較開明、有希望的政治力量。在中國還未有任何其他政治改革取代的情況下，那麼，它採取這樣的轉折，是非常好的事情，所以這十年中國的變化很大，這十年比三十年的變化還要大。

分析這問題，應該是這樣，那麼一個三十年幹了那麼多壞事的共產黨，在四人幫以後，也還出現這一個轉機，做了點好事，而且它一旦做好事，它作為社會的政治黨，它應該清醒過來，幹一點聰明的事情。中國社會能發生這麼大的一個變化，我覺得這是歷史唯物主義的看法，客觀地看，它靠的是黨內出現一些比較清醒的人，也就是共產黨內裡不是全都是混蛋的呀！

記者：中國改革開放是必然，因為人家都已經走上這路，中國搞了這麼多年，還出現過文革，到頭來還是一籌莫展，然後開放改革肯定要做，現在問題就是開放改革以後，問題更多，官倒、腐敗都出現了！

蘇曉康：開放改革並不是說比文革還要糟糕，不能這麼說，開放改革出現問題，是新的問題，並不是文革、大躍進的問題，它是一種新的問題。新的問題根基在哪裡？根基不在開放改革，恰恰在於它不肯突破那些界線，這界線就是堅持四個基本原則，它不肯突破它，所以出現了弊端。官倒是怎樣造成的？是雙軌制造成的。一方面它想經濟富起來，它就搞了自由經濟，但按堅持四項原則，就要實行計畫經濟，這就形成了問題；腐敗的問題也是一樣，因為一黨執政，政治上問題也一樣，它不肯搞政治民主，不肯搞權力制衡。這個官倒不用關係，它本來造成文革、大躍進，三十年的弊端就在於權力高度集中，權力高度集中，領導說了算，領導者判斷對，那麼人民的發展就好；它判斷失誤，人民就遭殃，這個機制就是這樣，而現在還堅持這些。

十年改革，鄧小平走的路對呀！大家都對中國很有希望。現在，他媽的，他糊塗了，大家就跟著遭殃，這還是機制造成。走到這一步，大家考慮最多的就是改變這個機制，應該改變這機制，趙紫陽就是做這事情，拚命想改這機制，改機制時就碰到四個原則。

就是這樣，要碰它，但一碰，問題就發生了，有問題，在哪兒呢？就這批老壞蛋感到一碰它，他們就全亡了，他們的天下就沒有了，他們不讓你碰，也就導致了現在這一系列的問題。很明顯，就是這麼一回事情。

所以不能說，改革十年出現問題更嚴重，不是這樣，完全不是這樣。現在，農民生活改善了，包括城市裡，現在大家在說物價漲得一塌糊塗，其實，每個人的生活比起四人幫時代好得多，而且家家戶戶都買了彩電，都有冰箱，房子都有改善嘛！誰沒有改善？當然，我們所提出的問題，是更高的一些問題，例如我寫過教育問題，這過去是不能提的，現在，我把問題提出來了。這是為千年萬年大計考慮，你現在不能不重視教育，對嘛！就提醒你現在還有失誤，要重視教育問題，並不是說，現在的教育比文化大革命時代還要糟糕，不是這問題，它肯定比文革時好，我不否認這一點。

所以趙紫陽他們有怨氣，教育還是取得很大成就，你怎麼能說現在不如以前了呢？我不是說，現在不如以前了，我覺得你現在不重視教育，因為現在搞現代化，你不重視教育問題，將來要受很大懲罰，只是從這角度來提出問題。

記者：開放改革若不從政治改革開始怎麼行？你說從經濟改革成功啦，由一批人衝過去，把政治也改革過來，但現在的問題是經濟改革本身，從制度方面沒有改變的話，官倒、老人幫都是一樣，從改革中得到他們的利益，他們所得到的利益最多，他們最先富強起來。

蘇曉康：但是你要知道，如果沒有這個改革的情況下時，完全是計畫經濟情況下，他們得到更多。要想到這事實就要知道，現在就是要公開化、表面化。老百姓看見了，你們辦公司，可以弄錢，那是有數字在帳面上，可以看到，在這之前，未有自由經濟，未有雙軌制之前，他可隨便得到更多，厲害得很多，他可以隨便動用國庫的錢去買東西。

記者：計畫經濟與市場經濟二者，如果制度不變，怎可以改變到成為西方的那一套？制度上容許雙軌制是不成的。

蘇曉康：雙軌制是過渡狀態嘛！

記者：我們現在的問題是改良時，容許太長的過渡期，裡面腐敗的問題，有毛病的地方，無辦法、無能力去改，現在不就是這樣嗎？

蘇曉康：不，妳現在要首先肯定，妳要明確一點，雙軌制比只是一種計畫經濟要好吧，是一個進步，不能說雙軌制現在出現問題，我們乾脆就回到計畫經濟去，現在就是李鵬的辦法，他們解決現在雙軌制的腐敗問題，就這辦法，就是倒退。

我們認為是解決雙軌制問題，辦法就是再往前走，不要走計畫經濟，但不能說現在雙軌制出現問題，比他們的計畫經濟還糟糕。

記者：我就是想說，雙軌制之後沒法再往前走呀！

蘇曉康：我們是從計畫經濟走出來的呀！走成市場經濟和計畫經濟並存在一起。我們前進了一步，前進一步就出現問題了，我解決了問題，就再往前走嘛！現在它不讓你走，改革、非改革的爭論就在這嘛！批趙紫陽搞資本主義就在這，趙就是解決了問題，往前走一步，他們現在就要倒退回去了，就這麼簡單的問題，怎能說是改革帶來的問題比過去還嚴重，問題更大呢？

記者：現在改革本身，很多很多問題還未能想得通。

蘇曉康：因為中國未有搞過現代化，從領導人到學者、理論者，都一塌糊塗，有各種各樣的觀點。話說回來，確實有一個觀點，從經濟學的角度看，從所有制的角度來看，它原來是國家所有制，就叫國家壟斷制，在這樣的情況下把它變成私有制，怎麼變？這個非常明顯的問題，非常現實的問題，怎麼變？

對中國人言，中國文化是一種平均主義極為嚴重的文化，只有這麼的一種文化，你現在用什麼方式把國家占有變成私人占有，你不能說用國家來分配，你總要一個途徑把它分配下去，現在就是說鄧提出一個非常簡單、非常朦朧的一種方法，誰先富起來？讓一部分先富，事實上讓一部分先拿去一塊，經濟先刺激起來再說。這東西並不錯，現在老有人批評，說導致個體戶暴發，這說不對，這不是從經濟學的角度來看問題。

當然是一部分先富起來，你資本主義也是一部分人先富起來，哪有什麼不公平？要大家強調機會的均等，你可以發財，但大家有同等機會。

記者：這是有矛盾的，還是給框框罩住，往前走就是要改變共產主義，現在不能再向共產主義去想，什麼國有制的，我們現在是不要這東西才可往前走。

蘇曉康：是，現在是不要這東西，不要社會主義，要資本主義。現在中國並不是社會主義、共產主義，它的經濟形態是國家資本主義，也就是說，國家代表人民占有財產，國家是空的，所以實質是官僚占有財產制。在這情況下，你把它變成人民占有，人民以私人身分占有，也就是說私有制，怎麼變？它已經是國家所有制，這是全世界社會主義國家面臨的一個大的經濟改變。波蘭、匈牙利也好，所有國家都有探討這個問題。例如，台灣，它沒有這個問題，香港也不會。我們現在就有這個問題，如果你這種分配不公，就會影響社會變動，老百姓不幹，憑什麼你拿那麼多？我也應該分一塊，所以現在要有一種新的分法，所以提出了股份制的問題。

後來，厲以寧（北京大學經濟學院教授）從東歐那些改革獲得啟發，其實也是從資本主義的國營企業的民營化中，資本主義也有國營企業，也有社會主義的，台灣企業過去大部分都是國營企業，後來，開始搞民營化。英國很多企業都是國營的，國營就是社會主義，這就跟我們社會主義一個概念，國家資本主義，然後把它民營化，民營化的途徑就是股份，購買股票，把資本轉成許多人用。現在中國就是想搞這件事情嘛，但現在就說趙紫陽這事搞得不足，不讓你搞。

記者：不是要搞的時候，先要瓦解現在的現存制度嗎？不瓦解，怎改變？

蘇曉康：現在就是在瓦解它嘛！很明顯，通過經濟制度的改變以後，它就把共產黨賴以生存的國有制把它改變了，它就沒辦法這樣下去。

記者：這不是革命嗎？

蘇曉康：這是改良，不是革命。革命是大規模的暴風驟雨運動，就是革命。

記者：革命是先瓦解，然後才可以去改良。

蘇曉康：你把革命和改良的觀念完全弄亂了。

記者：是要革命的，因為舊有勢力不會容許你去改的。

蘇曉康：不見得，革命就容許嗎？

記者：革命就是要反它嘛！不反它，怎去改？

蘇曉康：你的邏輯太簡單，問題沒那麼簡單，不是那麼回事，不是這回事。

革命是非常可怕的，改良才是對，漸進才是對的，突變不好呀！突變會帶來大災難。

記者：他們不容許你改，我們就要推翻它。

蘇曉康：問題沒有這麼簡單，你推翻得了它嗎？道理很簡單，你推翻得了嗎？你有這力量嗎？不推翻它，我照樣等待時機，中國還有變化，不會沒有變化。

記者：但變化卻鞏固了他們的勢力。

蘇曉康：不見得，這十年，你不能否認這十年已經有很大的變化。反過來說，這次學生運動一搞以後，實質是人民犧牲，死了很多人。但是共產黨在全世界、全中國人民沒有像今天這樣，威信之低，它的統治合法性都受到了挑戰，在這個之前，他們沒有受到挑戰。

統治合法性問題，我們很講究這東西，這三十年作孽那麼多，它統治的合法性完全沒有了，這學潮以後，它完了。

所以垮台是指日可待的，但我不是說共產黨垮台，而是老人政治垮台，共產黨的實力那麼強，不易垮的。而且這個時候，共產黨一垮，那麼政治多元化就會出現，反對黨就會出現，會出現的，肯定這是要爆發的事情，是吧！

雖然我們是造成很大的犧牲，但是垮台就是這東西，也好呀！假如一直以來，共產黨沒表現得那麼惡、那麼壞的時候，人民還對它抱有很多很多希望時，它只有依靠它自己往前走，它沒有退路了。但是這概念跟要打倒共產黨是另一回事，打倒它結果並不好，就這麼一樣，等鄧小平死，中國社會將會出現非常複雜的局面。

一九八九年九月十二日

蔡淑芳
香港《星島日報》駐北京記者，「六四」唯一留守在天安門廣場的香港記者，見證屠城，餘生以收集整理天安門事件歷史資料為業，出版《廣場活碑》，並與黃河清合作整理《六四底層列傳》，約兩千位六四遇難或受害者的名單。

對八〇年代做一個交代

——與季季對談《屠龍年代》

記錄・整理／李瑞

季季（以下簡稱季）：這是你第五次來台灣，卻是第一次帶傅莉一起來，意義特別不同。她雖然坐著輪椅，但是氣定神閒，臉色白裡透紅，朋友們都很驚喜，也都很喜歡她；看得出來她也很喜歡台北。文化局安排你們住在北平東路的國際藝術村，離市場、車站都很近，你還可以自己買菜做飯，推著傅莉出去逛街買衣服，這種居家過日子的生活，和你前幾次來也是大不相同的，對台北想必也有更深入的觀察吧？

蘇曉康（以下簡稱蘇）：這次我帶傅莉坐輪椅來台北，一上路就有點發慌。誰知在長榮的航班上，三位空姐來扶她上廁所，可說是旅途中就開始享受優質的「台灣服務」。到了台北，在國際藝術村住下，我就去附近一家「全聯」超市購買食品和日用品，發現台北生活在便利之外，另有一個令人豔羨之處，是價格低廉得可愛。我在太原路買了一只燉鍋，約合二十美元，跟美國的價格差不多，我就很吃驚了，因為誰都知道美國得天獨厚的低價消費；後來我又在「維康」醫療用品店，為傅莉買了一張活動便器椅，價格竟然只有美國的一半，質量卻好得多。說實話，生活幸福指數，為什麼只有北歐小國最高，因為資本主義的高福利社會，只有他們玩得起，大國統統是失敗的。台灣的高福利和低價格，也許連北歐那些國家都望塵莫及。還有就是台北的國際化，在人道標準上，也更優越於歐美老都市，比如我推著傅莉在最靠近的善導寺站坐電梯下去，進入捷運系統，通暢無阻不說，連結它的各種地下街，也是四處蹓躂「無障礙」。這是只有當你陪著一個殘障人外出的時候，才會感同身受的一件事情。

季：這次你來台北市做駐市作家八個禮拜，還有一些別具意義的第一次。譬如說，以前你在台灣發表文章或出書，即使是航空郵寄，最快也要一星期才能在美國看到報紙或新書，這次則不但發表當天就能一早看到報紙，出版當天就能看到新書，七月十六日還能與傅莉一起出席《屠龍年代》的新書發表會呢。

蘇：是啊。我不知道其他寫作者是不是都有「墨香渴望症」，或者說在網路時代還患「鉛字偏執狂」，反正我有。四月初我在美國寫完《屠龍年代》，就email給妳，然後我們倆再上Skype編輯這本書，好像這本書只存在於虛擬世界似的。所以六月八日，來台第三天我跟妳在誠品敦南店對談「我們的兩岸文學因緣」那天，第一次見到我的責任編輯陳健瑜，那姑娘就給了我一大摞《屠龍年代》清樣，我好像手裡終於抱上了一個呱呱落地嬰兒的那種感覺，只覺得幸福。

季：還有一次更特殊的是六月二十一日，《聯合報》副刊安排我們在「台北故事館」朗讀，你選讀寫杭州童年的〈雨夜竹竿巷〉，我選的〈火龍向黃昏——憶寫西螺大橋五十年〉，也是從童年去參觀西螺大橋通車那天寫起，來了很多讀者，座位都坐滿了。主持人陳芳明教授在朗讀結束後留半小時給讀者發問，有些讀者說到《離魂歷劫自序》增訂版和續集《寂寞的德拉瓦灣》都很感動，有個女讀者站起來說沒兩句就哭了，你記得她說的話嗎？

蘇：當然記得，「繆思的星期五」。傅莉坐在聽眾席第一排，那位讀者坐在最後面一排，沒看到傅莉。我們都朗讀完之後，聽眾的提問其實並不多，很靠後的座位上忽有一位女士站起來說：「我讀你的《寂寞的德拉瓦灣》，就像跟你和傅莉生活在一起，在你們家住了一個多月似的；可是，今天在台北看到你，那傅莉呢，她在哪裡？誰照顧她？」

當時我完全沒有心理準備，被她這麼一問，慌忙去把輪椅上的傅莉轉過去，一邊揮手招呼那女士上來，我一把握住她的手，自己卻幾乎哭出來；我又拉她到輪椅旁跟傅莉相會，兩個女人手牽手，那一刻的感受真是無與倫比。後來讀者湧上來找我簽名，那女士悄然離去了，我甚至沒有來得及問一聲她的名字，但我深感能與讀者有這樣一種神交，是何等福氣，何等珍奇。

季：一九九三年車禍至今，整整二十年了。從年齡來說，這二十年對任何人都是事業的黃金時代，但你為了照顧傅莉，傾盡所有的時間和精力，十多年沒有發表新作品，文藝界的朋友都非常惋惜——想想看，你的《河殤》解說詞，一九八八年十月在台灣出版後，半年多就銷了七十多版啊！

蘇：我本來是一個寫作者，車禍後得了憂鬱症而中斷寫作，我稱自己是「文字休克」。二十年裡我沉溺於痛苦不能自拔，在旁人看著可能太自戀了。但是只有我自己知道，這種咀嚼傷痛，是對人生、人性的一種沉思，對往昔自我的一種沉澱，我有機會獲得這樣的反省，在流亡群落裡是不多見的。可以說，我經歷了一場脫胎換骨。在寫作上，我也完成了妳對我所詮釋的「大骨架已被大時代拆解」，走過「從肉體深處追索生命密碼的詭異旅程」，完成了妳所說的「心靈修補」，回到了我的個體。無論從哪方面來講，我都受益匪淺。妳看，《寂寞的德拉瓦灣》出版後，我又可以重返「大骨架」，完成了《屠龍年代》，再去「憂國憂民」一回。

季：去年一月你第四次來台之前，距離一九九七年《離魂歷劫自序》初版已有十五年，那十五年就是你所說的「精神癱瘓與書寫休眠」。可是那次從台灣回去後，你重寫《離魂歷劫自序》，去年九月新出了增訂版，今年一月出版了續集《寂寞的德拉瓦灣》，這次來台又出版了《屠龍年代》，不到一年之間出版了三本書；每天還得買菜做三餐，照顧傅莉看醫生，做復健、物理治療等等，夠忙的了。但你的創作似乎回到《河殤》之前那些年，沉積的能量不斷爆發。對這一年多的「甦醒」歷程，你是否可以自我剖析得更詳細、更深入些？

蘇：那天在誠品敦南店跟妳對談時，我提到一個「尋找母體，重拾靈感」的說法，我講的母體是雙關語：我在一九四九年以前被媽媽孕育於台灣，這片土地對我而言，猶如母體；而對一個華文作家來說，中文環境便是母體。流亡者被剝離出母體，久而久之就會失語、休克。所以我是很幸運的，經歷了那場「離魂歷劫」的災難之後，我的第一次文字傾訴，在台灣獲得讀者的共鳴和激賞，這種回饋，就是治療我的休克和失語的萬應靈丹呀！

之前的十多年雖然沒出新書，但沉寂之中也一直在醞釀，產生不少寫作計畫，有好幾本書的腹稿在腦海裡翻騰。不過我不急。我不想再重複我自己，重複那個年輕時代的急功好利的蘇曉康。車禍發生後，給我提供了一個邊緣、冷寂、孤獨的環境，我可以在這裡從容地把我的個體生出來。中國的糜爛、人間的功利、世態的炎涼，都跟我不相干了。所以我說流亡和孤獨並非全是負面。另外當然還有傅莉，她那種絕不屈服於自己悲苦命運的抵死的抗爭，分分秒秒地展現在我跟前，鞭策我的惰性，教我不會苟且。

季：傅莉對你這一生的影響實在太大了，甚至你由一個當紅的報告文學作家，涉足到電視紀錄片《河殤》的製作，也是因為傅莉的一句話。這件事我從沒聽你說過，是這次看《屠龍年代》書稿才發現的。

你提到中央電視台導演夏駿，到你家去勸說你「再搞一部《黃河》如何？」你起先是婉拒的。看了你在一百七十五頁的這段敘述，才能更加了解當時的來龍去脈：

八七年我正徐徐進入報告文學的瘋狂期，《陰陽大裂變》、《自由備忘錄》先後發表，全國大小報刊爭相轉載《陰陽大裂變》，我筆下的那些離婚故事，也正成為市井巷弄裡茶餘飯後的談資；八五年讓我夢魂縈繞的黃河，那時已悄然消退了，我怎還回得到黃河上去？我跟夏駿說不行，我無分身術。見夏駿失望地告辭後，傅莉忽然說了一句：「剛才聽你跟那小夥子聊。其實我覺得，你也別回絕。報告文學有的是你寫的，電視卻是一條新路子，多試試沒壞處。」

教她這麼一說，我倒睡不著了。起身坐到窗前燈下，拉了一張紙，略一沉吟，寫下一部六集電視片的提綱……

那「六集電視片」，就是《河殤》。而《屠龍年代》的寫作，傅莉也是一個大功臣；要不是她的機智處理，那些材料怎麼可能「失而復得」？

蘇：的確是這樣。二〇一二年六月，我跟妳在《印刻文學生活誌》給我做的專輯裡對談「穿越生命之詩」（收入《寂寞的德拉瓦灣》附錄），就已經略為談到這個細節：

八〇年代我有幾十本採訪筆記，逃亡時都留在家裡了，到了海外非常思念這些筆記，當時覺得不可能失而復得了。誰知道，傅莉在「六四」發生後，把我的所有筆記、文稿、簡報，都從家裡轉移出去，託人保管。車禍之後她也忘了這事，受她委託保管的朋友後來卻全數完璧歸趙於我，讓我餘生還可以據此寫幾本書。傅莉真真是我的貴人呀！

那些素材的「失而復得」，已經是「六四」之後十四年了！就是二〇〇三年春我父親故去，四月我們獲准回北京奔喪的那一次，當局跟我約法三章：「不見媒體、不發表言論、不接觸敏感人物」；無論我們走到哪裡，也都有一部車跟蹤監視著。恰是在那樣的環境裡，在一個很偶然的場合，一個我不認識的普通人，我也不說是男是女，跟我很自然地聊起來，說：「你們終於有機會回來一趟，這是當年傅莉託我保管的東西，我親手交還給你，也就放心了。我知道它們對你很重要。」說著遞給我一個提包。這人可能是傅莉的舊友，也可能就是她的一個病人，但總之她的周圍，皆為純良之輩，可以託付大事的人們。那提包裡就是那幾十本採訪筆記，和一些重要資料，比如我逃亡時留給傅莉聘請辯護律師的委託書等等。回到美國後，我多少次再翻閱這些筆記，任它們帶我回到八〇年代去，重讀我的「心史」，心裡則更為感慨：這些寶貝的失而復得，真乃上蒼經由傅莉對我的垂憐，不寫都可惜！

季：二〇〇三年拿回至今，也足足十年了！那幾十本筆記，有各種各樣的材料，為什麼你先寫了《屠龍年代》？這個選擇，想必有特別的含義？

蘇：我的創作興奮期在八〇年代，有幾波高潮，從豫南災難（饑荒、水災），到治黃波瀾（三門峽、小浪底兩壩），到《河殤》巨浪，再到《烏托邦祭》（「廬山會議」），是那批採訪本的主要內容，巨細無遺，比如中央處理「信陽事件」的一組文件，陶鑄、王任重的講話，吳芝圃的檢討書，我都是一字字抄在本子上，因為那時還沒有影印機。又如我對李澤厚的採訪，也是很忠實地記錄他的每一句話。我寫《烏托邦祭》時，先做了一個「廬山會議」的「人物粗線」，竟然也躺在採訪本裡，讀它就勾起我在南昌趕寫那本書的五十個日夜。那些潦草零亂的筆記，猶如將我個人的身影，投射在一個灰濛濛的恐怖大時代的背景上，好像有什麼尚未完成、缺了一個終場。

八〇年代本身是被攔腰斬斷的，終場就在「六四」那個血肉橫飛的木樨地。我們流亡以後的茫然、失語、昏厥，說到底都是因為失去了「結局」：一種比失敗還要可怕的中空感。所以二〇〇三年從北京帶回那批筆記後，我一直在琢磨如何對八〇年代做一個交代。「八〇年代」就像那場失敗的學潮一樣，既遭非議，又受歧視，無處討個公道。其實，八〇年代是一個精采的時代，因為它以短短幾年的工夫，質疑了新、老兩個傳統，即祖宗和毛澤東；在思想史的意義上，這兩件事情，一是「五四」精神的再現，一是「非毛化」的濫觴。歷史將會顯示，將來中國的文化、精神資源，都會追溯到「八〇年代」來。

我在回眸八〇年代之間，也漸漸發現，中國空前慘烈的，是近六十年的當代史，令晦氣的幾千年歷史漸現溫美。這六十年至少有兩點，具備了「浩劫」的含義：一是餓死幾千萬人，並且是發生在「人相食」的極端境地下，舉世罕見；二是眼下的「掠奪型」經濟模式，已逼到了生態系統崩裂的程度，中華民族的家園正面臨萬劫不復的危險。

一本書的框架雖已漸漸形成，但我仍意猶未盡，繼續琢磨。忽然一天，我翻騰舊資料箱，偶然發現了兩大本採訪紀錄稿，是八九至九〇年流亡巴黎初期，兩對法國學者夫婦分別對我的採訪，一個是談「八〇年代啟蒙運動」，一個是談《河殤》；他們都把影印本送我一份備案，但我帶到美國後一直壓在箱底，竟全然遺忘了。重讀訪談中那些記錄下來的鮮活細節，直讀得我淚濕襟袖。也就是在那一刻，靈光乍現，書名跳到眼前：《屠龍年代》！傳統是一條衰龍，毛澤東是一條人龍；八〇年代最神氣的，正是一股敢於「屠龍」的勇氣，勝似當下百倍。這個主題，也終於扣住了我想說的要害：中國當代史，產生了一個所謂「毛澤東原罪」問題，高懸於歷史上空，詰問中國和人類。

季：陳芳明教授在《屠龍年代》推薦文第一句就說：「蘇曉康的文字力量，可大可小。膨脹時，可以干涉時代與家園；縮小時，能夠撫慰心靈與傷痛。……」這句話非常精確地指出你的寫作特質。你近一年來出的三本書，從個體又回到大骨架，前面你也說到，「有好幾本書的腹稿在腦海裡翻騰」；接下來，你計劃先寫哪一本？

蘇：我想試試自己的筆頭，是不是也能可「實」可「虛」？從「非虛構」轉換到「虛構」，寫小說也是我多年的夙願。我肚子裡的故事多極了，悲喜癲痴的各色人物，常常列陣而來，我想把他們「釋放」到人間來。

二〇一三年七月二十一日

季季
本名李瑞月，曾任職《聯合報》、《中國時報》副刊編輯，時報出版公司副總編輯、《印刻文學生活誌》編輯總監，出版小說、散文、傳記多種。

《河殤》的創作衝動與參照系

關於《河殤》的爭論已歷時兩年。我聽到許多有見地的、有學術水準的批評，這種正常討論的聲音，已經漸漸壓倒大陸裡面那種對《河殤》的文革大批判式的聲討。海外這種氣氛，至少使我們作為《河殤》的作者，能夠平心靜氣地思考一下，創作這部頗受爭議的電視片的最初動機和我們所使用的思考方法，究竟是什麼？這恐怕是研究當代中國文化現象及其背後的政治、社會原因的一個很有代表性的個案。

當然，第一，我今天還做不到很客觀地分析自己的作品，只能擺出一些事實和現象供大家研究；第二，《河殤》是一個創作群體，我在這裡講的只是我個人的看法。

我今天講三個問題：

一，現代化後來者（late industrialize）的焦慮；

二，文化聲威符號（prestigious symbols）的現代解釋；

三，我們所面臨的思想資源。

（一）「現代化後來者」的焦慮

《河殤》不是一篇學術論文，而是一部大陸特有的思想性比較強的電視紀錄片。它是從大陸影視界一種宣傳味很濃的大型紀錄片轉化而來的。這種片子總是充分表現作者的主觀意識，在一般片子裡，那是官方的經過藝術包裝的意識形態，而《河殤》則是表現我們自己的看法。但表現方式仍然是灌輸式的，是調動各種電視手法來強化我們的看法的。這種看法也不是有系統的研究結果，而是我們創作群體對中國社會、歷史、文化的某種感受。

影響我們看法的主要因素有兩個：一是當時大陸的社會情緒，一是知識界的文化大討論。前者提供了一種情緒的基礎，使我們從中得以產生創作衝動；後者則提供了思想前提，包括問題的焦點、各種觀念以及對大陸以外的思潮、學說、著作的介紹和翻譯。

我自己今天看《河殤》才忽然感覺到，構成這部電視片的幾種要素當中，如情緒、觀念、史實、問題等等，情緒的支配力很大，比如，在談到戚繼光修長城的時候，這樣寫道：

為什麼島國的倭寇可以渡過海洋來打中國，而中國人只能守在海邊，竟然連想也沒想過要去那個島國看看這倭寇究竟是怎麼回事？為什麼當時的歐洲已經擁有火器裝備的海軍四處侵略，而中國還只知道修築萬里長城？並且竟然把長城修到海邊呢？

又如，對火藥、紙、羅盤和印刷術等中國古代「四大發明」曾在歐洲文明中發揮巨大作用而未能在中國造成工業文明的那一番感慨，等等，都強烈地帶有近代中國的痛苦情緒。問題在於，這種早在一百年前就糾纏中國人的情緒，為什麼又重現於今天的大陸？同時，當一百年來造成中國人的強烈民族情緒的外族干涉、入侵、不平等條約等等都不存在，而中國大陸是一擁有原子彈的世界強國的今天，這種情緒及其背後的文化危機感，又當作何解釋？

我認為，這是大陸中國人發現自己是一個現代化的落伍者所產生的普遍焦慮。我作為報告文學作家，一直在體驗和觀察這種情緒的發展。如果中國當時沒有這樣一種強烈的情緒，就不會產生《河殤》這部作品，就像如果沒有清末的危機，就不會產生陳天華的《警世鐘》。

我一直覺得，中國的古代社會發育得既早又成熟，而近代化的發育卻非常短促和不成熟，近代與現代的界線是模糊不清的，以致我們的歷史和我們的心態，都很容易重演近百年的場景；近代的痛苦和危機感也很容易被誘發。三十年瘋狂而虛幻的共產主義，一方面濫用了近代形成的民族情感，另一方面又暫時給了大陸人以擺脫近代恥辱的虛假的「大同」、強盛。這種理想在付出巨大代價以後一旦失敗，很快就會把人們重新推回到近代的危機中去。事實上，我們也根本沒有走出過近代。

一、一九七八年以來的對外開放，給了人們一個重新確認中國在這個世界上的地位的機會。傳統教育人們中國是「中央大國」，共產主義教育人們「中國是世界革命中心」，曾經風靡全世界的「毛澤東崇拜」，也給過中國人以自豪。但這些都在對外開放中幻滅了。開放起初只是產生對外部世界的新鮮、羨慕和模仿，漸漸就變成了一種距離感和落後感。很有意思的是，一百年前英國人帶著一種危險的商品——鴉片來敲中國大門，引起了一場戰爭；今天西方文化帶著濃烈的商業化衝進中國，表面上平平靜靜，實際上卻強烈地刺激起中國人的落伍感。當年李鴻章曾說中國「遭遇千年未有之巨變」，是指整個傳統文化、制度面臨挑戰。我覺得，共產主義的中國雖然只有短短三十年，但在對外開放後所面臨的，幾乎也是整個共產黨文化、制度的危機。它所帶來的心理崩潰，是可以同晚清相比的。

但大陸並不是一個開放社會，民間鬱積的情緒沒有孔道宣洩，當它成為社會普遍心態時，首先就從體育比賽上反映出來了。那時大陸幾億人成為狂熱的排球迷，是因為國家女子排球隊三次奪得世界冠軍，給了中國人以擺脫「落伍者」的快感；相反，足球的失利，則是不斷提醒人們中國還是「落伍者」，所以引起暴怒式的痛苦，每輸一場總要鬧事。我當時經歷這些情緒的感受是，體育成了中國人與這個世界比實力的一場「戰爭」，運動員成為大家發洩情緒的對象，那是因為中國實在拿不出其他一樣東西來同別人比。給我震動更大的是「黃河漂流」的悲劇，那件事情具有明顯的象徵意味，使我意識到「落伍者」心態的背後，不是在重複舊式的民族主義，而是真正的文化危機。因為漂流者豁出命來要保護的不是一項國家利益，而是某種文化符號的尊嚴，是中國人的「面子」。

二、按照現在的分析，一般都認為，大陸的改革從一九八五年開始走下坡路，逐漸陷入困境。這使得舊體制的弊病更加暴露，社會百病叢生，更加劇了普遍的焦慮情緒。但在情緒的背後，已經產生利益的分野，改革給出的好處是不平均的，所有人在改革的困境面前，都怕失去已經得到的利益，整個社會變得非常急躁和恐慌。對物價的高度敏感、對災難事故的恐懼、對官場腐敗的痛恨和無奈、對道德和風氣每況愈下的憂慮、特異功能和氣功的風靡、出國變成一種「逃離沉船」的時髦等等，都顯示社會心理正在崩潰。當時最有趣的一個例子，就是一九八八年正好碰上是「龍年」。中國人常認為「龍年是凶年」。這年農曆新年過後，全國流傳一個說法，人們必須在三月裡再慶祝一次新年，把龍年趕快過掉，就能躲過災難。許多地方不約而同到那一天夜裡大放鞭炮，人們都去買四種東西：蘋果、鵪鶉、桃、梨，在中文裡的意思是「平安逃離」。這是一種很古老的謠言方式，通常出現在末世。整個社會由於莫名的恐懼而捕捉神祕的感應。

對共產主義失去信心所造成的幻滅，和對傳統文化失去信心所造成的自卑糾纏在一起，形成了一種末世感。關於「中國將被開除球籍」的討論，正是這種末世感的反應。我那時的感覺是一種「山雨欲來風滿樓」的複雜心情，既有期待，也有恐懼，但對創作卻產生了強烈的刺激，希望找到某種能容納大量訊息的文學手段來描繪這個時代的情緒，沒想到後來找到了電視。

三、社會情緒對知識界的影響是明顯的。一方面，一切關於中國的現實急難，都要到文化、歷史層面去尋求答案，都要到傳統中尋其濫觴，在當時這已經是一種時髦，這大概是受「五四」以來傳統的影響。比如文學上的「尋根意識」，基本上是將現實生活推回到傳統的文化心理中去尋求本源。我後來發現，在許多作品裡，現實本來已經很糟，從傳統裡面找到的更是糟粕，於是互相印證，結果既是借古諷今，也是批判傳統。這種文學現象對我們是有影響的。《河殤》裡面也有類似的手法，比如，由於我們對大陸知識分子身位卑賤的激憤，便去歷史上尋找原因，拿南陽諸葛亮、張仲景和張衡的三座墓來作印證。另一方面，知識分子也因為對經濟、政治改革的失望，對文化的批判就被凸現出來了。不少人認為，由於清末洋務運動、戊戌變法的失敗，才引發了後來「五四」激烈的文化批判，這個從經濟、政治逼向文化的現代化過程，又在今天重演。李澤厚的名言「歷史在開玩笑似的作圓圈遊戲」，成為大家的口頭禪。最後，「五四」文化批判原本就是一種對中國問題追求根本、總體解決的思想模式，這對八十年代大陸那種充滿焦慮、急躁的社會心態是十分投合的。我們寫《河殤》似乎也必須給出一個完美的答案，這就是「走向藍色文明」。

《河殤》雖然有六集，但基本旋律是三個：「尋夢」、「命運」、「憂患」。這正好是那個時期的社會情緒的三部曲，也是中國大陸作為「現代化後來者」的基本迷思（myth）。

（二）文化聲威符號的現代解釋

我在構思《河殤》時，必須解決一個技術性的問題，就是如何使抽象的理論問題變得可以看得見、摸得著、具有畫面感？我們找到了龍、黃河、長城這樣一些盡人皆知、舉世聞名的大事物，而沒想到這在無意中觸動了中國的三個文化符號，後來引起很大的非議。當然，生活裡面的啟示也是有的。比如，龍這個古老的圖騰，在一九四九年以後的共產黨意識形態裡是完全消失了的，以致我們對它既討厭又不熟悉，不知道為什麼它在八十年代忽然從歷史中浮現出來，變得非常可愛和時髦？而一九八八年又正逢龍年，到處都有龍的身影，這正好提醒了我們，一個古老的圖騰被賦於新的含義了。

我到美國以後才讀到殷海光先生在二十多年前寫的《中國文化的展望》這本書。殷先生曾談到，當一種文化面臨危機時，訴諸文化聲威符號會變得非常明顯。八十年代的大陸是不是這樣呢？我當時的感覺是，執政黨面臨它的意識形態危機，正在重新尋找文化上的繼承性。我記得，大概是一九八四年，新上任的中共中央宣傳部長鄧力群在一次講話中說，我們要求大家可以不做共產主義者，但一定要做愛國主義者。如果你聯想到在此不久前他們對白樺的《苦戀》的批判，就會明白他們「愛國」的定義實際上還是要你忠於共產黨，只不過換了一個說法。但我認為這是共產黨意識形態的一個細微的轉折，開始借助並鼓勵文化上的「本土化」傾向。比如，一九八六年底的學潮被鎮壓後不久，中國男排擊敗了南韓男排，北大學生在校園裡遊行，提出「振興中華」的口號，當時新華社未發消息，立即遭到胡喬木的批評，說新華社太沒有政治敏感和靈活性，為什麼不懂得「引導」學生的愛國情緒？這個指示立刻轉達給所有新聞媒體。一九八四年十月一日，鄧小平在天安門的講話，第一次使用了「炎黃子孫」這個提法，但由於他不熟悉這個新名詞，念成了「黃炎子孫」。有些事情是專門做給外面看的，比如在曲阜恢復祭孔、在黃帝陵恢復祭祖，並由當地官員主祭。這些做法很像當年袁世凱那一套。我體察到這些變化，但覺得他們做得並不聰明。在沒有歷史上那種外辱逼迫的情況下，鼓動粗糙的民族主義情緒的後果，對執政者並不美妙。執政黨試圖將中國落後的原因，仍然解釋為近代的內憂外患，從而證明共產主義在中國的合理性。

事實上，上面提到的那三個文化符號，有其傳統的含義，也有其作為當代圖騰的另一面含義。比如，黃河作為象徵，可能產生於冼星海的《黃河大合唱》，表現抵禦外寇的民族凝聚力。而長城的象徵意義，差不多也是在這個時代出現的，後來才演變成為中國人民解放軍的代名詞，所謂「鋼鐵長城」。龍作為象徵物出現就更晚了，我以為差不多是從港台引進的。這裡，發生了一個同一種文化符號的古代、近代和現代意義的重疊現象。它們傳統的意義實際上被掩蓋著，在今天卻作為只有幾十年歷史的共產黨的民族主義的「聲威符號」被使用著。所以，可能是由於文化資源的匱乏，無論是共產黨還是老百姓，在反映他們的政治意圖和民族情緒時，所能借用的文化符號是很有限的，有時是重複的。

《河殤》裡面對這三個象徵的處理，並沒有意識到上述文化符號的複雜化問題。我們只是把它們作為社會心理的凝聚物來看待，試圖通過它們來分析當代中國人的心態。

例如對黃河，它那哺育和氾濫的兩重性，便使兩岸人對它產生感恩和恐懼的矛盾心理。這是我從黃河兩岸老百姓那裡深深感受到的。我在河南做記者時，年年採訪黃河防汛，黃河自古是「中國的憂患」這個觀念對我真是刻骨銘心，而且水利工程師們告訴我，中國至今沒有辦法解決黃河洪水。此外，一九八七年底，我帶攝製組到延安拍外景，那裡的老百姓被貧困摧垮了自信心的狀況，給我們很大的震撼。恩與禍、母親與暴君、正面與負面，是你必須一同接受的、無法擺脫的。這種兩難的困境造成了人們的病態。我們稱之為「黃河心理」。我們覺得，大部分中國人與大陸現政權的關係也是這樣的。再引申一步，今天中國人同傳統的關係也是如此。

又如長城，把它視為封閉的象徵，在大陸已經不是個別人的看法。它的審美價值同它在中國人心理上的意義，是兩回事。長城在歷史上作為農業文明的屏障，無可厚非，但這層意義如果同今天它作為專制的基石（解放軍）的含義重合在一起，總讓我們感到一種恐怖。此外，長城的審美價值，常常在中國人的潛意識裡代換成某種虛幻的國力強盛的自我安慰；然而，人們又尋找了另一個恥辱的象徵，即圓明園。兩個古蹟各有其不同的功能。我們就從這矛盾的現代心態出發，去探詢長城在文化上的意義。《河殤》的另一位總撰稿人王魯湘在寫「命運」這一集時看了許多史料，但受到啟發最大的兩件事，一是黃仁宇先生曾談到，秦長城正好同十五英寸降水線重合，說明它是農業文明的最後邊界；一是我們偶然發現在陝西紅石峽的一段長城上，有一塊石碑刻著「華夷天塹」四個字。我們覺得，這恰好印證了我們的祖先不能超越土地和農業。現在回頭來看，由於我們知識的局限，忽略了歷史上大規模開發長江流域、南中國以至南太平洋的文化意義。我們常常帶著對大陸三十年閉關鎖國的痛苦體驗來審視歷史，由此強化了長城的負面意義。

對龍的崇拜，在我們看來好像是中國人今天忽然需要一個圖騰。這在文化上本來是向傳統回歸的現象，但對於我們這些經歷過毛澤東時代造神運動的人來說，龍無論作為傳統的皇權象徵，還是作為黃河暴怒的化身，都令人很不舒服。我想，我們在分析社會心理的時候，常常有意無意代入我們自己的經驗和心理感受。一方面，龍在我們看來不是一個神話裡的動物，而是一個張牙舞爪的政治怪獸；另一方面，我們也感到很困惑，中華民族的古代圖騰不少，如鳳凰、麒麟、仙鶴等等，怎麼就單單選中了龍？這裡面是不是有集體無意識的壓抑和受虐傾向？所以我們會問：中華民族為什麼要崇拜這麼一個形象凶暴的怪物？

文化符號的批判，「五四」就發生過一次。那時把「孔家店」作為傳統的一個符號來打倒，對後世影響劇烈，學者們今天有許多感嘆。我到海外才意識到，《河殤》所以引起這麼大的爭論，同它碰了文化符號有關。我還不能清晰地解釋這個現象，但它至少說明，「五四」對我們的影響很大。

（三）我們所面臨的思想資源

我寫《河殤》時，記得案頭放著三本書是經常翻閱的。這三本書是：黑格爾（Hegel）的《歷史哲學》（*Lectures on the Philosophy of World History*）、湯恩比（Toynbee）的《歷史研究》（*A Study of History*）和喬治．威爾斯（H.G. Wells）的《世界史綱》（*The Outline of History*）。

我經常參考的書大致分三類：一是西方人的書，除上述三本，還有李約瑟的《中國古代科技史》、托弗勒的《第三次浪潮》（《第三波》）等；二是海外中國學者的書，當時我能看到的很少，只有張光直的《青銅時代》、黃仁宇的《萬曆十五年》；三是大陸學者的書，如李澤厚的《中國近代思想史論》、金觀濤的《興盛與危機》、謝選駿（《河殤》作者之一）的《神話與民族精神》、王小強、白南風的《富饒的貧困》等等。因為我只是一個作家，對當時學術界的「文化熱」雖然很感興趣，但完全是門外漢，閱讀有限，知之甚少。對一部電視片來說，我無法系統地介紹各種學說，結果變成只能把這些學說的個別觀點拿來支持我們的看法。這使得《河殤》的思想資源非常龐雜，頗受學術界的非議。

造成這種狀況的直接原因，一是大陸沒有學術自由，二是我們在學術上有急功近利的心態。為了擺脫歷史唯物主義的束縛，我們首先需要借助另外的體系使自己跳出舊的意識形態框架。比如，馬克思的社會發展「五階段論」，在大陸是不可懷疑的「天條」，在普通人的觀念上已經根深柢固。比如，毛澤東時代結束以後，無論官方意識形態還是知識分子，在清算毛和「文革」的時候總使用「封建主義」這個概念，總把中國古代政治和大陸當代的政治沉痾界定為一種「封建性」。這顯然是一個不準確的概念，使得我們不能跳出馬克思主義的框架來分析中國問題。我們第一步只能對此提出懷疑，而我就用馬克思自己晚年的「亞細亞生產方式」的疑問來質疑他。我知道這個問題在蘇聯和中國的學術界已爭論多年，官方一再禁止這種討論，所以普通人並不知道。同樣，我也知道黑格爾關於自然是歷史的基礎的觀點是有毛病的，但這個觀點很容易幫助人們打破對馬克思經濟決定論的迷信。在這一點上，我認為我們不是可以悠閒地爭論一個學術問題，而是要用普通人可能理解的方法突破「四項基本原則」的禁區。《河殤》用了許多在西方顯然已經過時的觀念來杯葛馬克思主義，這既是我們眼界的局限，也是我們處境的需要。又比如，湯恩比關於文明起源於「挑戰與反應」（Challenge and Response）的觀點，說明了各種不同文化會走不同的道路，也自然地打破了歷史唯物主義。金觀濤先生的超穩定結構論，雖然爭議很大，但對突破官方正統的史學框架，起了很大的作用。對《河殤》在這些方面的「資產階級自由化」傾向，官方看得很清楚，這對他們來說才是真正的「掘祖墳」。

當然，從學術上看，我們為了擺脫馬克思主義而尋求別的體系，結果容易陷進黑格爾主義、湯恩比主義，總之會從一種決定論變成另一種決定論，例如地理決定論、環境決定論、歐洲中心主義等等。事實上，我們是不是真的擺脫了歷史唯物主義，也還是一個問題。比如，我們提出的「黃色文明」與「藍色文明」，是受到黑格爾、湯恩比、張光直、黃仁宇等的綜合影響而形成的一對形象化的概念，並沒有一套理論來支持它們，卻給人一種體系的感覺。這種直線式二分法的思路，對西方文化和中國文化做優劣的價值判斷的觀念，顯然還帶有歷史唯物論和辯證法的烙印。我本人很偏愛所謂「大歷史觀」（macro history），即黃仁宇先生所說的以長時間、遠距離、寬視野的歷史座標看問題，但我也常常忽略歷史的細節，容易以偏概全。我很遺憾在我們今天對世界的種種觀念當中，都是西方的聲音，幾乎聽不到中國傳統的聲音。

《河殤》還採用了不少知識性的學術成果，如張光直關於中國文明具有世界普遍性的觀點、李約瑟關於北方小麥戰車文化與南方水稻戰船文化的分析、黃仁宇關於中國古代不存在資本主義「萌芽」的分析等等。即使金觀濤的超穩定結構論，我們也是當做一種新知來介紹的。這些都是一家之言，是可以爭論的。我們創作《河殤》的初衷，就是為了把知識分子小圈子裡面的「文化熱」擴散到普通人當中去。

「六四」以前的大陸思想界，新思潮激盪澎湃，頗有「五四」當年的氣象。雖然，消化不良、矯枉過正的情況也一如「五四」時期，但畢竟衝決了共產黨文化的樊籬。我堅信這是一個進步。我不諱言《河殤》的缺點，但我也不像現在外面盛傳我放棄了《河殤》。我依然很喜歡我們的《河殤》。它已經成為歷史。我想我們會繼續往前走。

有不妥之處，懇請大家批評。

一九九一年五月三日

「文化中國：從五四到河殤」大型討論會上的發言

生死與人神之間

我朦朧記得：當初我倆在巴黎聖母院一道跪下去的時候，你兩肩劇顫，在那穹窿下久久匍匐，不能起身；我雖也動容，卻有些勉強。五年後我才悟到，那一瞬間對你我的意義竟在霄壤之別，以致今天我自覺沒有資格同你議論spiritual，所謂超越世俗的、神界的事。我越來越覺得有一道天塹，橫在現實世界與超越世界之間。你我彷彿都未覺察到的一個基本困難，是在大多數情況下，我聽不懂你所說的，你似乎也難隨著我沉淪到一個世俗人的絕望、無助和掙扎中來。

五年前的那一瞬間，我還在逃亡後的虛脫中，思緒紊亂，到神靈面前能揀出來的唯一祈求，是懇請上蒼護佑我的妻兒。我的虔誠已在青少年時代揮霍殆盡，那祈求只是倏忽鑄成流亡命運下投向神靈的一縷私願，一如中國人常說的「臨時抱佛腳」。是不是那一瞬間的輕率，便注定了我對流亡的殘酷程度，和日後還將遭遇的厄運，竟然渾然不覺，以致讓我的妻子千辛萬苦牽著兒子奔來美國，打工熬日，伴我流亡，竟還要被一場車禍撞成癱瘓？我不知道。只知道那一瞬間如今化成一個揮之不去的內疚，時時折磨我。更深的創傷還不是這些，而是在我伴她慢慢從地獄走回來的一年多裡，目睹一個身心俱毀、記憶消失、時空破碎的人是怎樣被「修復」的。我經歷了一次人的毀滅。

有個清晨，她仍昏迷在急診室裡，我一個人恍惚出去，站到靜寂的高速公路旁，只有一個了結的念頭在翻騰。當時閃過的念頭，後來我從杜斯妥也夫斯基的一段文字裡又讀出來：「……希望永遠失去了，而生命卻單單地留下，而且，在前面尚有漫長的生命之路要走。你不能死，即使你不喜歡生。」我在日記裡寫道：「這是近十個月來我所讀到的最貼近我心境的文字，從未有過的絕望而又不能被安慰也無法被替代被宣洩的感受，以及人生曾獲得的一切，消失得無影無蹤，讓你抓不到一根救命稻草，這些大概就是我一生沒有意識到的個體靈魂中最隱祕的無根基性。」人在多大程度上能主宰自己的命運，此時對我已成一種滑稽。我的意思是，我們曾是那樣自信於「修復」國家、民族、社會、文明之病入膏肓的一類「人物」，臨到獨自面對一個人和一個家庭的災難境地，除了天塌地陷之感，一無所憑。我忽然看到了存在的深淵，一個無底的黑洞張開在腳下。

在這個懸崖上，此岸的現實世界彷彿只給我留下了求生的本能，和一個要救她的瘋狂念頭，同這念頭相連的，就是對人世之外的奇蹟的渴望，它拚命飛向了彼岸，那個對我來說陌生卻從不想去觸碰的神祕世界。車禍後來自基督教、佛教和氣功對我們的救助，也是源源不斷，我要自己絕不拒絕來自彼岸的任何救助，各種禱告、默想、入靜我也一一都做了，只為她默默去做，不因我而成為一個障礙。我知道這不是信仰衝動的發生，只是一個世俗人的絕望而已，如果這個絕望發生在五年前的巴黎聖母院裡，又當別論。眼下，我所渴望的只是神蹟的降臨，這成了一個極功利的判斷，它在此岸和彼岸之間築起一道屏障，叫我逾越不了，終因未見有奇蹟降臨於我們，使我不能擺脫塵世。

然而，事情並非如此簡單。一九九三年的寒冬，在美國東岸是數十年來未有的冰雪交加。每天清晨我砸開裹在汽車上的一層冰盔甲，趕到醫院去會我那神志混沌的妻子，聽她訴說種種非人的夢境，和時空破碎之中溢出的囈語，還要狠心逼她作各種鍛鍊，不覺夜幕落下我非離去時，總要聽她喃喃道：「這一夜怎麼熬呢？」外面雨雪霏霏，我上路去，車裡會響起一盤磁帶，是過去她哄兒子入睡時常哼的兒歌，她昏迷時我又不斷在她耳邊放過，此時會叫我聽得淚水迷濛，看不清高速公路。回家給兒子弄了晚飯後，一沾床淒涼難忍，不由自主會跪到一個木製的基督受難像前，求神去驅趕她的惡夢，求神帶我去陪她，這樣做了之後我竟夜夜一覺到天亮。但久而久之，我發現所做的這一切都是在寬慰我自己。其實對奇蹟渴求最劇烈的，是我那惶亂如在無底深淵的內心，它於禱告的一瞬間有了著落。

人之心底，真有一個自己也未曾相識的靈物，我在災難中同他相遇。這個內在的靈物，不受意志或觀念、理性等的控制，自有他一套神祕的調理機制，他的悲痛是你無法壓抑的，而他的節制也是你意識不到的。車禍一年多後我在日記裡寫道：「已自覺開始平靜下來，昨天同醫生談話時曾突然傷感了一下，此後再無哭的衝動，只在驅車途中聽那憂傷的旋律時尚有舔傷口的痛感。人的心情真是奇妙，我對『他』的陌生真是一個四十年的漫長故事，卻在今天才意識到。如此說來，她的那個『她』又該何等神祕和陌生。」人尚且不能認識自己內心的這個靈物，何談他者？思想家們對所謂理性和非理性的探尋，以及其中的誤差，大概都導源於此。宗教的所謂「屬靈」是否指此？

我的確還不清楚。我的感覺可以告訴我，在自己的精神世界裡有所謂spirit，或悲或喜，或善或惡，僅憑世俗的經驗和意志去控制，非常有限。一旦與神界溝通，連接了超越性的境界和力量，人的精神可以越過肉身、經驗和世俗，獲得提升。然而，神界在哪裡？對於還沒有信仰的人來說，尋找似乎又只能依賴自身的內在靈物，即所謂靈性，有的人可以一點就通，有的人如我，就是愚不可及，只要尋找一開始，經驗、理性都跟著復活，恰恰是南轅北轍。我的困境更在於，我根本不認識自己內心的那個「非我」。也許，人生的另一番境界，就是同自己內在的這個靈物溝通，隨從他去超凡脫塵，褪卻肉胎。

一位傳教者有次對我說，跨越人間的唯一路徑是「死」一次，意即「重生」一次。肉身之死的慘烈，這次我妻子領教了。她在一剎那間就喪失了人體的一切基本功能，僅存一絲遊魂在陰陽界飄蕩。人世對她已成一個幻覺，她不知道自己在哪裡，這個世界除了兒子都是陌生人，甚至連我究竟是誰也模糊了。這大概就是所謂「靈魂出竅」，肉體已成一軀殼。混沌中，她說她有一次遇到了神，在大海上，有一個很高的聲音在說話。這樣的事她只說過一次。我自己的崩潰感，則只在人生的枯竭和幻滅上打轉，覺出往日如浮雲瞬間渺不可尋，自身只如赤條條一個皮囊而已，也作了種種呼號和求告的努力，卻同那神或佛都無緣接通。這次大難雖將我們置於塵世的懸崖，但我們的精神卻只在懸崖上徘徊。人被毀滅的滋味嘗到了，卻並未因此而「重生」，於是，我們只是有了一次地獄之行。

車禍後有位前輩學人來看我，沒說多少寬慰話，只說：列夫．托爾斯泰說過，人受難時要想一想自己有沒有資格承受。當時我並沒有聽懂其中的意思，後來才慢慢嚼出味道……

一九九五年一月四日

精神癱瘓與書寫休眠

——《離魂歷劫自序》增訂版自序

《離魂歷劫自序》初版第一刷在一九九七年。十五年過去了，我一直沒有再版的願望。每次讀它，我都會淚水漣漣；傅莉讀它，不是在讀回憶錄，而是重讀她自己的前半生。這種近乎痛苦的閱讀，可能造成某種心理障礙，使得我拒絕「重返現場」，毋寧貪圖眼前的輕鬆。

今天為了增訂這本書，我又去重讀當年的日記、再舔舊傷。我們九三年發生車禍，到九七年書寫出版，只隔了四年，而此刻我隔了十五年去重讀那次書寫，依然可以感覺到無以替代的摧肝斷腸。書寫只有貼近現場，才能記錄情感的鮮活度。時效猶如保鮮膜。記憶是極其短暫的。這種直覺告訴我，除了盡可能增添當初遺漏的細節，無需變動書的整體結構和脈絡。

但又不盡然。這次重讀的另一種意外收穫是，九三九四年我在悲痛欲絕之中，呼天告地的搶救傅莉，感覺是混沌的、自我是取消的；九五年春天西醫治療接近尾聲，我開始恐懼傅莉的終身殘廢，九五九六九七這三年，才被迫面對殘廢的事實，安身立命的荒蕪感才漸漸升起，逼我走向孤獨。我的徹底變異，發生在這三年當中，人整個兒換了一個。求神求佛不已、疏離外界、跟兒子衝突，這期間的痛苦實在不比前兩年輕。

這顯示，只有隔開了距離，你才讀得出另一種真實。同時也讓我找到了十五年逃避的根源——我幾乎看不到在情感灼痛的背後，還有精神的、心理的坍塌。連我自己也沒有意識到，我們的故事其實是：一個精神癱瘓的人，陪護著一個體能癱瘓的人。

坍塌：化為悠長的認命

上面我已經講了兩個時間概念：車禍四年後書寫、十五年後再版。其實還有第三個時間概念。一九九三年夏末，在水牛城附近的那場車禍中昏迷的傅莉，最初曾被醫生診斷可能是一個植物人了，而我要遲至二〇〇四年才獲知這個可怕細節，其間隔了十一年。

也就是說，當時普林斯頓的所有人瞞住了我一個人。今天回想起來，與其說那時大家怕我垮掉，不如說整個群體也難以面對這樁慘劇。當時，作家鄭義曾起草一封旅美華人知識界致氣功師嚴新的呼救信，簽署者幾乎囊括了中國流亡知識精英，還有幾位分量極重的學界巨擘，說明它已成為一個「文化事件」。這兩件事都顯示，這個車禍已成為一種集體焦慮，但是至今無人對此寫過一個字，又說明或者昏厥仍在繼續，或者已被遺忘。我的書寫只有能力敘述個人焦慮，鮮少旁及更寬闊的集體焦慮，這也許並非一個自私的問題，而是一種精神癱瘓。

這本書關於個人焦慮的敘述，如「黑洞」、「靈媒」等章節，涉及了存在、信仰、神祕主義、超越性等等課題，但無意間更淺顯地展示了一個精神癱瘓的病例。你可以說那是車禍後難免的驚悚、崩塌、憂鬱症等等，但是當我在歲月流逝中慢慢找回自我——對自己的感受、審視、反芻，慢慢跳出悔恨，那被籠罩其中的唯一情緒之後，我才看到痛苦的更多層次和面向，看到我在災難中的真相、原形、局限……

換句話說，我的「神蹟」期待，成為我應付突發災難的精神支撐，但那不過是把一切往後推延而已，也給了我一個慢慢適應的過程。結局卻是，半身癱瘓的傅莉，只能按照她剩下的有限能力，以她自己願意的方式，去尋找一種殘障在世的活法，我則必須陪她去經歷這種尋找。於是我的精神癱瘓了。

這個結局，正是我在這本書裡所描摹的自殺衝動所恐懼的。或者說，這個延續至今的漫長殘障生涯，最初給出的滋味，竟然是在林子盡頭的湖邊出現的甜絲絲的感覺。甚至九七年寫這本書的時候，我的記憶對這些細節仍很清晰，絕望也還沒有真的降臨。此後絕望是一天一天地降臨著。剎那間的坍塌，漸漸地化為悠長緩慢的認命。即便是我認命了，傅莉也至今不肯接受。

杜斯妥也夫斯基的那句話：「希望永遠失去了，而生命卻單單地留下……」，其雋永的哀痛，你若不搭進去歲月的消耗，是體味不出來的。也許你對它可以有知識性的哲學領悟、文學的朦朧把握、美學的情境想像，也可以輕易地使用「靈魂拷問」的字樣，但是你若用生命去度過它，它從頭到尾都是難以忍受的。被遺留下來的生命是殘缺的，不是殘缺了別的什麼，只是缺了希望，世界失去了五顏六色。天不再是湛藍湛藍的。

攙扶：相濡以沫的儀式

我從醫院出來，就注定要進廚房。我不僅終身要當一個護理，也必須當一個「家庭婦男」。至今，我已經打理了快二十年的一日三餐。我的烹飪手藝的進步，不是因為嘴饞。我到四十歲還不會包餃子，後來竟幾分鐘就連調餡、擀皮、包餡一手拿。我的生活半徑，大致可以拿一家中國超市的距離來劃定。甚至引誘兒子回家的最終計謀是一碗紅燒肉。我的文字會不會有一股油鹽醬醋味兒？

夫妻的含義，從牽手變成攙扶。生活裡最重要的東西，是一張輪椅。於是，傅莉對車禍的憎恨，轉向憎恨輪椅。她拒絕殘廢的所有情緒，都找到了一個發洩對象。直到她蹌蹌踉踉能走幾步了，都沒有學會過使用那張輪椅。但是她這一輩子可能都離不開它了。輪椅比一輛汽車對我更重要，甚至我選購汽車的第一優先，是放置一張輪椅的空間和方便。車禍後的最初幾年裡，從汽車後備箱搬上搬下輪椅，幾乎扭斷我的左臂。輪椅譜寫在我們生活的各種篇章裡。行走的限制，令生存空間跟著生活半徑一道萎縮。公共交通基本上跟我們無緣。我回北京奔喪，百般尋找一只足夠大的雙肩背包，因為我雙手被輪椅占用，不能使用拉桿滑輪式旅行箱。

輪椅的下一個層級是拐杖。其間還有一個過渡型：Rollators，大概新造的一個詞，翻譯成「助行車」，其實就是帶軲轆的拐杖。其中又有分量之別，製造商變更材質使之輕便，輕到十一磅，真令我感激涕零。我們其實還沒福氣用上真的拐杖。不過是恨恨地扔下輪椅之後，跋涉在接近拐杖的途中而已。這途中，我攙扶她的機率大增。她常常要我走在她前面，她好搭上我的肩膀。不是她能走了，而是我變成了「活拐杖」。

空間的局促不僅是物理性的。我們蛻化為「非社會動物」。早年的社會聯繫統統脫落。排斥新的聯繫進來。社交幾乎是禁忌。住宅之外的含義，只意味著看病、採購、寄帳單幾件很少的事情。傅莉關閉了她的交流意願。此刻幸虧誕生了一種新的空間維度互聯網，否則不知道她還能去哪裡。她的安全感是室內的。我們從兩千年以後異地而居，遷入完全陌生的環境，卻安之若素。後來的故事，我又寫進了續集《寂寞的德拉瓦灣》。如果說我在這本書裡，還只能以追悔的姿態，去寫傅莉的種種剛烈性格，那麼後來的故事，我寫進續集《寂寞的德拉瓦灣》裡的我所守護的這個女人，已經孤絕、痴醉、沉困，卻絕不認命、放棄。我不知道，我的筆墨還能寫得出多少她緊閉的內心。

傅莉常常言不由衷自稱「幸虧清醒得晚」，否則會難受得太早。一個腦傷者與社會的關係，毋寧病人被社會（正常人）所誤解的成分更大，人們似乎只有能力接受她的肢體癱瘓，卻不懂她的腦力、心智、情感的癱瘓。這方面又以社會不能忍受腦傷者的非理性反應為尤。難怪西方文學常以瘋癲者為主角。

記錄「失望」：一種書寫掙扎

我在初版《後記》中說過：「我渾渾噩噩『寫』了這本書」、「我第一次不知道自己在寫而寫著」。「寫」還原成一種本能。寫不是「創作」而是一種機械行為。寫不是為了要人家去讀。寫出來的文字是睡眠的。

寫完《離魂歷劫自序》，我又再次跌進這種狀態。我逃離「公共領域」、逃離報刊雜誌、逃離讀者、逃離書本和鉛字，自然，也逃離那個無處不在的互聯網，躲到我自己的「洞穴」裡去寫，依然是「不知道在寫而寫著」。難道我沒有覺察，十五年舊世界已被顛覆？私密的書信、電話和耳語，已成網路上的眾聲喧譁。人人都在最大化自己的聲音和書寫。表達欲第一次超越所有欲望。博客、臉書、推特，是每個人的報紙和出版社。我反而心如止水地休眠了。

「休眠」是私密地寫、不要讀者地寫、寫自己的宣洩也宣洩地寫、站在路燈底下寫自己孤獨瘦削的影子、感覺須臾溜走時拽住它就寫、痛苦地寫也逗樂地寫、寫出來的句子「休眠」在紙張和硬碟裡……假如有機會把我二十年來寫的日記全部輸入電腦，搜索一下得到最多的句子，大概是「她終於會走了」、「她真的走了起來」、「她怎麼走得這麼好」等等。

有一種耳熟的說法：書寫有益於醫治創傷。我覺得很難說。我十五年前寫了這本書，此後一直在私底下掙扎著寫。我不厭其煩地記錄每一次物理治療。傅莉只要出現症狀，我就會滿紙驚惶。如果詞句歡快輕佻起來，一定是病痛抽絲而去。我從來沒有意識到，我一直在記錄「失敗」。我飽蘸希望地書寫著「失望」。我寫內心的掙扎無意間成了掙扎著寫。我不知道我曾經寫掉、寫走、寫好了內心的什麼，也許反而是寫出了更多的徬徨、哀愁、懊悔？但無論如何，這本書和它的續集將顯示，在災難和悲傷之外，書寫仍然是我唯一喜歡的事情。

回味「麗質」：一種曖昧的快樂

快樂是曖昧的。只有在回味傅莉的beauty時我才快樂。這個詞在中文裡不大譯得出來，「美」、「魅力」皆不能盡釋其意，讓我暫借「麗質」一詞吧。她慘痛地失去了她的麗質，外在的內在的，大部分都失去了，而她天生帶來的那種麗質是回味不盡的。只說她當年嫁進蘇家後營造的那個長媳的姿態，竟是無以匹敵的。她不卑不亢，做事滴水不漏，四面八方平平穩穩，其光采掩及親朋鄰居，自不待言；而我媽媽是一個嚴苛的婆婆，對這個兒媳沒有半句挑剔。那段時期媽媽的平和安詳神態，是她悲苦的一生裡最罕見的。如今回想起來，傅莉當初隱而不顯的這個姿態，是何等的一種麗質！

我曾對我們的一位摯友說：我對傅莉，大概也不再是通常意義上的愛了，我越愛她會越恨自己；愛變成一個弔詭，令我無法承受。我只痛惜，可能是那種此恨綿綿，天長地久式的遺恨。懺悔、贖罪、盡責等等，都不能盡其意；唯有內心的咀嚼，乃至自我折磨式的玩味。十幾年裡暗無天日的陪伴著她，只覺得她是那麼好，一點都不怨我，一笑一顰都會令我驚心。感受這樣一個女人，即使是在她的絕境之中，那種尊嚴、頑皮、憤怒，都還是那麼純的，不摻一絲假象。到此我才悟到：男女之間的情感，不是交換可以得到的，要能得到的，就是全部，是你無法償還的。你不要擔心我。毀滅是一個事實，我得自己去經歷，去走過它，走不過去，毀掉了，也是無可奈何的；但走得過去，我就是另外一個人了。

二〇一二年四月於德拉瓦

二十年又見台北
——我與一座島嶼的因緣

九十年代我曾去過台北三次，最後一次是一九九一年夏，二十年歲月洗刷，將這個熱帶雨林都會，在我的記憶中漸漸抹淡，只剩下忠孝東路雨夜裡流淌的霓虹燈碎片的溫馨，也只因大陸生涯的堅硬冷酷，便叫我將這點溫馨久藏於心。

不過，這點溫馨在二十年前，還是先鬧出一種尷尬來。

「直把杭州作汴州」

那是一九八九年歲尾，我從巴黎第一次去台北，某天夜雨中走過滿地霓虹燈碎片的忠孝東路，竟勾起兒時故鄉杭州的那條延齡路，我也常常在夜雨中走過它回家去，被街兩畔的霓虹燈弄得心裡癢癢的。那是我少年時代的一種溫馨，在記憶裡埋得很深。五〇年代以後，大陸社會日益走進亂世，繁華、夜市連同霓虹燈都在城市裡消失了。杭州那條延齡路，便在我記憶深處成了不可追念的一片朦朧的璀璨。後來，在巴黎的香舍麗榭大道，或紐約的百老匯，都沒能把它從記憶中鉤出來，倒是在台北喚醒它了。

可是這一閃念，引我脫口說出一句「台北有如當年南宋臨安」，第二天報紙上就有朋友撰文，說我以「中原心態」看台灣。是啊，為什麼又是「南宋時的臨安」呢？我竟是無意識地借用了南宋人的那首七絕：

山外青山樓外樓，
西湖歌舞何時休。
暖風熏得遊人醉，
直把杭州作汴州。

「汴州」就是開封，我乃標準「中原意識」也，在大陸時並不覺得，到台灣才露出馬腳來。再細細品味，這裡或許有兩層意味，一層大概是到了海外，才知道大陸那種社會，已不是原湯原味的中國，尤其從文化上講，好象被什麼外族人統治著；另一層卻又總覺得大陸才是中國正統，照共產黨一貫的說法，台灣就是南宋小朝廷；相悖的兩層意思混在一起，到台灣又會生出第三層意思，那就是北宋南渡文人的情懷，南宋那班豪放派詞人，如辛棄疾、張元幹、張孝祥等，南渡以後都是受不了南宋小朝廷的笙歌漫舞，整日價「夢繞神州路」。那時的中原文人，對丟了北方半壁江山，痛心疾首，心心念念於北伐，到死都是「王師北定中原日，家祭無忘告乃翁」的。我初去台灣，心情還在「六四」後的驚悸中，那心態居然很貼近辛稼軒他們，看不來台北的「笙歌漫舞」。

起先我還以為台灣人很惦念大陸那個「根」，只是怕共產制度，後來才慢慢覺出，他們真正怕的，是大陸要來分一杯「羹」，所以對「中原心態」很敏感，這是我們想不到的一種「台灣心態」。如今對台灣人來說，大陸的價值，除了市場的意義，大概沒什麼好留戀的。

如今像我這等大陸人，被台灣邀去作客的，大多有些從「大國上都」來的氣概，對著這東隅小島上的人們，頗好指點江山，「氣吞萬里如虎」，言辭中也常會帶出一些倨傲、不屑、責備，那口氣有點像從老家來的一位什麼長輩，很怪罪那個披金戴銀的晚輩，不念鄉梓，只顧在外尋歡作樂。去過台灣的大陸人，都是被台灣視為傑出者，卻鮮少有說台灣好話的。年紀大一點的，會從台北聯想起當年上海「十里洋場」的腐敗，不肯饒恕國民黨；年輕些的，則會搬出歐美的種種正宗，橫挑鼻子豎挑眼；蠻橫一點的，還會有一千多年前北秦苻堅的口氣：大陸十二億人啐一口吐沫，就把你淹了；即使在歐美的大陸人圈子裡，鄙夷台灣的氛圍，也頗濃烈，數落台灣無需揀詞，不外乎什麼功利、擺闊、小家子氣、不男子漢等等。這是不是都可以歸為「中原心態」？從價值觀念到審美，兩岸的人有很大的不同，是明顯的。有人曾比喻如今大陸、台灣的關係，有點像一個漢子逼他那出走的老婆重婚，總是理所當然地耍大男子主義，這位「中原漢子」除了恫嚇，沒有魅力吸引人家回來。

悄悄耳語的情話般的寬慰

「懵懵懂懂竟在台灣迎來了一九九〇年，孤懸海外之感油然而生……」這是《聯合報》上我的〈台灣印象〉：「夜宿南園，聽窗外流水涓涓，細雨呢喃，心底一樣朦朧，一樣空落落，『簾外雨潺潺……夢裡不知身是客，一晌貪歡』」。

九〇年元旦在台北，《聯副》出面，邀我們五位大陸流亡作家與台灣作家、詩人見面，那場景，讓我感到一股暖流撲面。

司馬中原說，四十年前他去蘇北平原，局勢陡變，抓了一把土就流亡出外，如今頭髮白了也沒回去；要說流亡，台灣的一批老作家早就開始「流亡文學」了，張曉風說得更透徹：中國第一個流亡作家大概要算屈原，蘇東坡也是流亡過的，流亡對於中國文人來說，或許是一種不可避免的命運。這些話對於我們受到深深創痛的心，實在是極大的撫慰。

久已令我仰慕的無名氏，是七、八年前才從大陸流亡到台灣來的，他那在「鐵幕」裡三十年偷偷創作百萬字作品的傳奇故事，大概是當代中國文學史上絕無僅有的孤例，見到他那副質樸、純靜的模樣，真無法想像那是一顆如此堅韌而又充滿智慧的心靈。他說，如今人在台灣，魂靈卻依舊留在大陸，但過去在專制底下無法釋放自己的文學精靈，現在到了海外，應該可以做到了。

詩人洛夫也說得語重心長：當流亡作家就要耐得住寂寞，心境寧靜不下來就無法讓靈魂飄動起來。那位一望便知心底極纖柔的張曉風，用她那近乎悄悄耳語的情話般的音調，款款向我們講了悱惻動人的《還魂記》，說中原的杜麗娘生前就預感自己要在死後才能期待到南國的情人去喚醒她，她似乎用這個故事來象徵我們這些大陸流亡者的命運，聽得我差點當場哭出來。

瘂弦、朱西甯、鄭愁予、周腓力、張默、陳長房、陳信元、周玉山等等，無論前輩同輩，都是那樣娓娓地寬慰我們，有的話未出口，眼眶已經潮了；有的則設身處地，般般都為我們想到，我們這群落難者在這樣的胸襟裡，會像孩子或情人一樣，去體驗那深深的愛。

其實前幾日我已同瘂弦、南方朔、龔鵬程他們幾個座談過「流亡文學」這個話題；我向他們傾訴了我們在美麗的巴黎的那種痛苦，用遠志明的一句名言來形容「雖然得了頭上的天空，卻失去了腳下的大地」，我還更感覺到一個東方人孤伶伶地面對西方文化時的那種恐懼和排拒，我的心境無論怎樣都無法寧靜下來，常常在深夜裡醒來，我會對自己說：「完了」，共產黨把我們趕出來，實在是一種最可怕的刑罰，我忽然發現自己竟是那樣的軟弱和不中用！我承認自己沒有勇氣朝前走，卻在百般尋找逃路，倘若說沒有被抓去殺掉是一種幸運的話，那麼今後在巴黎的偷活實在只是一種不幸，怪誰呢？只怪我在那種制度下過了半輩子，作為人，已是殘廢的了，我時時都在期待安慰，沒有安慰便活不下去！

誠然，台灣會無私地給我們莫大的寬慰，那是一種只有兄弟姐妹才會自然流露的情意；而我漸漸覺得在這種愛撫中我可能會死得更快，更加沒有再生的指望，我知道最終還得靠自己來救贖。如果說，我們在巴黎沒有感到大地的踏實的話，那麼在這海島上，我終於感到了土地的承托……

藍紗後面幾軀肉身的跳躍

九〇年第二次去台北，是應華視主持人陳月卿之邀，去拍一部關於台灣海峽的電視片。那個海峽對我來說，始終只是一個政治符號，當我還不能把它轉化成一個文化符號時，就去拍電視，感到很困難。我拍《河殤》的靈感，最初來自飛躍黃河上空時，看到它像一條血管蜿蜒在光禿禿的黃土高原上，它就在這一剎那變成了文化符號。我沒飛過台灣海峽（至今恐怕也只有那些來回投誠的飛行員有這分福氣），也沒坐船渡過一趟，記得一九八八年，大陸一位寫報告文學的好友，獨自跑到福建沿海，賣通船老大偷渡台灣海峽，差一點葬身魚腹，回來給我描繪那個海峽。

所以，我給華視寫《海峽》腳本，沒有自己的多少感受，只是面對一堆歷史素材，但是鑽進這堆素材裡去，也發現許多歷史的荒謬和偶然。比如，毛澤東發動那場熱昏的全國大煉鋼鐵，竟然是被蔣介石派過去的飛機所激怒，一跺腳要造航空母艦，轉眼就把大陸的林木幾乎剃光。也是因為美國護台灣，毛澤東漚了這口氣，才要「超英趕美」，六〇年餓死三、四千萬人。那時候，在美、蘇、國、共之間，像玩一場遊戲，但都玩得很拙劣。毛澤東甚至沒有把地球放在眼裡過，可偏偏在這條小河溝似的海峽上栽了大跟頭。蔣介石則不顧一切想奪回大陸，晚年竟對記者說，我們不能一直待在這個小島上。台灣海峽，真正是東西方的「楚河漢界」，兩岸的每個人都跟它脫不了干係。

看林懷民跳的《薪傳．渡海》那一幕，在波浪狀的藍紗後面，幾軀肉身作激烈的跳躍，象徵意味是在茫茫大海中向彼岸的掙扎。我就想，那彼岸是什麼？

從歐洲轉道來台灣，驚訝地發現，同老氣橫秋的歐洲相比，台灣要朝氣蓬勃得多，整個社會都在「打拚」——商人們在「拚」世界市場的訂貨，政客們在「拚」選票、席位，報業在「拚」發行量，老百姓也在「拚」股票。其實沒有什麼「彼岸」，每天都有大批人從台北湧向歐美、日本，去尋求第一流的新知，最快地掌握世界各種資訊。東京的股市、巴黎的時裝、紐約的流行歌曲排行榜，都成為人們的常識。一位電腦工程師告訴我，他幾乎每個月都要跑東京，否則就會落伍。另一位中小企業主更向我誇耀：全世界期限最短的訂單是九十天，只有台灣敢拿。我也到高雄加工出口區去參觀，那裡的廠家訴苦說，如今月薪一萬台幣已經招不到小姐。打拚之餘，人們也要到各種酒廊、餐廳、卡拉ＯＫ、三溫暖去消遣。據說，台灣ＸＯ的銷量世界第一；又據說，台灣每年要吃掉一條高速公路。柏楊先生有一次對我抱怨，說一件時裝賣到六萬台幣，真是發瘋了。每到週末，往陽明山的公路擠得水泄不通，山上每個角落都坐滿了休閒的人們。有人說，台北人口一百萬，卻有五百萬輛小汽車，朋友告誡我，千萬不要在高峰時間出門，這時的台北有如「地獄」，如有飯局，要提前一個小時出門。但是，在台北的任何一個角落裡，都會有清靜典雅的茶藝館，那是我最喜歡的去處，與三兩朋友，尋一角落，要一杯凍頂烏龍，兩碟小吃，盤腿而坐，海闊天空，最是愜意。

本土化

九一年夏天再去台北時，「人間」副刊季季要我這個大陸人環島旅行去找「島」的感覺，華視也攛掇我拍一部島的《河殤》。走了一趟下來，也去拜了媽祖廟，寫出提綱後才曉得難度很大。想在台灣的電視上搞《河殤》式的深沉和詠嘆，恐怕有些不合時宜了，再說，你在台灣哪裡去找類似龍、長城和黃河這樣的大象徵？台灣的文化現象已呈多元，多得散掉了原型原味，捕捉不到文化的象徵符號，對於拍電視來說，就很忌諱了。我看過小野的新作《尋找台灣的生命力》，那麼詩化的鏡頭和解說詞，卻彷彿並未「尋找」到什麼，這不怪小野，實在是從文化角度已經很難說清楚台灣究竟是什麼。因此，依我這僅僅來過台灣三次的過客，就想在此地五花八門的文化人跟前說長道短，那結局不是落個「海外怪談」，就是「中原沙文主義」。所以，要談也只能談點感覺，一個過客的感覺。

說來也有趣，我倒發現在台灣有很多人內心深處都有某種客居感，好像並沒有把這個島當作他們的根之所在，對許多外省第二代來說，彷彿是他們的父輩，被一場莫名其妙但又不可抗拒的風暴颳到這個島上來的，那好像完全是生命中的一個偶然。這樣的偶然又給大家都編織了差不多雷同的「創世紀」和童年故事，彷彿不是這樣的話，大家各自該有另一番色彩豐富一點的來歷。「眷村文化」作為一種對鄉土、山河、關帝廟、社戲乃至鄉音俚語的替代品，成為塑造一、兩代人的文化資源，這情形，其實同大陸生長在大城市裡的幹部軍人子弟一樣，是中國一代與傳統文化斷乳的「貧血兒」。在台灣，他們的代乳品是美、日商業文化，在大陸則是來自歐洲的馬克思主義、蘇聯的普羅文化和法國的大革命精神。在精神、價值層面，都不會有多少來自根的感覺。只不過，我們大陸人或許還能觸摸到黃河、長城（雖然只能讓你意識到那個半個世紀前的民族符號）、生出某種「祖國」的感覺來（這也只是一個四十年的祖國），而在台灣眷村長大的人連這種觸摸也被阻隔了。我想，我們這類人的感覺裡，常常只有一個政權和它的意識形態和它的領袖，不會覺得有土地爺、水神和菩薩，不會覺得那山上的樹林裡有野狐樹怪，失去對土地的感覺，便從根本上失去家國的概念。許多外省人至今把他們的家國概念寄託在已經「淪陷」的大陸，而在台灣只成為附著於一個失去土地的政權的「巴勒斯坦人」。這是一種孤島式的困境。

那麼，對於二百年前「避秦」（或謀生）渡海而來的閩南人，卻有另一種孤島式的困境。首先，台灣長期的殖民歷史，不斷的政權更迭，使他們無法產生對國家的認同，對這片土地多少有點「海盜」心理，所以乃是一種三百年的客居感。他們的祖廟在湄州那邊，落葉歸根要去那裡。大概國民黨帶了一批外省人過來，才激出了台灣閩南人的本土感覺，那卻只有四十年的歷史。就這四十年裡，不認同國民黨政權的閩南人，能找到的也只有「明朝中國」的認同歸宿，如果再加上割讓日本的「日治五十年」，這種形式的文化心理更形複雜，有一種土地和政權、家與國的雙重失落。台灣文化的那種哀怨悲情的基調，大概與此有關。

因此，除了本土化——不管是政治上的、文學上的和文化上的，我看不出台灣有什麼其他出路。而這種本土化，是不分外省人本省人的，無論從擺脫國際困境出發，還是從紓解文化心理的緊張出發，政治家和老百姓都需要本土化。事實上從七〇年代始成氣候的台灣本土運動，乃是與美國斷交，台灣變成國際孤兒的大氣候催化出來的，並非僅僅源於當時孤獨的反體制力量或台獨勢力——歷史常常只是非預期的後果。

我在中南部遇見一些詩人、藝人、環保志願者和民意代表，他們用不同話語向我傾訴了對這土地的感情，這是我在大陸很少有體驗的。大陸官方意識形態充斥著空泛而粗糙的「愛國主義」，山岳大川都成了他們的政治符號，祖國就是黨，無論白樺式的苦戀還是劉賓雁式的第二種忠誠，都被視為異端，這使得年輕人不得不懷疑我們傳統裡的那種屈原精神的價值，從而會產生劉曉波式的激烈反傳統，和《河殤》式的詰問民族傳統。曾經風靡大陸的尋根派文學，從那文化的根上尋來的，也大多是所謂「劣根性」。我們曾在《河殤》裡面對祖先眷戀土地的「內陸心態」進行鞭笞，認為那是落後的淵藪，也證明了大陸那種壓迫性的「愛國主義」教育，由於化約和剝奪了人性，它使一代人失去了對土地的感覺。

就我所認識的台灣朋友，細察他們對土地的感覺，乃是一種源於人性、超越功利的價值——人道、民主、社會公平、綠色和平。把各種各樣的本土意識拆解開來看，無論是反體制的、反國際霸權的、反大一統的，反現代化的、反商業化的，都是基於人的某種覺醒。只有當人們對鄉土產生根性的超越功利、唯此為大的認同，才不會再僅僅停留在被養育的、必須回報鄉梓的感覺上，後者乃是某種可能被政治和社會功利化約掉，並進而也將人性化約掉的舊式鄉情。我想，正是台灣這樣一個孤島的獨特歷史與環境，它被「祖國」拋棄的痛史、它的受盡世態炎涼的經驗，它四十年處於高壓冷眼下的驚悸等等，雖使台灣人民內心充滿隱痛和暗傷，但許多人總算在這塊土地上找到了慰安和踏實，轉而愈加不能忍受對這塊土地的糟蹋。

從台灣的本土特性、地域、方言、文化，也令我想到廣東人、上海人、東北人等又何嘗不是這樣？他們都常常情不自禁地顯現他們的地方性和方言，只是，越是經濟發達的地區越露骨，而落後的地區則是被壓抑。地方性的張揚，才是生命力的一種甦醒。我一直覺得，中國的「大一統」格局淹沒了無數地方性、民族性文化的源頭活水，中國在整體上怎會不僵化呢？至今，大陸還談不上任何地方性的本土化，廣東人充其量也只是有一點經濟上的優越感，嶺南文化彷彿還被冷凍在明清時代。那麼湘湖文化、閩南文化、中原文化、關西文化、吳越文化、蜀文化、苗文化、北方遊牧文化等等呢？基本還都被壓在岩層下面，只能看到出土文物、民謠和古裝戲而已，這樣一個中國，豈非孔子、秦始皇、黃河長城或共產黨的代名詞？

文化人的落寞

每次去台灣都要找一些朋友喝茶聊天，總覺得他們有一種莫名的無奈和厭倦。台灣雖然創造了經濟奇蹟，但人文和精神上卻日益捉襟見肘。就整個工業東亞來說，包括南韓、香港、新加坡，都是文明的物質外殼很現代化，而文明內核越來越空。商業化的大眾媒體壟斷文化市場，整個社會的欣賞品味都在幼稚化。台北還有一個特色，就是一切最新潮的東西，都是淺嘗輒止，彷彿只是滿足味覺，沒有消化功能。

曾經叱吒文壇的高信疆，赫赫有名的《中國時報》「人間」副刊主編，是我在大陸最早認識的台灣人之一，他正當壯年，突然抽身江湖，隱名不出。他對我說，回頭看去，好像空空如也。在台北，雖然聲色犬馬，應有盡有，但對一個文化人來說，還會覺得寂寞。

在後工業時代找回一個文化上的中國，大家都有無力感。拍電影的王小棣對我說，日本人如今很重視提升民間的文化生活，第一流的藝術家都去從事大眾化的創作。我在巴黎也可以感覺到，歐洲人能夠保持較高的文化素養，也在於傳統資源的深厚。台灣本來就處在中國的邊陲地帶，又受日本、美國文化的激盪，而這兩種文化也都曾是邊陲性的，不具有樞軸文化的豐沛資源。台北出版界的朋友都抱怨，書越出越薄了，也越來越賣不動了。只有一種書最暢銷，那就是最新的女歌星寫的最短的格言。自然，卡拉OK和KTV也越來越興旺。

眼下台灣，企業家、商人和立法委員還是第一等的角色，除此之外就是歌星影星。文化人如學者、教授、作家，則越來越成為邊緣人。有一次我專門去拜訪鵝湖學社，他們以弘揚儒學為宗旨，甘於寂寞。深為他們的精神感動之餘，我還是說：你們不能只顧潔身自好，要盡量擴大影響。他們只是笑笑。

九十年代乃東亞現代化噴發之初，歐美則已經痛惜於工業化的環境人文代價，無奈東亞奇蹟又添加二十年「中國崛起」，嘲弄了「後現代矯情」，彷彿全世界都要為不計後果的「中國模式」買單，於是我很想再去台北看看那溫馨是否還在？

「人性社會」的魅力

我第四次赴台北在二〇一二年初，台北已經摩登得我認不出來，最酷自然是信義路四段至五段沿線國際會議中心、世貿中心，一直延伸到台北一〇一摩天樓，氣勢宛如一個小號的巴黎拉德芳斯（La Défense）建築波浪群。我竟也八天裡兩度被友人領上那曾經的「世界第一高」，在八十五樓景觀餐廳品嘗佳餚的間歇鳥瞰台北天際線。第一次是吃台菜館的欣葉一〇一食藝軒，恰好東道主詹妮弗的朋友、空間詮釋者兼暢銷書作家畢恆達教授在座，我還沒來得及閱讀他，但我猜他大概不會恭維這種高度的攀比。

硬體並不難為「現代化後來者」，上海不也有了一個「東方明珠塔」——不曉得那風格是俄羅斯東正教還是阿拉伯？尾追西方乃我的得意之作《河殤》所大聲疾呼者，當年哈佛教授杜維明跑到普林斯頓來啟蒙我：當你們走出閉關鎖國驚羨西方之際，人家已經在討論現代化對環境、人文的破壞，難道中國人還要去重複一遍他們已經付出代價的老路嗎？可是杜教授從哈佛退休後跑到北京去定居，如今那是除了空氣一切都要「特供」的一個「魔都」、「霧都」、「肺都」，不知道究竟是什麼在吸引這位「新儒家」傳人？

硬體包裹下人性還剩多少，有無冷暖，那才是「現代化精髓」。那天我和清華大學「六四」學生領袖李恆青飛抵台北已是夜晚，王丹安排我們下榻台北腹地的雙城街「友萊」飯店，他跑到對門的7-Eleven拎回兩瓶「金門高粱」，喝到深夜微醉，我們又出去，一跌進台北夜色裡我就捕捉到那溫馨，幾步之遙便有一個食品夜市，還有另一家便利商店系統「全家」就在下一個路口。台灣的便利商店無處不在，無所不包，多如牛毛，除了日用品食品，還是銀行分支（包括代繳水電費、停車費、罰款），郵局分店（也辦國際快遞），文印中心，購票站點等等，功能綜合到了驚人地步，大概舉世無雙，世界上最適宜華人的居住地，台北當為首善之選。

所謂「把人放到第一位」，我看誰也不可能比台灣便利商店做得更出色，而人性社會，無非如此。更有甚者，西方現代營運技術與東方溫情的接榫，台灣便利商店就是一個成功範例，林毓生教授曾苦思他的「創造性轉化」實踐運用而不得，這不就是一個可操作性領域嗎？

國家頭頭不選怎生得了

另一類硬體如捷運、高鐵，在台灣成為「都市圈」生態的巫師魔杖。王丹領著我們下台南、走新竹、逛板橋，特別是在「大台北都市圈」穿梭，其舒適輕盈的交通便捷，叫你不是討厭而是親近都市生活，感受實在跟西方的「都市疏離感」很不一樣。

不過台灣另有她的一個特色，即這一類公共建設成為政客討好選民的施政首選，所以高鐵以「架構台灣一日生活圈」為宗旨，乃不經濟的空想，且磨難不斷，至今載運不足、虧損巨大、綁架政府，但老百姓得了便宜，這是只有民主政體才會發生的怪事；又者，高鐵是二〇〇六年在陳水扁任內通車，畢竟他也辦過這件好事。台北捷運則更是「大眾」計程車，牽掛到都市裡每一個人，所以捷運蘆洲線二〇一〇年十一月通車時，馬英九講的是政治話語：「捐棄成見，攜手合作，好好打造我們這個可愛的國家」。

不民主的中國大陸，則發生完全相反的另一副景象。前不久互聯網上有人發文對地方政府豪華辦公大樓集中曝光，如安徽望江縣還是一個貧困縣，卻用一百八十二畝耕地，建築四萬三千平方米豪華辦公大樓，面積超過八個美國白宮，一路之隔還有約九十畝的廣場，配有音樂噴泉、臨水廣場、親水平台、魚趣台、露天咖啡座、露天舞台等；重慶市有個交通局僅十二名員工，建了七千平米歐式辦公大樓；廣東寶安縣公路局辦公大樓有上千米的大理石地板……

選不選國家領導人實在是決定一切的。所以台灣全島，每隔四年掀起一場選戰風暴，消耗巨大，藍綠兩營劍拔弩張，剎那間人人變成「政治動物」，政客忙不迭四處鞠躬作揖，這道風景，實乃社會運轉的題中應有之義，省略不得的。

你讓我流了一年的淚

我因一場車禍而離棄這個世界二十年，竟不能忘懷台北，也算一樁奇事，靠的純粹是文字因緣：一年的副刊專題與一本書。我的傾訴，只對著一個海島上的讀者們，他們隔著太平洋陪我垂淚，陪我伴妻療傷，出版我的「一把辛酸淚」，還授我文學獎。今天我發現，只有這個島上還有我的讀者——前《中國時報》總編輯、傳記作家夏珍看見我時一愣：「你讓我流了一年的淚，能讓我抱抱你嗎？」前《新新聞》總編輯王健壯感慨道：「你寫下的那些文字，無人替代……」。儘管我八十年代在中國大陸曾擁有過上億電視觀眾、百萬計的讀者，而今得知台灣還有人記得我，仍有受寵若驚的幸運感。

恩賜讀者給我的，是我的出版者。這次赴台的機緣是觀選，我的私心則想見見朋友，又不敢太驚動，只通知了幾位出版人。我剛一踏進酒店，櫃檯上就遞過來台灣最好的水果五六種，整整一大包，那是我的老大姐季季派遣她兒子昇儒專門送過來的。這位十八歲早慧成名的台灣文學宿將、副刊大姐大、兩岸文壇結緣人，也是我在台灣的「品牌打造」第一人。

八八年是她主持的《中國時報》「人間」副刊連續整版刊登《河殤》解說詞，並向台灣讀者介紹我的作品和身世，而我當時正在北京遭遇圍剿、旋即逃亡；八九年底我第一次訪台遇到她，就恍惚覺得她是跟我太太傅莉有緣分的一個人，急不可耐託她往北京捎牛仔服和兒童讀物給我兒子；來年又應她之邀從巴黎訪台，由她安排我環島旅行並與文學界影視界對話；九三年我們在美國遭遇車禍後，又是她逼我將「三少四壯」專欄裡那些死去活來的故事撰寫成《離魂歷劫自序》，「一定要把傅莉給你的書信放進來，她寫得比你好」，季季打了無數次越洋電話。

「明星咖啡館」訴流亡

這次我來台北總共八天，季季陪了我三次。第一次她特意選了武昌街「明星咖啡館」斜對面的「添財」，先請我們吃日本料理，再到「明星」那個「文學聖地」去聊天，在座的還有台灣「鄉土文學論戰」靈魂人物尉天驄、「允晨文化」發行人廖志峰、新銳出版人顏擇雅；新近流亡德國的大陸「底層」系列作者、文學鬼才廖亦武恰在台北，我也叫他過來。我們落座那個著名的三樓，喝著咖啡，伴以俄羅斯軟糕，話題從當年季季一個人在此寂寞寫小說、林懷民有時坐在旁邊，他也曾經寫小說說起；再到尉天驄一九六六年創辦《文學季刊》舊事，以及傷感他的老友，那位至今讚揚大陸文革、中風後被中共以副部級待遇養在北京的陳映真；直說到一群白俄流落台灣，辦起這個咖啡店，最後剩下一個無國籍的艾斯尼終老台北，淒涼中不失典雅，好像跟大陸流亡者廖亦武和我，似有未明的前世今緣。我不禁請廖亦武獻技他的拿手好戲，先吹簫〈蒼山問〉一曲：

一股風追著一股風
一個人愛著一個人
蒼山問
這是為什麼？
一棵草壓著一棵草
一個鬼摟著一個鬼
蒼山問
這是為什麼？

……接著他又拿出撥指琴，拈撫了一曲，皆古樸蒼涼，如泣如訴。

廖亦武如今走紅歐美，來台灣卻有些寂寞，他正埋頭趕寫一本《六四暴徒》採訪實錄，心情又回到那血光之災中，跟周遭的溫馨氛圍頗不協調；再加上他混跡底層、邊陲近二十年，「有一天路倒路埋，也可以嘛」，已經對都市、現代、禮節等等陌生得很。這情形，卻是近旁的友人們始料未及的，也叫季季弄出一個尷尬來。原來島外有個新聞週刊的記者，央她約廖亦武做個採訪遭到回絕，廖亦武不客氣說，他們採訪過一個潑皮文人，竟然說出對獨裁者不是反抗而是撓胳肢窩的話來，「無恥不無恥嗎？」季季一時不知如何回覆對方，急切下只稱廖感冒發燒了，誰知消息不脛而走……

從德國請來廖亦武的，是「允晨文化」的廖志峰。我們從未見過，只憑通郵件，我就可以感覺到他是一位謙謙君子，這位出版人，竟毫無商業考量地為大陸流亡文人出書。文人斷了故土根基，在另一種語言裡繼續母語寫作的掙扎，是失去讀者的孤芳自賞，聊以自慰，亦形同自掘墓穴，其中苦澀唯自知；即使到同文同種的這個島上來，又有幾人要讀你的文字？饒是這般無奈，若將草稿變成書籍，即便不去擺書店，那安慰也是不可抗拒的，就彷彿一次孕育、結胎終究果實落地了。所以許多散落於歐美的大陸作家學者的「衣食父母」，就是這位廖志峰。這次他也請我到編輯室坐坐，談起種種難煩，他那靦腆的苦笑，久久留在我腦際。

「雅言」顏擇雅之雅

我第二次升騰台北一〇一景觀餐廳，是去赴顏擇雅的宴請，季季作陪，在另一邊的「隨意鳥地方」吃西餐。我們的結識，是顏擇雅當年任職時報出版公司版權室主任時，把我的書推薦給美國著名的Knopf出版社出了英譯本。更欣慰者，乃是她最欣賞我的書，而她是一個品味極高的讀書人。這一點後來更由她辦一人出版社「雅言文化」的傳奇業績，再次證實。良好的知識訓練，使她可以遨遊英文書海而準確捕撈精品到中文出版市場，那準確也涵蓋了中文讀者的胃口和興趣。

她出版的第一本書是章家敦的《中國即將崩潰》，成為「金石堂二〇〇二年度十本最具影響力的書」，顯然她是看準了「中國崛起」對台灣社會和民眾所產生的廣泛而深刻的心理威脅，那便是市場；接下來一本《優秀是教出來》，五個月售出十二萬冊，全憑她在中小學校的有效推銷所致，因為她具備闡明

「教育」這件事的充分知識，而一般出版人士則只懂市場。

以顏擇雅的鑒賞力只做出版，其實有點屈才，她談起文學，見解高於許多文評家。她常向美國書商介紹中文地區的小說、散文，有一次她寫電郵給我：

> 由於「文化屏障」（culture barrier），我並不認為非常優秀的散文，比如楊絳的《幹校六記》，現在可以介紹給非中文的讀者，現代「中國經驗」還沒有被西方讀者所了解。很多非猶太的讀者已經可以大量閱讀關於「大屠殺」書籍、非法文的讀者可以閱讀關於法國革命的書籍，即大屠殺與法國革命的經驗已經跨越國界。但是「文革」遠遠還沒有成為世界共同的記憶。

——這在中文世界乃是罕見的睿識，亦從某個側面鞭笞了中國文壇的低水準。

「殷海光故居」庭院深深

那天離開「明星咖啡館」時，季季特意又買了一盒俄羅斯軟糕，吩咐我帶給傅莉。她約我臨走前再談一次，又問我最想看什麼，我說「殷海光故居」。我們約在捷運民權西路站碰頭，然後一路去公館站台大附近，繞著台大院牆漫步，季季說「殷海光故居」禮拜一正好休館，她事先找到「殷海光基金會」董事王汎森——余時教授的博士弟子，我跟他在普林斯頓有緣結識——如今已是中研院副院長，他請基金會董事長潘光哲特別通融，請人來給我們開門。「人家兩點鐘等我們，先去吃碗牛肉麵吧。」

我們順溫州街十八巷一路找到最深處的一個院落，一位女士應門，並引領我們順客廳、書房、臥室，一一講解、參觀，還看了殷海光生平的一段視頻，然後來到後面的庭院裡。花木茂盛令人驚羨，而殷先生掘河堆山的悲憤，又令人斷腸。我之仰慕他，不止因他是中國自由主義第一人，也不止因他高中時代即「先知式」地窺破所謂「列寧黨」之邪惡，而在於林毓生教授詮釋他「以一個讀書人扮演了近似反對黨的角色」，無疑沒有他便沒有台灣之今日。所以，殷海光雖憂憤成疾，得年僅四十九，他卻以這異常短促的生命，將正面的個體價值最大化至極致，那恰是孟子所謂的「浩然之氣」，「至大至剛，塞於天地之間」。

二〇一二年一月二十四日於德拉瓦

告別中國二十年

——與《開放》主編金鐘談身世

《河殤》事件與趙紫陽

問：在「六四」二十週年之際，很高興有機會訪問你。一九八九年六月二十四日，中共有一個七名知識分子的通緝名單：嚴家其、包遵信、陳一諮、萬潤南、蘇曉康、王軍濤、陳子明。你居第五，也是唯一的被通緝作家，究竟你是憑什麼「晉升」到這個名單之中？

蘇曉康：這個名單是當時政治局常委所定，「八老」有幾位出席會議。這是繼公開通緝方勵之夫婦、二十一名學生、三名工人之後的一份祕密通緝名單，不上媒體，只發到縣級公安、機場、碼頭等地。我是王震點名而上名單的。八八年九月，王震讓他的大祕書唐玉向《人民日報》老總譚文瑞傳達對電視片《河殤》的批評，其中有一句「他與共產黨有殺父之仇！」譚即以內參發政治局。廣電部找我和夏駿傳達王震的批評。我聽後馬上調查《河殤》劇組，是否有人父親被鎮壓？一個也沒有。後來，到了海外，我才知道，王震指的是趙紫陽。趙父是否被殺？我不清楚，反正是死在共產黨手裡。

問：最近公布的趙紫陽錄音回憶錄中，有提到趙與《河殤》。在八八年十月三中全會上，王震突然攻擊《河殤》，要求中共正式批判，趙沒有理會。李先念說「鮑彤是支持《河殤》的無賴」。趙說「王震沒說的比說了的更多。李先念提及鮑彤實際上在說我，暗示我支持《河殤》。」趙和鮑彤是不是支持你拍《河殤》？

蘇曉康：這是我們從來不知道的一個新細節。過去我們一直以為王震罵《河殤》是受祕書唐玉的挑撥，趙在中央全會上打斷王震發言，說今天不討論《河殤》，王震的意見只代表個人不代表中央，當眾掃了王震的面子，王震恨趙。中央台八七年第一次播《河殤》時，四個中央領導趙紫陽、李鵬、楊尚昆、李先念來調片子看。中央台得到的反饋是：趙說「幹嘛罵老祖宗呢？」楊尚昆大加讚賞，說「全體幹部、戰士都要看，解放思想嘛」，李鵬、李先念沒有回音。趙的態度是不欣賞《河殤》，鮑彤的態度，我不知道。但從和《新觀察》戈揚的接觸中可以感到他們是保護我和《河殤》的。但正如趙紫陽錄音所說，說他和鮑彤下令製作，發到全國，「完全是虛構」。從趙紫陽與宗鳳鳴談話中也可以看到，趙要撇清和《河殤》的關係，他不同意批判傳統。這甚至使我吃驚。

問：你怎麼知道鮑彤是保護你的？

蘇曉康：戈揚（《新觀察》主編）告訴我一事。在《河殤》之後，我寫了《烏托邦祭》，是關於廬山會議的，二十五萬字。江西出版後不准發行，全部封存，打成紙漿。戈揚知道後，要我給她一個十萬字的書稿，在《新觀察》上一次發表。我給了，戈揚在發排前一分鐘，給鮑彤打電話，鮑說，《河殤》已使他們焦頭爛額了，還要發《烏托邦祭》，我們就保護不了他了。還有一件事，趙紫陽在當眾抵擋王震後，見新加坡李光耀時，送了一套《河殤》錄影帶給他。趙說，「聽說你們弘揚傳統文化，我們這裡出了一個電視片批判傳統，送給你看看。」此事上了「動態清樣」，給政治局委員看的，大新聞單位有，我看到了這一段。傳說是趙對王震的反駁。

問：《河殤》引起巨大轟動，又被政治化，當時我們在香港也很關注，緣由何在？

蘇曉康：說說由來，可以看到沒有政治背景。事情和當時的「河流片熱」有關。《話說長江》一片收視率奇高，使中央台大賺。那時日本NHK要買黃河的拍攝權，出一百萬美金，沒人敢拍板，最後由鄧樸方拍板，賣了。但由中央台與NHK合作，從河源到河口一路拍下來後，兩家各拿一套。電視片的靈魂人物是劇作者，解說詞很重要。中央台的黃河片由負責紀錄片的副台長陳漢元負責，他認為拍得失敗，沒有競爭力。後期製作下游解說詞由我寫，我建議從文化角度切入，導演害怕太敏感。在我們爭論時，年輕的夏駿支持我，他看出我的心意。陳同意讓我出六集的方案，於是我編劇、夏駿導演的《河殤》就這樣出籠了，放在五十集《黃河》之後推出。可見《河殤》製作，純為票房，與趙紫陽完全無關。

問：那麼，《河殤》究竟有什麼敏感之處？

蘇曉康：我的構思是，要找到黃河在中國文化中的符號與象徵意義。黃河和長江並列為中華民族的母親河，可是她更具中國文化的性格，雖滋潤中國幾千年，但又暴烈、任性、氾濫成災。我形容她是「狂暴的巨龍」、「母親變成暴君」，猶如「東方專制主義」。這些意念要從黃河的具象中提煉出來，而又要和改革形勢相配合，提出黃河走向大海……片子出來，各省電視台都轉播，總共有上億的觀眾，反應熱烈。各大報都登了《河殤》解說詞。不幸片子的成功竟和高層權力鬥爭掛上了鉤。主管意識形態的胡啟立由《河殤》事件發出指示：「中央以後不評定一部文藝作品是香花還是毒草，由文藝和評論部門自己去討論。」

問：我當年讀過《河殤》劇本後，感覺這是一部「政論片」，論述氣勢磅礴，含有很深的批判性，和對西方文明（藍色文明）的嚮往，引起麻煩，勢在難免。

蘇曉康：爭議是正常的。但被老人幫拿來攻擊趙紫陽支持自由化，那是沒有根據的羅織罪名。趙回憶錄指《河殤》成為倒趙運動的藉口。因此《河殤》事件是一個文化迫害事件。和文革中借文藝批判來打倒政敵的做法沒有區別。我只是一個寫作者，和政界也沒關係，不說趙紫陽，連鮑彤、陳一諮都沒有見過。

介入學潮與逃亡經過

問：我們轉到第二部分，你怎樣介入學潮？

蘇曉康：我介入八九學運，可以說是有自由派知識分子的代表性。胡耀邦去世那天（四月十五日），我正在包柏漪官邸的一個派對上。見到劉心武，他對我說：「大事不好，胡耀邦去世了。」我愣了一下，預感有大事發生。出來晚上車子還特地在天安門繞了一圈，沒事。可第二天，學生們鬧起來了。我決定不介入。十九日晚，有北大青年教師來敲門，說新華門打死了學生，你們知識界為何還不站出來？說學生們都是看你們的書受啟蒙才起來的。我深感內疚。覺得知識分子應該站出來，第二天包遵信發起聲明，我簽了名。當時我在搞《河殤》續集，這事兒是金觀濤八九年春節在北京約我吃飯而起，說一定要拍。中央電視台台長黃惠群叫我去，決定搞第二部。一天劉小燕來電話，說鄭義、趙瑜搞天安門遊行，要我一定來。太太不要我去，我去了。見一大車人，都沒街頭運動經驗，正好那位台灣人黃順興來了，教我們做肩帶，我披上「河殤作者蘇曉康」的帶子，就上陣了，還有劉再復、嚴家其等。

問：記得你上過廣場，對學生講話。

蘇曉康：是。五月十三日，戴晴邀我去《光明日報》座談會，十三人，有李澤厚、溫元凱、嚴家其、李洪林等。會議主持說奉閻明復統戰部部長指示請各位來。原來是閻明復和戴晴商量要請我們這批溫和派出面調停學運。那天也請了學生領袖王超華來，她哭著說，「請諸位老師說服學生，廣場已失控了。」我很感動。大家同意發一個聲明，由我當場寫就，主張政府與學生對話。接著我們這一群在夜色中，去到廣場，一排地站在那裡，我看到有人發抖，有人語無倫次，只有溫元凱講得好。我也講了，拍學生馬屁，說他們教我們搞民主，也勸他們不能傻，占著廣場不走。完了又回統戰部，閻明復、李鐵映接見。坐閻明復的車，和戴晴一道回家，記得戴晴在車上和我說過一句話：「如果勸不了學生，咱倆都得蹲監獄。」

問：五月十三日，可是學運一個大日子：在廣場絕食。從此一發不可收拾，運動滑向六四。絕食首先衝擊了戈巴契夫十五日的來訪。十九日中共宣布戒嚴。這幾天，你在哪裡？

蘇曉康：十三號的廣場之行，我感到這場狂熱運動已經不可能控制了，心裡涼了半截。我躲起來寫《河殤》續集，做二千分鐘前期拍攝資料的後期合成。劇組在翠微路的炮兵司令部內。我當時的職稱是「廣播學院新聞系講師」。劇組的後勤由中央電視台軍事部負責。我在劇組一直搞到五二〇戒嚴。那天凌晨，我和夏駿上街，嘩，人山人海。那晚的黨政軍戒嚴大會，就在炮兵司令部隔壁的總後大院禮堂召開。廣播在播李鵬惡狠狠的講話。我對夏駿說，我要走了。他送我到地鐵口，我囑他好好保存那二千分鐘資料。我進入地鐵，從此在中國消失了。

問：那是五月二十一日。（蘇：對）離六四還有十多天，你那樣早就開始了逃亡？

蘇曉康：沒錯。我比他們都走得早。為什麼？這裡有原因。五月二十一日至八月三十一日到香港，一百天，這是我的空白。不能說。我先說說前因：一九八八年公安部內部就有一份知識界十種人的名單，第一種是方勵之，我是第六種，叫「以蘇曉康為代表的文化政治勢力」，其他還有王軍濤、陳子明一種，金觀濤「走向未來」叢書也是一種。我看到這份文件，簡直脊梁冒汗。我相信只要有風波，就會照單抓人。四月中，我去上海領獎曾躲了一星期，後趙回國，世銀講話，以為學潮平息了。「四二七」大遊行，我回到北京。方勵之那樣謹慎，我估計他也知道這名單，他去山西躲過一陣子。

問：你逃亡一百天，有沒有可以透露一點的故事？畢竟過了二十年。

蘇曉康：我也是「黃雀行動」救出來的。得到過許多無名的好人幫助。在外面的人可以露面，但大陸人不能。幫我的人，有的從來不認識，至今不知道他們的姓名。有一位陪我時間最長的人，他身分證和我同年同月同日生，當然可能是假的，給我親切感。他曾是一個師的偵察科長。這一百天，讓我知道中國沒有神話，幫我們的，都是人，但不是普通老百姓。我會永遠感謝他們，無論他們是什麼人。我可以告訴你，有一股看不見的勢力，很強大，沒有這股勢力，我們一個也逃不出來！

問：謝謝。那場驚天動地的運動過去二十年，你今天對八九民運性質的看法如何？

蘇曉康：八九年運動，學生，知識分子，高層權力鬥爭，歷史傳統……想了很多，說法也不少。我覺得一個重要的背景被人忘掉了。那就是接班人爭奪戰。這不是一般爭權奪利問題，而是共產黨傳統與家天下之爭。列寧主義這個正統使毛不敢直接指定江青接班，鄧小平也要挑紅軍時代的胡耀邦和抗日時代的趙紫陽接班，主持改革大政，但中國封建傳統太深，落在一幫老人身上，如李先念、王震、陳雲、鄧穎超，他們就是要子女接班。八十年代，他們把李鵬捧上台，已是先兆。六四又是一個機會，要把趙紫陽搞下去。鄧用胡趙，老人幫一直抵制，這就是趙錄音中強調的「反自由化老人勁頭很大」，李鵬六四的勁頭也來源於此。

問：但六四決策不是鄧在把舵嗎？

蘇曉康：是鄧在決策。但李鵬的作用大，因為他知道只有挑撥鄧趙關係才能得手，便假報軍情，說「學生要推翻共產黨」。迫使老鄧發「四二六」社論，沒耐心讓趙平息學潮，學生又不撤出廣場，鄧最終放棄趙紫陽而求助於八老支持，下令開槍。這是鄧最大的失敗。但鄧又有不甘，看到江太子上台，隔代指定了胡錦濤作為補償。但鄧一死，江又照樣隔代指定習近平太子接棒。所以六四以來，顯示中共毛鄧的個人魅力型、強人統治，還是輸給了劉少奇周恩來式的法理型統治，今天的中共，是他們的政治遺產，理性冰冷，完全不講個人魅力。

問：六四民運的失敗，有人說是知識分子沒有盡到責任，教訓究竟在哪裡？

蘇曉康：知識分子可以做社會的啟蒙者，但他們絕無操縱街頭運動的任何能力，當時，我們只能做「調停」的角色，但你們看到，調停也是失敗的。因為在一個極權社會裡，知識分子能動員的社會資源是零。民間社會也沒有發育成長，大家都有一種無力感，而擔心趙下台導致「大局崩壞」改革倒退，民眾犧牲。因此，知識分子看似恐懼，其實是一種負責的態度，指責知識分子沒有勇氣，是很幼稚的看法。在廣場方面，學生領袖缺乏政治智慧，鄒讜教授說，「恐懼造成的激烈，不顧後果，是反對全能主義體制的過度反應。」「那種毫不在乎戰略和政治考慮的自我犧牲和英雄主義，只會更大地損害運動的目標。」

問：戰略考慮——是什麼？

蘇曉康：鄒讜教授的看法是「雙方長期處於僵持狀態，誰也吃不了誰的狀態。然後，經過反覆討價還價，達成戰略性妥協。」當時，這種思路就是要保住改革形勢，不讓家天下得逞。一句話，不能導致趙紫陽下台。但很多人不這樣想，把上層的鬥爭看成權力鬥爭。你鬥你的，我幹我的。在趙親赴廣場講話中，幾乎是哀求學生撤離廣場，說情況是複雜的，來日方長，問題的解決要一步步來……已經道明了這種戰略。但反應還是對牛彈琴，他們對形勢的嚴峻，無動於衷。而共產黨已經磨刀霍霍，要一舉全勝，讓你「永世不得翻身」。這二十年，他們用經濟起飛來挽回以殘暴的武力鎮壓所造成的道義喪失，付出的代價則是支付中國所有的資源和全民族的未來。八九年那七個星期，走完了動員、激進化、兩極化、流血衝突，回到高壓社會，改革派失敗的急驟過程，釀成了這個你們叫做「權貴資本主義」的苦果。

定居西方，從車禍中甦醒

問：讓我們再回到你的故事上來。你到香港，我們有所聽聞，十分保密吧？

蘇曉康：在香港躲了兩個星期，和孔捷生、遠志明及那位偵察科長住在跑馬地一個高層單位。老鬼也住在那座大廈，他擅自跑來找我們，被朱牧師發現，便將我一人轉移到一位女記者家中住了幾天。然後，就把我交給法國駐港副總領事家，住一夜，第二天由港府政治部派員送我上機場，用假護照，走後門，登機飛巴黎，那是九月二十日。在香港期間，規定不見記者，不露面，為了安全。但有兩次例外，支聯會張文光安排一位美聯社記者湯姆Tom，要在電話上和我說兩句話，因為在大陸認識他，我答應了。湯姆借此發了新聞，說已證實蘇曉康逃出大陸。為此，張文光據說「犯了錯誤」。另一次在法國副總領事家的那晚，和領事兩口子聊天，有一位女士在座也和我聊了一陣。後來到巴黎，和《聯合報》記者薛曉光談起，才知道那女士就是《中時》記者江素惠，可見台灣兩報挖新聞，爭得很激烈。我在港消息走漏，是我短期逗留，提早去法國的原因之一。另外還有專上學聯負責人見過一次，為他們支援我們同行的十萬元偷渡費簽字。

問：《河殤》案涉及到趙紫陽，非同小可，受迫害牽連的親友多不多？那位夏駿呢？

蘇曉康：《河殤》撰稿人還有王魯湘、謝選駿、張鋼、遠志明等，張鋼本沒寫什麼，掛了名，害了他，逃到台灣；謝選駿去了美國；遠志明後來成了傳教士；王魯湘現在是鳳凰衛視的一個主持人。跟我合作較多的年輕人夏駿，先是停了導演職務，後離開CCTV，不知所終。他沒有監牢之災。我的家人，父親沒事，母親受了很大驚嚇，非常怕我被打死，天天哭泣，找人要求放過我。她是《光明日報》老記者，那時，六十五歲退休，一九九一年在北京大街旁跌倒，腦溢血去世。我太太傅莉在醫院工作，上下對她很客氣。也找她談過話，她真不知道我在哪裡。也抄過家，拿走了一些東西。

問：記得二〇〇三年你回北京奔喪一次？

蘇曉康：父親二〇〇三年三月病危，肝癌轉移。我弟要我回去見父一面，我向紐約中國總領事館申請。等候、拖延好久，回說要父親申請。於是我弟填好申請，讓父親簽字。不幸簽完幾天後，父親走了。我才獲准回國奔喪，有三個條件：一不見記者；二不發表言論；三不接觸敏感人物。我無權拒絕。和太太回北京。遺體告別在八寶山，因父親同僚都來，不能見我，讓我一人在外面，不參加儀式。那種荒唐的感覺，真是不可形容！人走光了，讓我獨自進去和父親告別。原來想跪下去三叩頭，但在那種受辱的氛圍下，心情不允許。向父親行了三鞠躬。原說可以活三個月，終於沒讓我見到他。喪禮後，本想多留些時間，給傅莉看醫生，卻不獲批准，要我按時離境，又遇非典，五月初，就逃回了美國。這樣，父母先後都走了，我在中國沒有家了，再沒有什麼牽掛。

問：「祖國」的觀念還存在嗎？

蘇曉康：流亡當初，還有幻覺，以為不久會回去。九三年發生車禍後，就斷了回家的念頭。二〇〇一年我入籍美國，未來將在海外落葉歸根。余英時先生說得好：「我在哪裡，中國文化在哪裡。」二十年，看淡了。祖國的觀念，我是沒有了。祖國已被糟蹋得一塌糊塗。

問：你爸也算是文化高幹吧？他對你的影響怎樣？父子間的互動如何？

蘇曉康：父親蘇沛，早先是《浙江日報》編輯，一九六〇年調《紅旗》雜誌，陳伯達手下，文革下五七幹校，七五年起跟鄧力群，文革後到了書記處政治研究室。觀念上是左的，對我在報告文學上的成功還是相當高興、自豪，但我不斷惹麻煩之後，他擔心了。勸我不要太天真，要考慮自己的安全。對於《河殤》的事，他相信與趙紫陽有關，要我不要和趙紫陽搞在一起。他知道高層鬥爭的殘酷與隱祕。似乎他對國家的問題也很清楚，表露「說也沒用」的情緒。對於我流亡在外，他的看法和母親不同，說「回來幹什麼！」他堅決反對我屈服式地回去。政治上，和父親沒什麼交集，他在那個圈子裡幾十年，性格已很深沉，不動聲色。一肚子學問，一手好文章，看他在幹校給我們的信，真是一種享受。他一生只是為他人作嫁衣裳，心裡面很看不上胡喬木那些大秀才。

問：曉康，你也在西方消磨了二十年。比起你在中國的八十年代，創作了那麼多出名的作品，會不會感到這二十年的可惜和失落？

蘇曉康：八九年我四十歲，正是創作的高峰時期。八十年代那確是我難忘的十年。在西方這二十年，我和其他人有一點不同，一九九三年七月，我和傅莉在水牛城附近遭遇一場嚴重車禍。在那之前，我的狀況可以說是「飄飄然」。初到巴黎、美國，到處演講、開會，到處是鮮花、掌聲。那吾爾開希、柴玲就更是不得了。沒有失落感，不覺得完了。劉賓雁當時估計五年中共垮台，被人罵盲目樂觀，其實，我們所有人都是這樣看的。和大陸逃亡時在一間屋子裡躲三十多天的困厄相比，我們受到的歡迎，只是令人陶醉，心裡亂糟糟地，當然寫不了東西。沒想到我在大陸的知名度，比不上在海外。尤其在台灣受到的追捧，使我忘乎所以。普大的中國學社簡直成了一個「流亡渡假村」，週末Party喝酒、唱歌，唱的都是文革歌、大陸歌，大家都廢了武功，無所事事。傅莉九一年出來，見到我那種浮躁的生活，非常憤怒。她要我去讀書，多家名牌大學都會接收我。我就是不去。一場車禍徹底打碎了我的「飄飄然」，比好多人更早地回到現實中來，考慮個人家庭的前途，面對嚴酷的命運。

問：那是一個非常悲慘的遭遇。

蘇曉康：車禍後，傅莉癱瘓，我雖早復原，五年中處於昏沉沉的狀態，好像看到了黑洞。太太那種狀況，讓我一年後才哭得出來。醫院當時已判定傅莉是植物人，但沒有告訴我，怕我受不了、垮掉。我醒來後，曾走到高速公路想自殺，一個信念戰勝了我：要盡一切可能救她、治好她。真要感謝余英時先生的慈悲心腸，讓我在普大多待了幾年，為太太的醫療方便。經過各種各樣的治療，傅莉終於恢復了大部分生活能力。這過程也是自我治療的過程。經過好幾年的耽誤，我開始給台灣兩大報寫專欄，回到我安身立命之地，在寫作的快樂中克服內心的憂鬱症。懂得了許多車禍前不懂的事。我沒有宗教信仰，只有咬緊牙活下來。

我是六四的倖存者，又是六四後一場災難的倖存者，每想到那些為了我們而付出沉重代價的朋友和不相識的人們，為六四而至今惡夢連連乃至家庭破碎的友人，我覺得很對不起他們。他們有香港人、大陸人、美國人、有的已經長眠，有的還在默默地做抗拒遺忘的工作。

二〇〇九年五月廿二日紐約／德拉瓦州連線

金鐘
香港政論家，《開放雜誌》和開放出版社總編輯，三十年編務寫社評，親訪知名人物一百五十七人，出版《反叛的御醫》、《毛澤東：鮮為人知的故事》等名著。

輯二
血光

趙紫陽六四攤牌餘談

——置鄧小平於「全民公投」之境

趙紫陽回憶錄《改革歷程》是一份珍貴的私人文獻，令人想起《赫魯雪夫回憶錄》。趙紫陽對「八九事件」的內幕、成因，作了脈絡性的梳理，成為還原這個歷史關頭的權威史料。然而，這與他最終仍不能透澈說明其中的一個重大細節，形成某種悲劇性的張力。這個細節，就是關於他跟戈巴契夫的談話，一個堪稱「風暴眼」的事件，只得到「模糊性」的解釋，給後人留下發掘的價值和空間。

政治透明、決策公開，是極權體制的命門，若遇重大社會衝突則更甚，一旦觸碰，就會爆炸。釣魚台趙戈會見「把中央常委的決定捅了出來」（趙語），所引起的爆炸性效應，舉世目睹，至今沒有一個令人釋懷的解釋，可謂「二十年的遺憾」，本文嘗試一種可能的解釋。我的解釋，不把趙紫陽定位在一個領袖、崇高者、獻身者，而是首先把他看作一個政治家（politician）。人物一旦交給歷史，便任由評說。

「鄧掌舵」爆料三說

關於這個事件，中共解釋不了，趙紫陽及其幕僚，是唯一的解釋來源。前後有過三種說法，都是借助了一種時間上的錯位：一九八九年五月十六日，戈氏上午見鄧小平，下午見趙紫陽，何者為「最高級會談」？這個「規格性」問題，產生了一個「政治機會」——其實，這是極權體制預留的一個漏洞，誰能利用它、怎麼利用最好，只是一個技術問題。

最早出現的「陳說」——陳一諮在流亡伊始就提供一種說法：蘇聯代表團質疑，鄧小平什麼黨內職務都沒有，戈氏見他算什麼？於是王瑞林打電話來，要趙紫陽下午向戈氏解釋一下。這個說法天衣無縫，說明趙陣營從一開始就不打算授人以柄。多年後又有一個「鮑說」——鮑彤出獄後說，在秦城他就自己攬下這個責任，說他根據中聯部的介紹，替趙紫陽寫了講稿，說明鄧雖退休仍然掌舵的意思。最後的「趙說」，分別見於開放出版社的宗鳳鳴著《趙紫陽軟禁中的談話》和趙本人的《改革歷程》兩書，完全相同，大意是針對民間「垂簾聽政」的說法，為了「維護鄧的形象」，才說出這個祕密，「完全是好意」。

另據《明報》援引趙與新華社記者楊繼繩的談話，提到更具體的細節，即鄧小平堅持他與戈巴契夫的會見，才算「中蘇最高級會談」，並一再強調「這句話我一定要告訴他」，但不知為什麼他會見時卻忘了說這話，由此便要由趙紫陽來告訴戈氏「鄧小平掌舵」的祕密。趙告訴楊：「我還對鮑彤說，小平同志可能真是老了，記性不行了……這一番話，本意是替鄧小平把他忘記講的話轉告戈巴契夫，目的是讓對方回國後對此行能有個交代，至於外界如何理解，造成什麼誤解，我就沒有辦法控制了。」（宗鳳鳴著作中收入的〈同楊繼繩的談話記錄〉中，並無上述這些話。）

總書記務求「現場直播」

我在這裡可以提供一個旁證，即二十年前我聽一位目擊者親口陳述的事實：當天趙紫陽先一步到釣魚台國賓館，非常急切地詢問，中央電視台對這次會談是不是「現場直播」？令記者們感到驚訝，總書記以前從未在乎過這種細節，而「直播」是不能刪節講話人的任何一句話！即避開了新聞檢查，這也是中共很少允許「現場直播」的原因。當趙紫陽確信電視「直播」無疑，就河南話脫口而出：「好！」然後坐下來，一隻手有節奏地拍著沙發扶手，打起腹稿來。

這個「現場直播」的細節顯示，趙紫陽有備而來，要說出可能是一件驚人的祕密。那時，正是天安門廣場火燒火燎的當口，不久，果然天下譁然。廣場出現的標語，是前所未有的：

鄧大？黨大？
不管白貓黑貓，只要下台就是好貓；
簾子破了！小平辛苦了，請退役；
想小平，盼小平，小平來了不太平；
不要中國特色的攝政王；
如此「簾政」，國將不容；
人老了，弦子也調不準了；
廉頗老矣，尚能飯否；

天下為「公」；
人過八十要糊塗；
我們盼小平歸故里，擁護您去當職業牌手；
希望鄧小平順應歷史潮流回家去；
四川宜賓師專迎接小平回鄉養老；
小平您好（一九八四）糊塗（一九八九）；
要廉政，不要垂簾聽政；
簾子後面找政府；
鄧小平（八五）戈巴契夫（五八）……

據說，當晚鄧小平一家人看到這番群情激憤，反應竟至於此：「看來他們要甩出我們家，把我們剁成肉餡了！」趙紫陽事後稱他「始料不及」，顯然很勉強，看看上面的標語就知道，爆料出「鄧掌舵」的政治意味，只有一個，也是「路人皆知」的：撤簾嘛！趙作為總書記，政治靈敏度絕不至於比老百姓還低。另有一個直接的類比，就是「鄧對李鵬大範圍傳達他的講話是不滿意的，鄧的孩子對把鄧推到前台也不滿意。」（《改革歷程》二十九頁）。趙很清楚鄧家最怕「暴露到第一線」。而且，即便如三種「事後解釋」所稱，要向戈氏單獨說明，完全不必「現場直播」，反而是避開媒體才對。

紫陽風頭正健

所以本文認為，這是趙紫陽的一個大動作——在他殫精竭慮，仍不能說服鄧小平收回「四二六社論」定性，便決定訴之於天下輿論、國際關注，將鄧小平的決策，從幕後黑箱拎到大庭廣眾之下來評判，等於一種「全民公投」。鄧小平要「當家」，卻又怕「暴露」，這種非理性統治，正是學潮難以平息的根源。趙紫陽看穿這一點，借力使力，將街頭抗議化為一次「民意公投」，不能不說是一個奇蹟。

趙出此策的政治根據是什麼？他的政治理念有先鋒之勢，是他敢為的主因。趙曾欣賞「新權威主義」，他說鄧也是，但是他們遇到政治上的強大阻抗，就不能不另尋改革的思路，鄧在八九前兩年的十三大已同意「政治改革」，趙才令鮑彤組建「政改辦」，這是不能忽略的一個前提。那麼，在現實中趙有何本錢逼鄧？鄧與趙「同舟共濟」，是改革僅剩的一個政治基礎，鄧自斷左膀胡耀邦之後，只剩下右臂趙紫陽，改革已在半途而廢，此所以鄧堅拒鄧力群而逼趙紫陽接任總書記——他不肯輸給陳雲李先念等保守老人；趙紫陽告訴宗鳳鳴，在此回憶錄中也表明，鄧在八九年春已決定把軍委主席交班給他，亦可知廢胡後鄧依賴趙之深，此其一；十三大前，趙紫陽解散鄧力群的書記處研究室、停刊《紅旗》、差額選舉「差」掉鄧力群等舉動一路告捷，對趙紫陽的政治預期感，是極大的鼓舞，讓他看到「民心可用、黨心可用」；同時，也顯示了在高層博奕中，趙比胡有韜略、有技巧，這也是鄧所需要的，此其二。可以說，「八九」風雲驟起前夜，趙紫陽正躊躇滿志，他才敢把民情洶洶的天安門廣場扔給李鵬，自己登車去平壤。

趙紫陽談胡耀邦的隕落，歷數老人政治。「真正有發言權的就是兩位老人（鄧、陳）。第三位（先念）有影響，但不起決定作用」；鄧小平以不開常委會來堵陳雲的嘴，說「兩個聾子都聽不見，開什麼會！」照說趙接胡，境遇更難，他竟能遊刃有餘，「陳要開會是想有個說話的地方。有一次他責怪我為什麼還不開會。我回答說：我只是大祕書長一個。你和鄧商量好了就開。陳聽後說：啊！大祕書長一個！」——趙跟宗鳳鳴談得比他自己的錄音要鮮活。

楊家將「玩火」兩頭耍

趙紫陽有多少勝算？注定失算的事情，趙是不會幹的。面對保守老人，趙的靠山是鄧小平，假如他轉身挑戰這個靠山，誰是他的盟友？那時曾有一個制衡鄧小平的「聯盟」嗎？

萬里、喬石、胡啟立都曾是趙的盟友，但畢竟分量不夠。萬里在關鍵時刻被軟禁，啟動人大常委權力否決戒嚴令的嘗試，被鄧小平輕易擺平；而喬石在鄧府戒嚴決策中，只敢中立。

在高層另有一個人是舉足輕重的——楊尚昆。無疑，正是他的角色，最終決定了趙紫陽的成敗。而奇怪的是，《改革歷程》對此人似惜墨如金。設若趙楊兩人皆封嘴，他們之間曾有過的「聯盟」便如石沉大海。我們只可鉤沉一二。

「楊家將」這位老大，文革前的中南海大管家，成為鄧與政治局常委的聯絡人，位居中樞。熟悉中南海內幕的吳稼祥，稱他是「大玩家」，很傳神，但說他怕失去軍委副主席，而聯手保守派倒趙，與趙的說法不符。趙在書中多次提及楊支持他處理學潮的溫和政策、反對鎮壓，似非錯覺，許家屯也從旁證實。但是，楊領李鵬去鄧府求見，引出「四二六」社論在先；又受趙之託，試圖通過鄧的祕書、子女迂迴勸說鄧在後。楊尚昆究竟押注在誰身上，只有他自己知道，但無疑也是審時度勢，不想賭錯。他重用胞弟，遭忌軍中，不是死跟保守派就能化險的。他不妨也掂量，扶持趙紫陽一旦成事，他與許也當一回「太上皇」

呢？

趙紫陽留下兩個細節，頗可玩味：五月十六日夜在鄧府，楊尚昆轉述廖漢生的戒嚴主張，「本來尚昆一直是反對戒嚴的」；決定戒嚴後趙憤而辭職，「尚昆打電話再三勸我收回成命」。此外，據說戒嚴部隊進城受阻後，北京軍區司令員周衣冰找不到楊白冰、楊白冰找不到楊尚昆、楊尚昆找不到鄧小平……

一番腥風血雨後，楊尚昆最終背棄趙紫陽。但幾年後，這位「鎮壓執行人」，又對三〇一醫院軍醫蔣彥永說：「六四事件是我黨歷史上犯下的最嚴重的錯誤」，現在他已無力去糾正。另據吳稼祥分析，二〇〇一年橫掃中外的「天安門密件」（又稱《六四真相》），也是「楊家將」背景，為了洗刷「屠城」罪責，此說很有見地。楊尚昆的「國家主席」頂戴上，沾著趙紫陽的血，末了還是鄧小平奪了他的頂戴。「大玩家」玩別人，最終也玩了自己。

鄧戒嚴權威不足

楊家兄弟治軍乏威，也是鄧小平權威不足的折射，更反映毛澤東身後的權威空白。這個政治背景，其實也是「六四」成因之一，少有人論及。權力空白所勾起的重組渴望，會引誘政壇上所有的人，其實大家都是「玩家」，趙楊二人位高權重，豈能置身於外？改革的遲緩和保守派的問罪，又與民間抗議互動，而引領權力結構的重新洗牌，一開始所能看到的，都不是結局，只有可能性。

陳雲或可比肩鄧小平，更有葉劍英，長居嶺南不北歸——他有華國鋒襄助才抓了「四人幫」，而鄧小平復出後，八〇年初廢華國鋒及「凡是派」甚急，葉帥不悅，鄧派王震南下與之協商，葉舉薦時任廣東省委書記的楊尚昆、習仲勳兩元老進政治局，對鄧有所制衡。鄧雖是二野政委，元帥的資格，但四九後與兵戎無涉，復出後請羅瑞卿接軍委祕書長，極盼替他掌兵。羅大將卻被林彪害得雙腿殘斷，說我站不起來怎麼領兵？執意要去德國做手術，而那時中德尚無外交關係，聶、徐兩帥皆不准，羅硬是去了，竟死在手術台上，鄧痛失股肱，那是七八年，鄧於是只好自樹權威抓兵權。七九年打了一場莫名其妙的「對越自衛反擊戰」，傷亡甚重而無戰績。葉劍英八〇年就查出帕金森症，四年裡沉痾愈深，漸漸出局，八四年國慶鄧小平心血來潮要閱兵，而葉帥就在「十一」前病危，據說鄧下令無論如何不能叫葬禮衝擊國慶，醫生只好維持，於是葉帥又當了兩年植物人。

天安門屠殺前的一場宮廷傾軋，因涉及動用軍隊，情勢撲朔迷離。鄧小平雖是強人，但調兵進京軍管，他的權威還差了點，元帥上將們一上來就反對。尤其難料的是，楊家兄弟指揮鎮壓，軍權在握，圍困京師，鄧心中沒底，據說全家人都躲了起來。五月下旬六月初，中國處於權力真空，有多少天？天曉得。這種近似軍事政變的把戲，最不安全者，恰是獨裁者自己。

愧疚為那般？

趙紫陽的光采，在被廢黜之後。第一次拒絕檢討，是拒絕了保留政治局委員的誘惑；第二次拒絕檢討，又放棄中央委員，接下來就是長達十六年的軟禁，這都在中共歷史上創了紀錄。黨史上拒絕作檢討的總書記只有兩位：陳獨秀和趙紫陽。

但是，《軟禁中的談話》和《改革歷程》兩書問世後，我們才知道，趙紫陽絕不肯對這個黨認錯，卻反反覆覆地談到他對鄧小平的歉意，即在與戈氏談話公案上，不斷地用「懊悔」、「遺憾」等字眼。兩廂形成鮮明對比。

這種愧疚，大概要從私人情感來解讀。趙的意思恐怕是：你對我有知遇之恩，我怎會「有意傷害你」？重大決策在你我之間都不能討論一下，我只好訴諸民意，以為民意足以驚醒你，卻想不到反而激怒了你，釀成大悲劇。時過境遷，我實在覺得很抱歉！趙紫陽這種態度，反映了傳統「君臣之道」的某種殘影，但也是一種可貴的政治倫理。

不過，我們也應看到，趙紫陽不檢討也無反省，他愧對鄧，卻不說愧對歷史。這裡一直懸掛著對一個政治家的責任倫理的追問：無論趙的動機是什麼，在缺乏起碼政治理性的前現代條件下，有意無意地動員民眾，輕易與獨裁者決一死戰，是徒然地犧牲無辜的生命，和勾引歷史的重大逆轉。

李商隱有憑弔諸葛亮的懷古句：「他年錦里經祠廟，梁父吟成恨有餘。」這首七律〈籌筆驛〉，通篇浸透著「遺恨」二字，映照趙紫陽，可謂妥帖；而據傳諸葛亮的〈梁父吟〉取典春秋齊相晏子「二桃殺三士」，其鞭笞讒言害賢的含義，至今新鮮。

二〇一〇年一月

「紅小鬼」源流考

——從胡耀邦到胡青幫

胡耀邦在當代中國政治史上，不僅代表著一個時代，也是一個政治世代的開山宗師，即未來可能主導中國前景的「團派」。梳理一下它的來龍去脈，或可看到一種傳承與變異：從「紅小鬼」到「胡青幫」。

胡耀邦因著力「平反冤假錯案」，而為這個瀕死體制，注入一股政治清明期望，成為中共歷史上僅見的「好人政治」（胡適語），成為「八九」學運的深層驅力。它與趙紫陽代表的所謂「改革派」，是兩種不同的政治光譜；而更加具有前瞻意義的是，「改革派」經「六四」屠殺幾乎全軍覆沒，「團派」雖「神龍之首」遭覆沒，卻因鄧小平隔代指定接班人而「見尾不見首」，倒是埋下中國的一縷變數。

「紅小鬼」的長幼觀

共青團的源頭，是「紅軍」世代裡的所謂「紅小鬼」，胡德平〈胡耀邦陳不顯傾心交往五十年〉

（《炎黃春秋》雜誌二〇〇四年第十二期）一文說：一九二九年陳丕顯、譚啟龍、胡耀邦同時參加革命，譚十五歲、胡十四歲、陳十三歲，三個人都被打成AB團反革命分子，三個人均僥倖存活下來。

這些「革命少年」的成長經歷，與中共的「列寧黨體制」和越來越呈淩駕之勢的毛澤東崇拜，融為一體，是他們人格、理念的唯一來源；他們又僥倖從極殘酷的戰爭（以陳丕顯的「南方三年游擊戰」為最），和更為血腥的黨內絞肉機中倖存下來，而胡耀邦竟可以童心未泯，天良可鑒，真是奇蹟。

「紅小鬼」自然都是他們同齡人裡的佼佼者，毛澤東有點偏愛。下面這個細節耐人尋味，文革中陳丕顯落難上海，其子陳小津來北京找賦閒的胡耀邦，胡給他出主意：「毛主席是我們崇敬的領袖、長者，對主席一定要認錯。如果你不認錯，難道說群眾錯了？難道說毛主席他老人家錯了？當然，要認錯有兩種，一種方式是可取的，另一種是不可取的。一種認錯方式就是實事求是地檢查自己錯誤，請主席關心，向主席提出請求，要求解除監禁，恢復組織生活，要求分配一些工作；另一種，就是把自己罵得狗血淋頭……」

胡甚至具體指導信如何寫：「要在信中表示：多年來一直想念毛主席，好多年沒有見到毛主席，過去主席經常耳提面命，經常能聽到主席教導。這麼多年沒有見到主席了，很想念主席。雖然沒有見到主席，但一直在認真讀毛主席的書，檢查自己的錯誤，願意繼續跟戰爭年代一樣，在毛主席的教導下，跟毛主席一起幹革命。」一九七四年秋陳丕顯給毛寫信，果然八天後得毛批示獲救。很顯然，「紅小鬼」跟毛的關係，超出一般上下級程度，甚至帶有某種父子關係的意味——毛不僅是「領袖」，更是「長者」，是名副其實的「老人家」，所以對他「認錯」是天然合理，跟你自己究竟錯沒錯完全不相干。

從這裡便不難理解，胡耀邦在八九年可以委屈而死——鄧小平之於他，是跟毛澤東一樣的長輩，豈能違拗？但他終於吞咽不下，以命相抵。他的政治祕書劉崇文回憶他逝世前的狀況寫道：「在我們日常的交談中，他盡量迴避提到小平和陳雲同志，萬不得已時也從不直呼他們的名字，而是用摸右邊耳朵代表指小平，摸左邊耳朵代表指陳雲，可見其之噤若寒蟬。他還告訴我，有一次，他去拜訪葉帥，在他倆談話時，葉帥把收音機開得大大的，唯恐被人聽到。」曾經為多少人洗冤的「紅小鬼」，自己離開人世前竟陷入如此的恐懼，難道不是「鄧小平時代」的一個特大奇冤嗎？

借著胡耀邦的悲劇性格，蘸上「六四」之血，再加上後來二十年的冷酷「穩定」，歷史會給中國人鑄進怎樣的「長幼」型文化性格，又如何接榫中國傳統君臣之道，豈非一道思想史景觀？

共青團只得半壁江山

中共的世代，粗放劃分是紅軍、八路、解放，所謂「打江山」的三代，坐江山（四九）以後的幹部，似無資格構成「一代」，乃是一種典型的軍事集團模式。

早在江西瑞金的紅軍割據時期，「紅小鬼」便是「兒童團」頭頭，到抗戰時期他們才隨年齡增長，而升任共青團領導人。共青團作為共產黨的預備隊，其任務是將社會上所有的青年人都改造成這種「預備隊」，可是，它自己是否列於中共的接班序列，卻從未成為一個事實，因為直到文革前，中共尚無「接班」需要。

倘若中共體制也勉強具有韋伯所謂「科層制」的話，其資歷、級別與升遷，皆有矩可循，「打江山」的三代也是論資排輩的，而共青團幹部具有越級擢拔的潛在優勢，亦是成規，如五二年團中央第一書記人選有二：胡耀邦、陳丕顯，毛澤東將後者派去上海主持工作，那年陳才三十六歲。

這個接班階梯，被毛澤東自己以文革打碎，代之以毫無資歷可言的「四人幫」，實屬毀方敗常，難以為繼，所以鄧小平「撥亂反正」，擢升胡耀邦（紅軍）、趙紫陽（八路）主持改革，乃回到原點，順理成章。但是「八九六四」一劫，鄧又重蹈毛澤東覆轍，罷黜胡趙，進而一併廢棄紅軍、八路、解放「打江山」之三代，代之以毫無資歷的江澤民。同樣的政治體制，會犯同樣的錯誤。鄧小平臨死前隔代指定胡錦濤做接班人，是不是意識到了「犯錯誤」，我們不得而知，而他再次啟用一個共青團頭頭，無疑是回到中共的「原教旨」接班序列上。

但「六四」卻是一個「不可返回之點」（the point of no return），在權力繼承上，江澤民啟動了另一個接班序列：太子黨——對原教旨中共而言，這也是毀方敗常的。鄧小平雖是毛澤東及其文革的受害者，但他跟毛一樣，也克制不住地對這個政權倒行逆施，將之置於死境。即便是在「黨天下」（專制）的含義上，共青團接班仍不失一種程式化，而將江山交給自己的子弟，則純粹是「家天下」，背離「非人格化」的文官制度。

為搶救歷史而主辦《往事》的鄭仲兵，向哈佛教授傅高義分析毛鄧的區別（《往事》第八十九期），一針見血：毛澤東喜歡利用群眾，搞「群眾專政」，鄧小平則反感這一套，比較注重官僚系統。但他在「六四」血腥鎮壓群眾之後，也對這個官僚系統失去信任感，只相信自己的子弟，極為戲劇性地跟毛澤東殊途同歸。

「文城阿斗」華國鋒

鄭仲兵進一步顛覆「十一屆三中全會神話」，指出「它事實上也是因文革而被折騰得七零八落的專制官僚體制的集結和復甦，為鄧小平的專權——建立他個人的權、威、勢，鋪設了道路。這個歷史的大不

幸，不少人還沒有看到。」（《改革的神話及其他——傅高義訪問鄭仲兵》）

這是自「六四」屠殺二十年來，在中國人視野裡對鄧小平最為清晰的一個描述。原來在一手遮天的毛澤東身後，比他矮一頭的鄧小平也能一手遮半天。歷史短如三十年，已經面目全非，中國算什麼「古老民族」？我們既不清楚林彪怎麼逃的、「四人幫」怎麼落網、更不知道鄧小平如何自我「再造強人」，或許對那個華國鋒，也多半是道聽塗說？

至少破除「改革神話」以後產生了一個新說法，即胡耀邦推動「思想解放運動」和「平反冤假錯案」，其一生最輝煌的時刻，是在華國鋒時代；而啟用這位「紅小鬼」的，是華國鋒和葉劍英，而不是鄧小平——那時候他還在巴巴兒地等著平反呢。但無論厚道還是膽小，抑或顢頇，最有時運做強人的華國鋒卻沒做成，成了一個「交城阿斗」。

華國鋒下台的含義只有一個：為鄧小平大權獨攬讓了道，此乃權力制衡的常識。最後悔的人是葉劍英。胡耀邦與華國鋒曾有一場齟齬，引來議論紛紛，無論真相如何，胡未意識到「唇亡齒寒」，是無疑的。在當時中共的權力結構上，能擋住鄧小平稱王的，只有一個華國鋒。幾乎所有人都在為鄧小平抬轎子，驅動力則是人人恨透了文革。引虎拒狼之謂也。

鄧小平僅以兩隻「貓」便自我造神成功，實在是中國人造神毛澤東留下的一個報應。大家窮怕了都去拜灶王爺似的，把鄧小平哄抬成「英明遠見」的設計師，十幾億人叫他用仨瓜倆棗就給收買了，等他看到「小平你好」，知道江山坐穩，頭一個翻臉的人，正是「紅小鬼」！而「八路」華國鋒不認識的另一個「八路」趙紫陽，屆時也並無「唇亡齒寒」之感。那年頭中國的政治學，就是「如何再做強人」，最後鄧小平贏了。

毛鄧選儲如同兒戲

「強人」後嗣難產，權力繼承是列寧黨的死穴。毛鄧都是打江山的第一代，皆難逃「接班人」危機。毛澤東不可一世，最後就死在自己那尊泥胎神像的坍塌中，那是林彪為他打造的；鄧小平的「中興奇蹟」，亦廢弛於輕易罷黜胡趙，並因此將中國推進深淵。

不甘心被鞭屍與不管身後洪水滔天的矛盾，導致毛鄧選儲形同兒戲：非理性且戲劇性，而且一犯再犯，十幾億人就這麼陪著他們一玩再玩。林彪機毀人亡後，毛澤東黯然將王洪文從上海點來北京繼承大統，野史說他要王讀《後漢書》中的《劉盆子傳》，就是兒戲的一例：「工總司」司令怎會懂得，漢室血統的放牛娃劉盆子跟他有何相干？而老毛毋寧是在奚落自己：這個王洪文也不過是個放牛娃而已，江山能交給他嗎？

鄧小平急功近利「脫貧」，迷信「科學生產力」，下令組織部遍尋名牌大學生，「催肥」幹部知識化。這期間，陳不顯推薦了哈工大的王兆國，而鄧小平只看中他一點：文革中「反對打砸搶」。大致來說，毛鄧選儲都是「攻其一點，不及其餘」，如老毛最初看中王洪文，是一九六七年七月他從武漢到上海，深夜坐車到外灘巡視，看見上海市革委會門前，有一群手持長矛、頭戴安全帽的工人站崗，這位陰謀大師對此甚為著迷，竟幼稚到幻想造反派可以替代整個共產黨官僚系統。

這幅畫面，二十多年後又在鄧小平眼前出現，不過是在中央新聞電影製片廠專供中南海放映的內部絕密片上，這一回是在拉薩街頭，一九八九年三月初，主角是自治區黨委第一書記，頭戴鋼盔、手提衝鋒槍，令鄧小平大為讚嘆，扭頭問祕書：這個人是誰？

三個月後鎮壓了天安門廣場的鄧小平，不再對「改革」有想像力，轉而焦慮身後江山的安危，殺戒已開，「經濟救黨」不夠了，此時他的心情，跟毛澤東在外灘的那一夜，如出一轍，他的「接班人標準」只剩一條：敢不敢開槍鎮壓群眾？其餘免談。

由「紅」變「青」的遺傳性退化

再去多說胡錦濤個人的乏味、僵化，已成絮叨，擺擺他的局限性，還有點意思。第一條自然是「合法性缺失」，他的發跡本來就是一個偶然，鄧小平的一次衝動而已，就像前面那個王兆國，在這台絞肉機裡能存活下來，已屬萬幸，二十幾年來從共青團、中辦，一路轉悠到總工會，就差沒去全國婦聯了。列寧黨建制「工青婦」，只是黨的二級機構，好像跟權力繼承不搭界。不過有首《共產兒童團歌》一直在唱「準備好了嗎？時刻準備著！」從中央蘇區瑞金唱起，掐指八十年，遲遲沒有兌現。胡耀邦那次起於百廢俱興之際，也不是「共青團接班」，但他選定死後葬在江西九江共青城，未預期地成了合法性來源的一塊神牌。胡錦濤曾想去磕個頭，後來忍住了。清華「五」字班水利系的這個學生有文化，又兼政治輔導員，所以還是一個「紅小鬼」，成為「團派」掌門人，根正苗紅，但共青城那個墓塚的神聖性，來自八十年代的「平反昭雪」，它主要不是關於權力的，而是關於道德和終極意義的，這種合法性不是昏庸之君所能接濟得上的，於是問題便涉及接下來的第二點。

坊間戲稱的「胡青幫」，因「團派」從宗師到當今總舵都姓胡，又以共青團發家的「團棍」為主，清華校友居多，大都出身平民，且多成了「紅軍」、「八路」們的姑爺。出身、學歷、官場歷練、婚姻，樣樣具備，只缺心肝兒肺。這幫理工科大學生從政，可謂具有「中共特色」的新科舉，至少它是對毛澤東

「讀書無用」反智主義的反撥，但又撥向唯「科學」的另一種蒙昧，比如清華的這個五字班，前未遭遇「反右」、「大躍進」，後面躲開了「文革」，據說「受教育最全面」，卻人文涵養幾乎是零，既昧於古典，也盲於西洋，所知僅限蘇聯，難怪中國從九十年代便進入一個枯燥而冷酷的「工程師治國時代」，在那個凶暴且無廉恥的「上海幫」裡，是成堆的「工程師」。

所以，由「紅」（小鬼）變「青」（華），既是知識化，也是理想主義退火的「冷血化」，與胡耀邦的政治清明資源，背道而馳。這也是一種「遺傳性退化」，既指施政能力、名望魅力，也包含打天下一代的革命犧牲精神、絕對服從、含辛茹苦、不計個人得失甚至六親不認，史達林所謂「共產黨員是特殊材料製成的人」，已不復存在，列寧式政黨的壽命，大致到打江山的第一代死光，這是蘇聯和東歐的命數，中共呢？於是要看第三點。

在給定的前提下，胡所繼承的這份遺產，確乎太沉重了，他們面對的世道和難題，跟他們的能力太不相稱——他們一群是靠聽話、看上級眼色、忘掉了自己還有腦子，才混到今天的，哪裡還剩下什麼創造力？即便從鄧小平的角度來說，當初隔代指定他，想必是要他來擦江澤民的屁股——「財富的極大湧流」與人心的極大壞死，不僅叫共產黨坐在火山口上，也叫中國面臨萬劫不復，可胡錦濤非但沒有沾上胡耀邦的清譽，反而是坐享其成「上海幫」的惡政、惡名。也許他最大的能耐，不過是為「團派」爭得半壁江山，果若如此，他真是無顏以見九江共青城。

二〇一〇年六月

李鵬政治智商析疑

——兼談八九年的一個錯覺

二十年前，天安門廣場最響徹雲霄的一句口號是：「李鵬—傻B！」萬眾逞口舌嘴癮之快，莫過於此，大概只有文革除外。中國人之討厭李鵬，以這句口號為經典，可以不必多著一字。當年天安門，罵翻李鵬，是標語口號一大主題，其中還有民謠味的幾句如下：

李鵬，李鵬，缺少水準，去收酒瓶。
鄧媽媽，快把鵬兒領回家，再給兩個大嘴巴！
開除李鵬，出口南非。
治蛔蟲藥，兩片；治感冒藥，兩片；治李鵬藥，兩片。

但是二十年下來，雖然討厭他的「人民」一敗塗地，卻無人反問過一句：李鵬真傻嗎？李鵬的顢頇、強硬，連同其面部肌肉的僵直，給人印象深刻，很難得地在共產主義崩潰大潮前夕，被雲集北京的全世界攝影機拍攝下來，幾乎是一個「極權主義」的最後留影；這副尊容，跟「六四」血光之災，一道凝固在世界和中國的記憶庫裡。八九年危機中的共產黨，李鵬衝鋒在前，鄧小平「垂簾」於幕後（他卻要說學生幕後有「搖羽毛扇的」），中國民間視李鵬為「弱智」，或許正是一種無可救藥的幼稚。

不過，共產黨雖有李鵬式的強硬，對歷史卻沒有信心。劉少奇有句話很著名：「好在歷史是人民寫的」，但人皆明白，「歷史」還得你自己寫。於是，對「六四」人人都要留下說法，人人不甘寂寞，已是一股風氣。掐指算來，「楊家將」老大乃始作俑者，生前已表示「無力糾正六四事件」的遺憾，他乃鎮壓執行人，等於撇清責任。這廂趙紫陽原無意願自己寫，老部下們竭力相勸：「這不是你個人的問題……寫出來，留給後人，是你應盡的歷史責任。」（杜導正《改革歷程．序》）

近來網上流傳的一本《李鵬六四日記》，香港出版又叫停，說明李鵬有些慌張，鄧曾「垂簾」、楊要撇清、江胡把自己摘得一乾二淨，趙紫陽已寫出「歷史」，那麼「六四」血債，難道要拿他這個「總理養子」頂缸不成？

指證鄧小平責任、拉江澤民墊背

這本《日記》毫無掩飾地彰顯了李鵬的智慧。他每次見鄧小平，都有「當場筆記」，他援引一九八九年五月十七日下午鄧小平的原話，那是在地安門大街前沿米糧庫胡同的鄧府裡說的：「實行戒嚴如果是個錯誤，我首先負責，不用他們打倒，我自已倒下來，將來寫歷史，錯了寫在我帳上。」李鵬並在此話前面特別加了一句修飾「小平同志以大無畏的精神指出」，這是什麼意思？這就是說，「六四」這筆帳，你們要找鄧小平去算，別找我李鵬。

緊接著是五月十九日上午的常委會，李鵬又引鄧的原話：「準備流點血。動亂分子搞打砸搶，也有暗藏武器，他們要反抗，阻撓戒嚴。如果我們提出『絕對不用殺傷性武器』，那是不行的，那等於捆住了自己的手足。」——全世界不是一直在追問「六四」開槍令是誰下的嗎？李鵬出版他的日記，只要達到一個目的就夠了：白字黑字指認鄧小平下令開槍。

趙紫陽錄音談話面世以後，坊間傳說李鵬也要出書，卻被胡錦濤封殺了；此前據傳是楊家將背景的那本《六四真相》流落海外，也曾令江澤民怒不可遏。江胡二人，視「六四」為身外之物，彷彿「事不關己，高高掛起」，雖然他倆都是最標準的「六四產兒」。李鵬恨此已極，卻也無奈，思來想去，大概自己出書替自己「造歷史」，是唯一選擇，連鄧力群不也是這麼幹嗎？

所以，張良彙集一堆「中央文件」，梳理造冊，編成一部祕史，是一個現成的模式，何不拿來？如此召集一幫秀才為自己編一部《日記》，對李鵬不費吹灰之力。這本《日記》的真偽，要看其中史料、記載有多大水分，而不在於是否作者親筆。通篇《李鵬日記》，皆枯燥的中共官式文件語言，脈絡中卻有兩條灰線，一貫到底，一則是詳細引證鄧講話，另一則，是絕不遺漏江澤民在上海的每一步動作，詞語間還帶上一點阿諛，用意昭然。

李鵬日記填補了哪些空白？

江胡不對「六四」做官史，便給野史預留了極大空間，但民間修史對黑箱操作的高層決策，又似無奈，即便如趙紫陽錄音回憶，自他被廢黜，五月十七日之後便一派茫然，形同空白。

李鵬亦不會「和盤托出」，但他要摘淨自己，就躲不開敘述過程，從他的日記裡，我們倒可以找到趙紫陽規避、未明之處；再就是五月十七日之後，他們磨刀霍霍、國家機器運作的嘎嘎之聲，躍然紙上。

最值得一議的，是五月十九日上午、即當晚於總後禮堂召開「首都黨政軍幹部黨員大會」的那個白天，鄧小平竟還召集過一次會議，以往所有關於「六四」的回憶、史料中，皆未曾出現過這個紀錄，這次卻由李鵬公布出來，內容之敏感、尖銳，前所未有，鄧小平若地下有知，一定大罵李鵬爆料他，比趙紫陽更甚；而就憑披露這個「鄧講話」，胡錦濤就有理由封殺《李鵬日記》。

「上午十時左右，我們應邀到小平同志處開會，參加會議的有陳雲、先念、尚昆三位老同志，三位常委李鵬、姚依林、喬石，人民解放軍三總部的遲浩田、趙南起、楊白冰，還有秦基偉、洪學智、劉華清三位老紅軍參加。鄧小平同志在會上講了六點意見……」主要是三點：「準備流點血」、籌備罷免趙紫陽、確定江澤民接總書記。這次會議，不僅議題至關重大，李鵬記錄下來的此次鄧講話，也將是研究八九歷史的關鍵史料，舉其要者：

——開禁「殺傷性武器」；

——借鑑台灣戒嚴的前例，「戒嚴要多久時間，現在定不下來。總之，要到一切恢復正常為止。台灣不是戒嚴二十多年了，也沒有說哪一天解除」；

——認定戈趙談話是「把一切責任都推給我。廣場放起鞭炮，打倒鄧小平。打，我也不退，要鬥到底」；

——承認選錯了胡趙二人；

——不否定「改革開放」，「一個中心，兩個基本點是對的」，從這裡可以接續到日後的「九二南巡」。

另一樁事，是趙紫陽訪朝第二天，四月二十四日晚李鵬召開常委碰頭會，除喬石、胡啟立、姚依林之外，列席的還有楊尚昆、萬里，書記處的芮杏文、閻明復、溫家寶，政治局委員田紀雲、李錫銘、宋平、丁關根等，「大家意見空前的一致。認為學潮背後有人操縱，是一場有組織有計畫的旨在打倒共產黨的政治鬥爭」，李鵬提出三個方案：《人民日報》發社論、中央和國務院聯合向各省市發通知、在北京召開黨政軍幹部動員大會，並由喬石、胡啟立、李鐵映組成的處理學潮的領導小組。

由此可見，鎮壓學潮的模式，早在此刻（四月下旬）已經出籠、定型，後來的鄧講話、「四二六社論」、鄧府決定戒嚴、廢黜趙紫陽、總後禮堂大會等等，不過是走形式而已。我們不禁要問：究竟是李鵬牽著鄧小平的鼻子走，還是鄧在幕後指揮這一切，李鵬不過是前台的一個皮影兒？有沒有吳國光所鉤沉的一個「鄧小平四二三密令」？李鵬在此究竟隱瞞了什麼呢？

五月二十日「沒有想到部隊進城受到極大阻力，可以肯定，戒嚴消息事先被洩露出去了」，也是李鵬日記精采的一筆，「西面來的部隊被人群圍堵在八寶山，南面來的部隊被圍堵在南苑，東面來的部隊被圍堵在通縣，北面來的部隊被圍堵在北太平莊。戒嚴指揮部曾設想，西面的主力部隊經過地鐵運送到天安門，也因為走漏消息，復興門地鐵施工洞口被一群動亂分子占領，堵塞了地鐵的通道，部隊調不進來。唯一成功的是從河北沙河縣乘火車到達北京車站的兩千餘人。這是根據北京軍區司令員周依冰同志的請求，我下令鐵道部長李森茂執行運送沙河部隊的命令，他執行了。但部隊一下車，就被動亂分子包圍，困在北京車站動彈不得。」

涉及趙紫陽的兩處，亦耐人尋味。李鵬說楊尚昆向他透露五月十三日趙紫陽見鄧小平情形，「小平對趙紫陽說，我現在感到很疲勞，腦子不夠用，耳鳴得厲害，你講的話我也聽不清楚。」查趙錄音回憶，一字未提鄧的態度——很明顯，鄧裝聾是一種政治表態，對陳雲也一向如此，趙紫陽對此是很熟悉的，這次竟未能解讀，那廂楊尚昆卻及時通報了李鵬！另一處是，五月二十一日部隊進城受阻之際，李鵬給王瑞林打電話，請示近日內就召開政治局擴大會議罷免趙，鄧小平答覆：「要等大軍進入北京後，再開政治局擴大會議，這樣可以避免衝擊和干擾，才能開得更有把握。」顯然，這是鄧怕兵變的一個旁證。

「李鵬策略」解讀

「八九」這場廝殺，無論是官民對陣，還是黨內角逐，結局彷彿大家都輸給了一個白痴，聽上去很慘。其實，決定因素是鄧小平的理念，而支配他當時心理的，是來自波匈巨變的強烈衝擊，《李鵬日記》對此均有充分的展示。這個大氣候，決定了在權力結構上，趙紫陽與李鵬並不處於均等的地位，雖然他倆同時處於鄧小平與柴玲、地安門（鄧住所）與廣場、老人與學生的夾縫之間——但趙需要勸慰、安撫鄧小平和學生兩方，李鵬則只需踐踏、侮辱學生一方，就能贏得老人一方。

李鵬在《日記》裡寫了一個因果鏈條：四月二十二日胡耀邦追悼會讓他栽了——「為什麼非要向我遞交請願書，而不是向趙紫陽遞交？」他以陰謀論判斷，有人要以文革手法搞臭他；同時他對民間怨言趙紫陽的兒子「官倒」，又幸災樂禍。兩人誰會成為這次學潮的「替罪羊」，李鵬有非常清晰的意識。四月二十三日他卻若無其事地去北京火車站送趙紫陽訪朝，還說「今天我來送你，可以顯示中央的團結」，心裡大概已在狂喜，天賜他一個絕佳的機會：他要先下手為強——這應該用來解釋前述四月二十四日常委碰頭會的原委。李鵬擁有的優勢，是老人幫和鄧小平的恐懼心態，但他缺少一個時機，來把生米做成熟飯。我們可以斷定，李鵬洞悉鄧小平的理念——痛恨「紅衛兵」、將文革與東歐變色一鍋煮、恐懼民心浮動、除了武力之外不知道還有其他手段等等，他只要讓常委會通過一個極端的應對方案，鄧小平和全黨只有照單全收。

在策略上，李鵬使用「袁木談判模式」，持續地激怒學生，有一石三鳥之效：令趙紫陽疏導學生、力挽狂潮的努力化為烏有；令學運從靜坐向絕食逐步升級，其領袖「理性受冷落、激進得擁戴」；令鄧小平越來越陷入一種「鎮壓衝動」。何東昌也配合李鵬，在北師大說趙紫陽的態度不代表中央。五月十三日常委會上，趙紫陽怒責此說，李鵬則保護何東昌，反唇相譏：「要李鵬下台，這些傳言由誰來闢謠？」此後「對話破裂，絕食開始」，沒幾天趙就對戈氏撂出了鄧「掌舵」。後人研究這段歷史會發現，趙紫陽步步落空，李鵬招招得逞。

米（萬里）有愧於糧（紫陽）？

歷史是個多面體，每個當事人只能映射某個單面，李鵬說「六四」，其價值也在於此。從他的紀錄中，我們也能看到其他當事人的某種側面，有時候竟是令人詫異的。

楊尚昆就不必說他了。李鵬筆下的萬里，也叫人「跌破眼鏡」。四月二十三日趙紫陽赴朝第二天，「下午五時，萬里同志打電話來，說北京市領導反映，形勢非常嚴峻，中央態度不明朗，他們很難工作。萬里建議立刻召開常委會討論對策。我同意了萬里同志的建議，決定晚八時開常委碰頭會，擴大到有關同志參加。」照李鵬的說法，他那個先發制人的「四二四常委碰頭會」，竟是萬里起的頭！趙紫陽錄音回憶中的說法則是，「萬里上了陳希同、李錫銘的當」——其實，京津兩地的首腦，陳希同、李錫銘，包括李瑞環（原北京市的木匠），是一個宗派，大佬就是萬里，這個宗派八九年力主鎮壓學潮。另據宗鳳鳴引李樹橋談，趙赴朝後，李先念要李鵬通知北京市委強硬對付學潮。

萬里被趙紫陽反反覆覆地引為「志同道合」者，說他是中央領導人中「堅定支持改革的人物」，並提及那些著名的事例：八七年不贊成「反自由化」、學潮初期不贊成北京天津兩市委的「階級鬥爭意識」、預定召開人大常委會討論從法制軌道解決學潮等等。萬里後來在壓力下沉默了，鄧小平去世後，趙紫陽又呼籲萬里站出來，「小平在時不可能有別的說法，小平不在了，我覺得萬里不應該再有什麼顧慮了。誰能怎麼樣他？」但萬里依然沉默，其實他已噤若寒蟬。一九九七年九月趙紫陽給十五大寫信，再次要求重新評價「六四」，宗鳳鳴請張廣友將這封信送給萬里，據說萬里看到此信後，神情緊張，叮囑不要外傳……。

「要吃米，找萬里；要吃糧，找紫陽」，這個傳世佳話，後來被「六四」陰影所蒙晦，象徵著一個時代的死去。時光不能挽留，人格卻永存歷史，趙紫陽不玩陰謀，沒有私黨，對後果承擔到底，且毫不畏懼，堂堂正正地做個現代政治家，在中共他是第一人。

二〇一〇年七月

似彗星，之升起，之隕落

——追悼天文學家方勵之

四月七日凌晨不到兩點，王丹從加州打來電話把我叫醒：「老方去世了！」我再也睡不著。離開兩個人，我們沒法描述中國的八十年代，一個是鄧小平，一個是方勵之。這是老方走後我想到的第一個問題，而隨著歲月流逝，在大歷史，或大時間概念之下，方勵之的意義會越來越超過鄧小平。這是毫無疑問的，因為有一個眾所周知的先例：人類至今並將永遠記住伽利略，誰還知道當初迫害他的教皇姓甚名誰？

那麼就讓我從八十年代說起。

置身狼群的孤獨

我在國內沒見過老方。照例，我該叫「方老師」的，因為是晚輩；但在八十年代的「反革命」輩分上，我們應該是「同輩」，於是就一口一個「老方」在海外叫起來了。八十年代有所謂「四大青年導師」，版本不一。我的版本是這四位：方勵之、溫元凱、李澤厚、金觀濤。我認識後面兩位；前面兩位，都是科技大學的（可知他當年的厲害），我都是到海外才遇見他們。

我可能跟方勵之相遇的第一次機會，就是一九八九年二月二十六日老布希在長城飯店的總統告別宴會，一個選錯了時間、地點、客人的德州烤牛肉宴。我也在羅德大使（美國前駐華大使）邀請的「中國持不同政見者」名單上。那天傍晚，我坐輛小車往東郊趕去，沿途只見軍警林立、如臨大敵，我也不斷被員警攔住：「出示你的邀請函！」越接近那個飯店，攔截得越頻繁。我雖然一一過關，並最終落坐宴會席，同桌的還有另一位「青年導師」李澤厚，但是我們都不知道，那一路上瘋狂的攔截對象，只有一個方勵之，彷彿一個國家的整部機器在阻截一個人。這幅景觀，文革中都沒有出現過的，真是大開眼界。後來讀老方的回憶文字，才知道「當局採用的五大對策」：一是戒嚴截車，二是「最高特工」攔路阻截，三是停擺公共交通，四是陪同「散步」，五是「護送」到記者招待會。

在當代中國政治史上，這是具有多重意義的一個標誌性事件。它測試了所謂「改革開放」的邊界，展現了中共初級的國際交往和外交禮儀的水準，也包括其社會監督控制技術——中共當年真是「小兒科」，社會監控技術也有一個「現代化」過程，也是經濟不「起飛」就沒錢去賣的。在另一端，這個事件也測試了中國異見者的承受力、公民社會的虛實。我覺得，後者其實更重要。一個極權社會的蛻化，必定導因於異見陣營的成長。當方勵之幾乎還是「冠蓋滿京華，斯人獨憔悴」的時候，你也別指望這個體制會收斂、社會能改善。

好像老方後來跟我描繪過他們當時的感覺：「就像在荒野裡被一群狼圍追」。這個形容，給我印象深極了。這也是對八十年代的另一種寫照（通常的說法是「開放」）。今天，它可以擴展到國內的無數維權律師、異見知識分子、訪民，無後台的民營老闆，甚至主張復辟文革的左派們。

本來方勵之搞的天體物理，就是「高處不勝寒」的一門學問，所以他注定寂寞。在八九天安門運動勃興之前，老方所處「高處不勝寒」，已是持思想和政治異議之境，尤其他寫了一封信給鄧小平建議「大赦天下」。他是一個科學家，本能地以科學規律質疑共產黨的意識形態，還帶了點「知識的傲慢」：

「如愛因斯坦強調的，歐幾里得幾何學是哲學家發明的體系，它並不限於數學家，而是所有『愛智』者都應遵循的邏輯。它是各種學問的普適基礎。歐幾里得的書名是《原本》，而並非《幾何原本》。據傳，柏拉圖在他的學院門口寫著：『勿讓對幾何學無知者入內』。」

徹底的「西化論」

方勵之的「前衛」，並沒有被研究中國思想史的學者所重視。他們只琢磨「五四」以來的「反傳統」思潮及其流變，也認為五四宣導的「科學與民主」過於「簡陋」，沒有承傳。其實在方勵之身上，我們恰恰可以看到「德」、「賽」兩先生的一種合體。

或者我們這樣說：梳理當代思潮演變，只見李澤厚的「救亡壓倒啟蒙」、金觀濤的「超穩定結構」，卻不見方勵之的「普適」論說（他不採用「普世」一詞），乃是一種殘缺的「人文」觀，有點類似在現代思想史上，只見胡適，而不見丁文江。

特別值得一提的，是方勵之獨特的「西化論」。一九八九年四月四日，也就是天安門學運噴發兩周前，他寫了一篇紀念「五四」七十年的文章〈從北京天文台看中國民主進程〉，從利瑪竇來華開始，梳理一部三百年「科學注入史」，結論是：

這一段科學注入史也許有助於我們從更長的歷史背景上來理解今天的民主困境。第一，對中國的民主進程似還可以不必太悲觀，與三百年的科學注入史相比，七十年的民主注入時間雖已不短，但還不致令我們完全氣餒；第二，現代化和民主化的基本原則和基本標準，像科學的原則和標準一樣，是普適的，無所謂「東法」、「西法」之分，只有落後與先進之分，正確與錯誤之分；第三，阻礙現代化和民主化注入中國文化的錯誤觀念，與阻礙科學注入中國文化的錯誤觀念是相似的，即各種版本的「中國特色」論。

這段思想，可以概括為一句方氏名言：「不存在一個所謂中國特色的現代化，就像不存在有中國特色的物理學一樣」。時至今日「中國模式」這個怪胎終於禍害全球，我們才得以返觀方勵之的先見之明，超越許多理論家和人文學者。

八十年代的方勵之，崇尚利瑪竇「以輸出普適價值觀為使命」，他直言不諱：神父利瑪竇是文化侵略者中的先驅，「稱之為『文化侵略』實質不錯。武裝侵略的目的是攻城掠地，文化侵略的目的則是在價值觀上的『攻城掠地』。利瑪竇之所以遠離故土，經印度到中國，就是堅信，他信仰的價值體系，不但適用於Macerata和義大利，也適用於印度和中國。是普適的。他的使命就是『感化異教徒使他們皈依』普適價值觀。（在我們的領域中，universal習慣譯為普適而非「普世」，強調的是，其適用範圍不但包括整個世界和世人，而且超過世界和世人）。」

在當代中國，有誰比方勵之更「全盤西化」嗎？我因《河殤》而頗為世人詬病「全盤西化」，今得方勵之為同道而幸甚焉。抨擊「西化」，今日已成「國情特殊論」的利器；反「西化」，亦不過是種種「有中國特色」、「中國傳統」、「中國模式」的遁詞而已。反之，徹底的「西化」，亦不過是「普適化」、「普世化」，令中國匯入世界潮流、令普世價值植入中國價值體系而已。

方勵之不僅在「思想史」上留下痕跡，他的經驗，還關乎極權制度下「科學家」的良知問題。中國科學界在毛時代，有極其惡劣的紀錄，乃眾所周知，其洋洋大觀者，便是「兩彈之父」錢學森，論證「利用太陽能可使糧食畝產達到幾十萬斤」，對「大躍進」推波助瀾，終使四千萬農民餓斃，居然連始作俑者毛澤東都說「上了科學家的當」。中共當道的六十年裡，整個知識界臣服、犬儒、同謀，這部恥辱史延續至今。「科學家」可以不問善惡，不管是非，助紂為虐。

科學家中有「反骨」者鳳毛麟角，方勵之是佼佼者。他不僅繼承了西歐聖賢和科學巨匠如歐幾里得、柏拉圖、伽利略、利瑪竇、愛因斯坦的知識和精神，更承傳了天文界先哲們反抗羅馬教廷野蠻「天禁」的勇氣，「就觀測天文學而言，大清二百多年，就是一張無字的大白紙，遠不如元朝。海禁，天禁，文字禁。若當時有網路，也會有網路禁。禁，禁，禁——一個價值體系衰亡的前兆」，他在「自由化的八十年代」，乃開風氣先者，勇敢地向龐大的現代極權體制挑戰，並成為中國天字第一號政治犯（在逃）。

從天體到地球的「人權」

我終於見到老方和李淑嫻，是在普林斯頓高級研究院他們的住所。李淑嫻熱情招待大家，老方則比較沉默。他們剛剛經歷了那場舉世震驚的「大使館避難」。我不知道老方以前的性格，是隨和還是孤僻，但似乎他從此不苟言笑了，而他的文字則充滿幽默。比如，他提到中國政府要求他交一份「請求寬恕」的信，才能離開中國，此時梵蒂岡方面對他說，這種懺悔可以寫，特別是物理學家更可以寫，因為伽利略就寫過「認罪懺悔」；並表示很樂意代他草擬。

他們在東岸待的時間不長，老方就應聘到亞利桑那大學教書去了。從此，我們只在人權組織的會議上相遇，延續二十年。流亡的方勵之，關心兩個極端：天體和地球上的人權。九十年代初，他出任紐約「中國人權」雙主席之一，我忝為理事，所以一年總要見上一面。很多年來，在帝國大廈高高在上的那個人權組織，籌款年年大幅上升，職員薪水朝大公司拉齊，卻對中國的人權狀況越來越隔膜。

方勵之不是當陪襯的那種人。一日他找我們幾個中國理事說：人家不大樂意跟咱們玩兒，我們也別陪著。於是一眾人跟著他辭去理事，另起爐灶，慘澹經營一個捉襟見肘、只做實事的「新人權」。從那以後，我們只在網路上見面，開會討論。老方見識多、視野寬，論事洞若觀火，簡要透澈。一晃就到了二〇一〇年歲尾，我們相聚奧斯陸，用老方的話來說，是去給劉曉波「站腳助威」。

方勵之曾要求鄧小平釋放政治犯魏京生。他說他來奧斯陸，也是因為二〇一〇年的和平獎得主是一個「為爭取人權而服刑的政治犯」。他的科學家思路，看政治問題一針見血：一個國家GDP增加，並不自動減少NPP（政治犯數量）；要使兩者「反相關」，就必須爭取人權。他的人權理念簡單清晰：「所有的人權公約，每一條的第一句話甚至第一個詞，就是『人人』、『人人如何如何』。這是非常重要的，在人權問題上，必須落實到每一個人，只要在一個人的問題上不符合人權標準，那就是違背。」我記得余英時教授有一次跟我說，儒家的「仁」的意思，不是二人，而是「人人」。

方勵之還講了另一面。他說宇宙有兩類物質，主體是「暗物質」，不發光；還有不到百分之五的「重子物質」，能發光。宇宙就是因為它們而有了光。饒是宇宙都這樣，小小地球上的人類，假如沒人肯做那「重子物質」，便是一片黑暗。

暮年歷劫兩大難

到奧斯陸見到的老方，除了蒼老，變化不大；心直口快的李淑嫻，卻形銷骨立，完全換了一個人。大家都心知他們三年前經歷了那場「老年喪子」的大難。

我是〇七年十月間，從老方的摯友、也是當年在北京陪伴他遭遇「狼群圍追」的林培瑞那裡，間接獲知這個劫難：方家小兒子方哲，在亞利桑那羅難，死於一場老人駕車闖紅燈的車禍。我有一種同病相憐的淒涼，給老方發去一個電子郵件：「災難總是猝不及防地偷襲我們……」。老方無言，只默默發來他們的「祭子文」：

方哲寡言。但不木訥，而極喜歡運動。北大物理系同事告訴李淑嫻：「校園裡每個球場上，都看得見你的小兒子。」高大，少言，身手矯健，這些特徵被警官學校的探子注意到了，方哲在一〇一高中畢業時，就有人來動員他報考警校。他沒有答應。保鏢專業，不是他的興趣所在。不過，哲兒時常給我們當「保鏢」，在中國，也在美國。

我沒見過他們這個小兒子。身高一米八七，極喜歡運動，這樣的孩子，在美國該有多少歡樂啊。祭文中披露「六四」屠殺後，方哲曾隨父母進入美國大使官邸，然而兩天之後，他又祕密離開，藏在一輛車裡開出使館，再甩掉跟蹤。此後他竟一人在家等待避難於大使館的父母達一年之久。若將老方這段敘述，放置回屠殺後北京一派白色恐怖的氛圍中去，你可以想見，一個「國家公敵」的十幾歲的兒子，竟有如此的膽魄！再讀到他爸爸寫下「離奇的車禍，或許也是他在保護媽媽爸爸」這樣的告慰，直讀得我泫然淚下。

從奧斯陸回到圖桑半年多後，即第二年夏天，老方又「離奇」地染上怪病「亞利桑那山谷熱」，高燒、寒顫、劇咳、嘔吐、關節浮腫、體重驟降、全身出水痘樣紅斑，「人皮如鬼皮也」，而且此病無藥可治。據老方兩個月後寫「簡報」〈親歷亞利桑那山谷熱〉通告友朋，他居然是靠醫院裡一位老護士的「特殊療法」，快速發汗降溫，奇蹟般地復原了。

但是又過了半年，約二〇一一年底我們間接得知，遠在圖桑的老方病得很厲害，心臟功能和腎功能均衰竭，醫生發現是他服用的治肺的藥引起的。我記得老方敘述罹患「山谷熱」時，說他「左肺被該菌占領一半」。難道他還沒有逃出那一劫？但是，這次他的病情又被控制住，春天開學後他居然又去教書了。

四月六日早晨，方勵之上課臨出門前，突然倒下。這次他真的走了。在他離去的空白中我才意識到，就流亡的慘烈而言，無人可以跟方勵之李淑嫻夫婦相比，他們承擔了沒有底線的代價。先是他們的幼子，在三十多歲的黃金年華，無端殞命；三年後，老方又遭「從深層地下湧出復仇」的細菌偷襲，雖然他以頑強的生命力搏鬥了三番，終究像彗星一樣，也隕落了。誰敢斷定，那細菌不是趁了老方喪子巨痛的虛弱，而偷襲了他呢？

讓我借李淑嫻輓詩〈路祭哲兒〉第一段，結束這篇悼文：

天邊垂著亞利桑那少有的低雲，映襯著我的心。
在Pinal縣的鄉間車路，
在那令人心痛的十字路口，

在養馬場的護欄邊。
我看見那電線杆，木質的，
它的東南側，還留著撞痕。
不遠的腳下，還留著深砸下的車轍坑。
這裡，是我兒子的魂歸處；
這裡，是我兒子的滴血處；
這裡，應該還留有他最後一聲呼吸的餘音。

二〇一二年四月於德拉瓦

尋找「八九」更深處的東西

——讀《王丹回憶錄》

我至今清晰記得，一九八九年五月十日，首都知識界組織了一次「飛行集會」，就是自行車遊行，我隨一群作家騎在第一排。我看到幾個學生蹬了一輛三輪車，跟我們後面緊追不捨。其中有一個男生，發育太快的瘦高麻稈身材，挑著一顆娃娃臉的腦袋，臉上又架著一副鏡框巨大的眼鏡，給我印象比較深刻；行進間他還不小心從三輪車上掉下來一回，就更叫我忘不掉他。風暴過後，我才從新聞照片上認出來，他就是王丹。

王丹從小就是一個好學上進的男孩，台灣市井裡稱為「乖寶寶」。他說上小學時，老師曾深情地稱讚他：「要是學生都像王丹這樣，共產主義早就實現了。」這個細節，到今天已經讓他覺得「想起來真是不好意思，因為要是我那一代人都像我一樣，共產主義應該早就滅亡了」。

其實連王丹自己都沒有意識到，他回憶錄裡的這個描寫，具有非常豐富的政治學意味，涉及了中國大陸至今令中共頭疼的「政治參與」這個尖銳問題，也透視了一個中國青年，無論他（她）是在「五四時代」、還是在「九一八」、五七年、文革、「八九」乃至時下「腐敗盛世」，他們所具有的政治選項是怎樣被時代所籠罩；也再次證明，「青年運動」在中國政治生活裡永不顛簸的歷史作用；甚至詮釋「學而優則仕」這個傳統，在現代社會裡必定異化為政治參與。

社會優秀分子永恆的叛逆傾向

無論王丹怎樣強調他五、六歲就貼過「第一張大字報」、「毛澤東死的時候我笑了」、「十二歲就因為組黨而被公安部審訊」等等，他基本上不是一個被主流社會排斥、跟時代格格不入、淪落到社會底層的青年，總之不屬於廖亦武「底層系列」中的人物；相反，他小學擔任少先隊中隊委員，俗稱「兩道槓」；到高中竟也有了「團派背景」——年級團支部書記、參加區團代會、參加團中央的懇談會、一九八七年「北京市市級優秀團幹部」，以致校黨委「也向我交底，準備發展我入黨」。

問題是，像王丹這麼一個「跟體制親和」的青年，怎麼會轉變成「反體制」的異議分子、且成為最重要的領袖人物呢？王丹說「應當反思的恐怕不是我，而是中共自己」，顯示他其實未解其中緣故，這卻是我想做點分析的地方。

首先，我們必須承認，王丹是個很優秀的多才多藝的青年，這無疑跟他的天資、家教、成長環境的濃厚人文氛圍等等分不開。他從小的自信，給人印象深刻，在高考那個關口，「我記得我當時的心情頗為放鬆」，還去看電影，結果以全校最高分考進北京大學。他心儀北大之強烈，因為父母都是北大出身，自我詮釋為「有一種近乎血緣性的認同和親切」，但這也可以是一種與生俱來的壓力——我猜大多數北大出身者的後代，都會終身背負這種壓力。

北大薈萃全國人才，五四已然，試想當年毛澤東進不了北大，只能在圖書館當抄寫員，何等沮喪？

據說這個細節，乃是他「反智主義」（仇恨知識分子）的某種源頭。所以一個邊緣分子對北大的不爽，也會產生嚴重後果，導致半個世紀中國讀書人的大劫難。

北大自「五四」以來就是中國政治風雲的發源地，說「數風流人物，還數北大」，也不過分，那麼是不是北大塑造了一個反叛的王丹？有沒有一個所謂「北大精神」？反觀北大今天這幅墮落相（非指政治冷感，指迎奉體制、學術腐敗），你又會很沮喪。我認為，「北大精神」並沒有多少政治學上的意義，或者說，也做不了多少「政治」、「社會運動」的圖解。

「北大精神」的正宗，只是一種學術精神，即蔡元培的「兼容並包，思想自由」。陳獨秀曾說：蔡元培「在任北大校長時，對於守舊的陳漢章、黃侃，甚至主張清帝復辟的劉師培，都因為他們的學問可為人師表而和胡適、錢玄同、陳獨秀容納在一校；這樣容納異己的雅量，在習於好同惡異的東方人中實所罕見。」也正是這樣的自由氛圍，讓北大在學術、思潮、政治等諸方面，領先群倫，也在「五四」等重大歷史關頭鶴立雞群。扼殺蔡元培精神，也就殺死了北大，這也許反倒可以歸納為一種「反北大精神」，在八九六四以後，逐漸臻於完備。

我非常欣賞王丹在第三章「北大：我的精神聖土」中，以強烈的筆觸，寫出了八十年代北大那種思想活躍、思潮激盪的醉人氛圍，他也由此描繪出他自己獨特的精神旅程，刻畫了他的叛逆傳奇——傾心各種講座、追隨「青年導師」，第一次到天安門廣場靜坐，迷戀、參與、主辦勺園塞萬提斯像下的「草地沙龍」、「民主沙龍」，編輯民辦系刊《燕園風》、校刊《新五四》……一個優秀的人，只要置身於「兼容並包、思想自由」的氛圍，他（她）就會吸收、思考、懷疑，一句話，變得更「優秀」。

這正是百年前「五四」那個北大、五七年「大鳴大放」時那個北大的光輝所在。這也證明了人類社會的一個法則：凡優秀分子，注定會懷疑體制、質疑多數、反抗潮流，唯此這個社會才有希望進步、大多數人的權利才有保障；反過來，這也注定了專制制度的存活前提，是必須扼殺社會優秀分子，對整個社會實行逆淘汰，輸送形形色色「腦殘」、平庸甚至卑劣之徒至權力樞紐中，那麼它的運作代價和殺傷力，也就可想而知了。

「理想主義」可能是一個陷阱

王丹作自傳，回眸心路歷程，將自己的「造反心跡」歸因於理想主義，並以此詮釋「八九一代」。以我閱讀的範圍而言，這是多數學運領袖所見略同的一個看法。但我認為，這是一個未經剖析和分殊的籠統之見，期間暗藏著許多思潮的陷阱；再者，「八九一代」也以「理想主義」來區分他們跟「後八九」的政治冷漠，顯示了某種代際緊張。

凡政治參與，都仰仗理想主義，文革中的「紅衛兵」恐怕是最極端的「理想主義」。「六四」屠殺後，中共痛定思痛，決意泯滅青年學子的政治參與企圖，不惜放縱娛樂化，以抵消理想主義，這大概是「理想主義話語」的一個主要觀點。其實，這不過是在重複所謂「法蘭克福學派」對「發達資本主義」的批判，即消費和享受，取消了人的批判和否定的能力。這種理論的缺陷一望而知，難道禁欲和清貧，就維持得住批判能力？

由於中國社會的政治發育程度極低，公民社會基本空缺，民間政治參與管道徹底堵死，在這樣的社會裡，「關心國家大事」就是最大的理想主義了，這基本上就是「八九學運」的歷史前提。實際上，他們能夠承受的遺產很有限，唯有模仿文革的靜坐、絕食。假如用「理想主義」，可以同時解釋文革造反運動和「八九學運」的動機、驅力，這不是有點尷尬嗎？

王丹毫不諱言諸如「紅色經典情結」、建構於「國家主義」、「集體主義」的責任感、民族主義的體育狂熱、閱讀馬列經典等「理想主義」要件，引出一個頗具張力的問題：「八九一代」的理想主義，發育在中共意識形態背景下，集體、國家、民族等巨獸徹底壓倒個體，如何支撐他們自由主義的反體制立場？這個悖論，甚至導致了他們與體制之間關於「愛國不愛國」的滑稽歧義。我們其實很難判斷，距離所謂「喝狼奶」的一代只有幾步之遙的「八九一代」，未被洗腦的程度究竟多少？

王丹的客觀描述並不錯。「八九一代」未被解構的「民族國家」意識，具有悲劇性意義，透視了中國因背負近代「民族恥辱」，要實現個體自由的政治民主化談何容易。「後八九」時代，「關心國家大事」的舊式政治參與冷漠起來，社會貧富迸裂卻導致「個體」、「維權」等意識覺醒，雖然大規模街頭運動不再，這卻未始不是一種民間社會的成熟。

前不久中國在「釣魚島」爭端中爆發的反日狂熱，表演了一種由官方操縱的民間「政治參與」模式，令全世界跌破眼鏡：中共二十年來、尤其是茉莉花運動以來，最忌諱街頭運動，不惜耗費高於國防費的巨額資金來防堵，今天居然肆無忌憚地「自我導演」一場群眾抗議、砸店燒車、蔓延一百多個城市，規模空前。他們要向國際社會證明，他們用「民族主義」就可以把人民玩於股掌之間。慘不忍睹的是，民間鬱積的憤怒，借由「刺刀對外」的官辦臨時孔道而發洩，人們竟也自得其樂。

「仕途」在今日中國

王丹或是一個做學問的好苗子，卻此生注定要「以政治為志業」了，這使我自然有興趣梳理一番今日中國的「仕途經濟」。

官場的今日路數有二：是「太子黨」須得混文憑，是平民擁有高學位也須得入「團派」，捨此二途，做官無門。所以我們來設想一番王丹，假如「八九學運」未曾發生，當初以他頗為看好的「團派背景」，又是北大出身，也夠機靈，而今以他四十出頭的年齡，興許當上省委書記了；假如他的「學長」李克強肯提攜，進政治局也說不定。

如今在中國高等學府裡，對「團派」仕途，一定趨之若鶩，平民「學而優則仕」，唯循此徑，跟「官二代」分享權力。網上曾風靡一個視頻，薄熙來跟來自全國的一群大學生骨幹座談，恰好可以拿來作「官二代」、「團二代」兩廂的應證，所以特別有趣。

薄熙來接見新一代紅衛兵

話說來自北京大學、清華大學等一〇九所全國知名高校的學生會或研究生會的主席，共一百六十二人，二〇一〇年來重慶參加「中國大學生骨幹培養學校」，由團中央書記處書記盧雍政帶領，跟薄熙來座談。這些學生骨幹在重慶「上山下鄉」、參觀考察，卻在座談會上，一律穿著紅色polo（馬球）衫，極為諷刺。這段視頻的跟貼評品，最為精采：

> 這些學生幹部是將來官僚體系的中堅力量，是最善於鑽營的一個群體，目前我們的官員系統主要培養的就是這種人，唯長官意志是從，有個性的有為青年被排除在外。
>
> 當代這些學生會頭頭也是學生中的「人精」啊。他們高智商、世俗、老道、善於表演、懂得配合，學會官場中那一套，他們年輕，卻並非心智不成熟，而是過度投機於政治，不知道薄案發的今

天，再看這段視頻他們作何感想？他們還想玩政治，死都不知道怎麼死的！

就在視頻接近尾聲、全體人員起立鼓掌時，畫面突然閃過主席台，竟赫然出現薄瓜瓜，他站在薄熙來右邊的位子上，前面並未擺放名牌。網友感嘆這段影片如今看來格外諷刺：

看看這個視頻，我更加堅信這廝若是當上一把手，必然重演文革，國家走向納粹式的極權萬劫不復之地。注意：視頻最後十三分三十秒起立時，薄身邊那個年輕小夥像誰？而且他台上是沒擺放名字牌的，奇怪，政府會議竟然帶兒子參加，什麼用意？扶持上路？

不厚非常神往當年毛賊城樓一揮手百萬紅衛兵山呼萬歲的那個場景，非常神往紅海洋，非常想玩毛賊那個味。看了這個視頻，可以確認這廝正在重走毛賊曾經走過的道路，幾乎沒有區別。可怕的是，這些激情發言的名校大學生領袖跟當年的紅衛兵領袖幾乎一個腔調，他們隨時可能揮舞紅寶書，衝向不厚指向的戰場。

最讓人擔心的不是薄家少爺的出現，最可怕的是中國的年輕精英們如此輕易的放棄了信仰，主動向權力靠攏。年輕精英不再是社會進步的力量，已經徹底淪為權力的附庸，成為現行體制的接力維護者。這應該就是錢理群先生十分擔心的所謂「精英利己主義」吧。悲觀了，進步的動力在哪裡？

不過我並沒有網友們那麼「氣憤填膺」，因為薄熙來的架勢，與其說叫「團二代」跟「官二代」（薄瓜瓜）見個面，不如說他要讓「團二代」明白，你們都要聽命「官二代」。這不僅就是眼下中南海裡的戲碼，也將成為中國政治的長期內容。那情形，頗像滿清王朝，有滿員漢員之分，位高權重而顢頇的一定是滿員，精幹而不被信任的多為漢員，此亦大清覆亡之因。

由此，王丹暫時在台灣邊教書邊歷練取經，實為上策。他將要去中國走一條全新的參政之路。其實他有一個更親密的北大「學長」王軍濤，也是他最服氣的人，比他有更深的「團派」背景，卻在紐約流亡環境下，作更艱辛的試煉。據說，他常常一個人站在時代廣場，衝著川流不息的熙攘人潮，用中國話大聲演說，到了「如入無人之境」的境界。有一次我在王丹手機螢幕上看到，王軍濤磨練完了從紐約回新澤西家中去，深夜一個人孤零零站在路燈下等長途汽車。我忽然非常感動。

二〇一二年十月

穿海魂衫的女孩

——《柴玲回憶》解讀

天安門廣場的絕食總指揮，最初是去拽她丈夫回家的；一個自稱認識鄧家的人，私下找柴玲先是婉勸「給老人一點時間」、後又唆使她「乾脆徹底一點」；趙紫陽絲毫未察覺他的對話、疏導方針對靜坐學生是無效的，且懵懂於他們以運作絕食來回應他；「讓廣場血流成河才能喚起民眾」這句話，不過是柴玲轉述的李錄語錄；她在美國求得的第一份職業，竟要改名「伊莉莎白·李」；「尖子班」公司的女創始人生養了三個女兒，她非常痛苦她本該是七個孩子的母親……

這些隱祕，與其說為八九天安門運動增添了關鍵性史料，倒不如說展示了一個罕見的文本：一個女性在一場革命中的苦難。這個來自黃海之濱的「尖子」女生，擔任舉世震驚的「反專制」學生運動的頭號領袖，慢說是一場誤會，至少是一個偶然，她則必須承擔隨之而來的一切後果，包括恐懼、逃亡、遺棄、辱罵、審判、千夫所指……直至她找到了「一個更高的力量」。柴玲的回憶錄寫了快二十年才付印，就是因為她在沒有徹底「重讀」自己之前，是找不到結尾的。一場「革命」後的性別意識覺醒，一種頗為時髦但也老生常談的「女性主義」書寫，因為鋪墊在波瀾壯闊卻結局悲涼的「八九天安門」背景下，竟獲得了某種來自東方的新鮮感，和嵌入集權社會的立體感。

原始恐懼

柴玲的成長背景很特別，不是大城市但也不是窮鄉僻壤，不是標準的幹部或知識分子家庭但也不是工人農民。她生於一個小漁村旁邊的軍事基地，由奶奶撫養大，父母都是受過高等教育的軍醫。這種既在邊緣、又受文化交叉輻射的特定環境，賦予她善良、敏感、倔強、複雜也多愁善感的性格，但基本上，她是一個好勝爭強的女孩。更重要的是，這種出身不僅使她領悟從社會下層到上層的通道（「尖子」），一旦接近上層就能敏感到這個體制的粗暴。

柴玲在回憶中很清晰地表達出「八九一代」的造反初衷，絕非盲目浪漫，他們是中共歷史上開始具有「個人對抗體制」意識的第一代人。她濃墨書寫的「北大小賣部事件」是生動的一例。那個售貨員和北大公安局警員，即這個體制的最一低級代表（或零件），舉手投足之間就可以傷害、侮辱、整肅他人，其手段則是「檔案」，連毛澤東都有一個小檔案櫃，藏著諸如劉少奇、周恩來、林彪、彭德懷的黑材料。

「當謠言繼續四起的時候，我感到被指責的迷霧包圍，沒有辦法證明自己的無辜」——柴玲直到二十年後還沒法證明她的「無辜」，她「人生的雨季」其實一直就是這兩個字——所以，她第一次在紀念碑下聽演講提到「為什麼黨有我們的個人檔案」，有茅塞頓開之感，「革命禁忌」一瞬間就被打開了，無論她是不是「職業革命家封從德」的妻子，她都會「參加革命」的。五月十四日所謂「十二學者上廣場」那次，在沸湯的夜色裡，我們一行人被兩排學生手把手地護送到紀念碑下，我身旁有個女學生，戴頂網球帽，身材嬌小，有點特別，我就記住了她，逃出中國後才從「八九六四」的影像資料中再次辨認出來，她就是那個倔強的總指揮。

其實原始恐懼一直陪伴著柴玲，比如私下接觸的那兩個「舉止麻利、穿黑西服」的男子開車送她回北大，她疑心自己會「人間蒸發」；餓昏了被送進醫院，她也很警惕被注射別的藥物（畢竟是醫生的女兒）；很弔詭的是，她卻一點都沒有共產黨逼急了會動兵的概念（也許就因為是軍人子女）。所以，廣場上的學生們，對地安門鄧府裡「垂簾聽政」廢黜一個總書記的「高級政治」，毋寧是麻木冷漠的（這正是「原始恐懼」的變相）。

她的「革命家」機智，也更像一個女孩的聰慧、靈秀，如最初情切切尋找封從德到二十八號樓祕密會議中，以「溫柔的女性聲音」擺平一群臭小子；靜坐低潮之際感性演講鼓動絕食，並草擬極具感染力的「絕食書」；戒嚴令一下馬上運作結束絕食（卻令「革命丈夫」封從德咆哮失態）。但她政治上的幼稚，跟「絕食總指揮」角色很不相稱，如視共產黨為鐵板一塊，也看不出趙紫陽與李鵬的區別；她很智慧地提出「對話和平反動亂」兩個訴求，卻絲毫不覺得趙紫陽殫思竭慮上奏鄧小平收回「四二六社論」的努力，跟學生有何相干；也不懂閻明復為什麼無權給學潮「定性」；甚至大軍圍困之下，她竟然還對侯德健說「趙紫陽的軍隊會站在我們這邊」……。這些，又在後來全都成為她委屈的源頭。

倖存者「十字架」

「柴玲是她自己坐船來的，」司徒華回憶說；「黃雀行動」始終沒有找到這對「革命伴侶」。我自己逃亡了一百天，對柴玲的逃亡敘述，自然感同身受，非常具體而微地懂得她十個月裡的每一種焦慮、望眼欲穿和絕望，要是輪到我去捱他們那份罪，可能就瘋掉了。

柴玲逃出來以後，一直為「不撤退」死硬辯護，又叫我失望。但是，六四屠殺的後果很冷酷：「屠城派」在高壓維穩之下實現「經濟起飛」，導致公共輿論「柿子揀軟的捏」，中文語境裡一派聲討學生「不撤退」，追究責任，偏又相逢網路興起，於是「語言暴力」氾濫成災。更不幸的是，五月底柴玲曾讓一個叫金培力的美國學生，錄下自己的一段遺言，語無倫次地講了一通什麼「血流成河」的話，後來不僅使中共如獲至寶，也成為批評聲討者最王牌的「證據」。她已經到了「跳進黃河也洗不清」的地步。

這種討伐，頗讓我想起義大利電影《新天堂樂園》導演朱塞佩・多納托雷的另一部*Malena*（中國譯作《西西里的美麗傳說》，台譯《真愛伴我行》），馬蓮娜是一個失蹤軍官的遺孀，小鎮麗人，當戰爭壓抑了所有人的欲念，她的美貌卻成了鎮上唯一可以任人獵取的尤物，男人垂涎她、女人嫉妒她，她越是潔身自好則越是刺激眾人的獸性，一次轟炸奪走她父親，她只有去當妓女接待德國兵為生，戰敗之後全鎮人拿她出氣、當眾羞辱，等於全鎮人都強姦了她一次而獲得滿足。這部電影解剖西西里人「劣根性」之犀利、深刻，幾乎可以媲美魯迅。

柴玲則被逼出了自責：「為什麼我沒有預見到大屠殺？為什麼我還活著？」在九十年代普林斯頓時期，她有一次打電話給我，說波士頓那邊有一群人把吾爾開希叫去「清算廣場激進主義」，開希要她也過去「揭發李錄」。

「他說我要不去，他們就把我撂出來，你說我怎麼辦？」

「揭發人的事，得妳自己決定，別人沒法替妳拿主意。」

我有點避嫌，絲毫不敢鼓勵她這樣或那樣，只任她獨自去面對。即使到了這一步，柴玲還一直守著一個祕密：「血流成河」這句話，其實是她從李錄那裡鸚鵡學舌來的。

打碎「性別偶像」

到此便引出一個問題來：柴玲的「革命經歷」中，一直有兩個男性主宰著她，封從德和李錄，雖然他倆都是她的副指揮，但她崇拜他們，對他們言聽計從，甘願被他們控制。比如，封既是她仰慕的偶像、革命家，也是「咧嘴一笑」的男孩子，她在「北高聯」籌委會「做祕書、跑後勤」，自己承認「我做的這一切都是出於一個忠實的妻子對她的丈夫的奉獻」，儘管封認為她只有「小女人的觀點」，而且一選上「北高聯」常委，馬上就把「自己老婆」開除掉。直到那一刻，柴玲才聲稱「一個全新的、獨立的女子也誕生了」——這是一連串多麼活靈活現的「性別語言」，但是柴玲告訴我，她甚至在書寫時都沒有意識到這一點。

然而，後來李錄一出現，柴玲又成為一個附庸。她很多次寫到李錄「清晰的頭腦、鎮靜、有決斷力」，但是讀者從她的筆下看到的李錄，正是反對撤退最堅決的人；她寫到軍隊被北京百萬市民堵在四郊時，五月二十七日李錄說：「我們實際上是在等待一場鎮壓，只有到廣場上血流成河的時候，百姓才會聯合起來推翻這個政府」——後來她在遺言中引述了這句話，生動地顯示柴玲缺乏自己的語言來描述「廣場處境」，不得不說李錄想讓她說的話；匪夷所思者，又在六月四日清晨學生撤出廣場的途中，李錄緊緊拽著柴玲：「太糟糕了！咱們回廣場去吧，學生領袖一個都沒死。」柴玲這本書寫了很久，寫到最後她終於不再「掩護」李錄。

我至今不懂，為什麼別的學生領袖並無自責——封從德有沒有難說，李錄則沒有，他早就預見到大屠殺，他成熟得跟我們這一代人沒區別——而只有柴玲痛苦不堪？只因為她是一個女性？她更善良？但有一點是明確的，柴玲最終釋放痛苦，跟她打碎了那兩具「性別偶像」，必定相關。

雖然平實地說，任何一個學生領袖，無論理性的還是激進的，對死難者都沒有責任，但是外界的聲討，終於逼得他們必須清清楚楚地分擔起屬於自己的那一份，實在是一個中國式的悲劇。

「吳健墮胎案」的隱喻

柴玲這本回憶錄，充滿了「性別話語」，幾乎是一個女孩在性別歧視嚴重的中國環境裡的成長史，其中也包括了她對父親權威及其歧視女兒（不是兒子）的反抗。在她筆下只有兩個人不令她畏懼，並愛入骨髓：奶奶和媽媽，都是女性。

然而，柴玲的掙扎路徑，卻顯示了政治話語（「廣場責任」）徹底壓到性別話語的曖昧；而她的救贖，又經由了尋找耶穌的奇遇，所以回憶錄最終結束於近乎是福音話語。這當中有一個細節，特別具有象徵意味，值得一書。

九十年代末柴玲從中國人視野裡徹底消失，她默默修完哈佛MBA學位、協助父親妹妹弟弟移民落腳、創辦「尖子班」公司、特別是遇到了羅伯特而結婚成家，然後在六四屠殺二十周年之際，她自覺找回了自己，借方政來美國的機緣，重出江湖，但很快又在那個「血流成河」的非議中，精神瀕臨崩潰。

這時，她偶然踏進一個反對強迫墮胎的女權領域，在國會聽證會上聽到吳健的故事，一個未獲准生證的中國孕婦，被拉到醫院，先用注射未弄死胎兒，接下來乾脆將其剪成碎塊。柴玲聽後幾乎被轟毀，「她的描述將我帶回了六四晚上的無助和痛苦……我知道它觸動了我內心最深的地方」，她想起坦克開過來時的感覺；想起自己十八歲時在家鄉一個診所裡的第一次墮胎；也想起在巴黎做掉了她跟封從德的那個孩子，因為他們已經形同陌路，她甚至還挨了封一巴掌，這個孩子活著的話，該二十歲了……

吳健故事提供了一個契機，使得柴玲進入到自己「內心痛苦、悲傷、無助的隱藏地」，只有在那裡，她得以隔開距離、在更深度的含義下，重讀「屠殺」——那剪碎的嬰兒，正是天安門廣場上學子們被坦克碾碎的拳拳報國之心；同樣的，她也得以重讀自己墮胎的全部含義——女性在中國無論是被「一胎化」強制墮胎，還是制度性因素令青少年性知識闕如，一次墮胎就是毀滅女性的一部分生命。墮胎是屠殺的另一種形式。

恰好給柴玲遇到的這個機緣，具有基督教背景，她自然視為上帝的恩典。不僅中共拒絕她，中國人也對她關上大門，所以當耶穌向她開門（也包括羅伯特出現）時，她就進去了。在基督信仰裡，她找到了往昔所無的懺悔儀式，使得她可以借由懺悔墮胎，而將她對天安門死難者的負疚一道在上帝面前卸下。她終於走出「看不見的精神監獄」。

假如把話題引往更深處：屠殺與墮胎這兩件不相干的事情，為什麼到基督面前，會產生相關的含義？我想這涉及到終極意義。屠殺自不待言，屬於滅絕人性，只能在終極層面討論它；墮胎的含義，因為涉及生命的界定，雖然更複雜，但在母親一端，「從身上掉下來的骨肉」，已經跟母體的生命、意識、精神相連，再也不可能切斷了，只不過人們不在潛意識裡便無感覺。

對此，我妻子傅莉也有她自己的經歷。九三年我全家遭遇車禍，她頭部受重創，一度失去記憶，在無時空的恍惚中，她告訴我，她難產時死去的一個兒子，還有她僅有的一次墮胎的那個孩子，竟然都來找她了。柴玲讀到我們這個故事，非常震動，極度痛徹於自己竟失去了四個生命。然而，這種境地並非人們可以隨便踏入，常常要靠超越性的力量來提舉，基督信仰便提供了這樣的平台。很可惜我並未得著信仰，也許對柴玲的這種解讀是言不及義的，但有一點是肯定的：若非她是一個女性，她便不可能找到這條路徑。

或許過去的柴玲只有一點善良，否則她不會那麼痛苦。但是當她自己獲得了救贖，她馬上知道與其自艾自怨，不如為更不幸的人做點什麼，這是她找到的「自由」含義。所以她把自己的回憶錄題為《一心一意向自由》（*A Heart for Freedom*），選作封面的那張照片，是一個眼神裡依然滿含憂鬱，恐懼猶存，但堅毅已然壓制不住的柴玲。這個封面令人叫絕！

二〇一一年十一月

理性的尷尬與孱弱

一、兩頭受氣

我大概是八九民運的第一懦夫，北京話所謂「慫包」——五月二十日凌晨，在翠微路上從別人手中的袖珍收音機裡聽到李鵬的戒嚴令，竟沒敢等到第二天從電視裡瞅一眼他那副歷史性的醜容，我就逃出了北京城。所以逃到海外以後，我沒有資格像別人那樣炫耀「廣場經歷」。[1]

起初我聽著別人慷慨陳述，頗覺驚異，怎麼？在這世紀末的共產主義大崩潰中，中國是唯一的輸家，哪裡會逃出這許多英雄？但聽得多了漸漸讓我暗生出一股羞慚，覺得很對不起頭上那頂「精英」的桂冠。別人的「英雄事蹟」，常常會使我因為實在想不出自己究竟怎樣「策劃」、「煽動」了這場「暴亂」而感到無地自容。學生領袖們倒是血氣猶存，每每談起廣場，頗為鄙視知識分子，偶爾弄出口角來，他們便會噓道：「哼，除了劉曉波，你們這幫精英沒一個讓我佩服的。」

據說嚴家其因此曾深覺人格受辱，而流亡詩人徐剛則只是淡淡一笑道：「英雄都歸你們去當，我來當這個狗熊，還不行嗎？」（其實「六四」那晚他還在廣場，而後來他選擇回國。）

這是一種尷尬。「八九」民運使中國知識分子陷入史無前例的尷尬。中共說他們是「黑手」，而中國老百姓則說他們是「慫包」。在一場偉大的民主運動中，知識分子成了「風箱裡的老鼠——兩頭受氣」。如果要我來描述一下知識分子在「八九」民運中的表現，我想說三句話，即：心理恐懼、角色尷尬、理念超前。

二、身後空空蕩蕩

先說恐懼。

我現在還能清晰地回憶起一九八九年四月十四日聽到胡耀邦去世時的心情，那晚正好是前美國駐華大使羅德夫婦舉行告別派對，北京知識界大部分熟悉的面孔都可以在那座大使官邸碰到。喝酒、聊天、唱歌之際，突然一個消息在悄悄傳送：知道嗎？胡耀邦死了！我心裡咯噔一下：完了。中國要亂了。回家的路上，車子經過天安門，燈火黯淡，細雨霏霏，我對一位年輕的朋友說，恐怕是到了咱們該撤的時候了。

我不諱言，一九八八年以來，我內心深處一直有種莫名的恐懼。遠志明多次邀我到外地去講《河殤》，我都推辭了。北大、清華、師大的學生會來請我去演講，我也婉辭了。我不敢同大學生接觸，生怕一去，第二天就會被「內參」捅上去。此前，方勵之夫婦赴長城飯店參加布希總統晚宴被阻一事，彷彿是

1 三十年前，我從公眾視野消失，潛入地下，不久也告別了中國，所以五月二十日是我永遠銘記的日子。第二年夏天我在普林斯頓寫了此文，可謂我對八九最初的審視，不是為了反省，而是學到許多新的理念，回眸那場風暴，實在是茅塞頓開，不寫不快。

一個信號。方勵之說那晚他在便衣員警的圍追堵截中，真的感到了恐怖：你會覺得在茫茫黑夜裡四處都是狼群，而你手中連根燒火棍都沒有。我是能夠體會到這種恐怖感的——誰能說在八八年、八九年方勵之隻身向鄧小平挑戰不勇敢？可他還是感到巨大的孤獨。他身後並沒有一個強大的公民社會。他獨自往前衝的時候，很像我們在美國迪士尼卡通片裡看到的那個唐老鴨——自己撞得鼻青臉腫，身後卻空空蕩蕩。

北京知識界這幾年一直在某種「山雨欲來風滿樓」的感覺之中。很早就有人危言聳聽地預言中國在走投無路時會出現軍管，誰也沒有料到這軍管竟以坦克和屠殺的面目登台。知識分子大都很珍惜這十年改革的局面，儘管這種改革使得他們斯文掃地，賣文維生都難糊口，這總比軍管好。恐懼使得他們害怕少不更事的學生們出來一鬧，反而給那些半截入土的老人黨以軍管的口實。「八九」民運一場長安街血肉橫飛，到頭來果然落了個軍管的結局，你能說當初這些知識分子的擔憂沒道理嗎？（這三十年「高壓維穩」比野蠻的軍管可摩登多了，最後還「崛起」了。）

記得八八年底，一位懂點星相的朋友告訴我，他夜觀天象，看出近幾年內有血光之災，慘烈超過「文革」，要我儘早謀劃脫身。我似信非信，但內心的恐懼卻加重了。狂飆突起，我的第一個念頭是想趕快離開北京。四月十九日的日記是這樣寫的：

路經北師大，在車上見校門口黑壓壓無數人，道路斷絕……走到家門口，迎面碰上一批批從北大、清華騎自行車趕路的學生，像是紛紛奔赴戰場。暮色裡，我閃在路旁，內心覺得自己像一個怯懦的看客……

尷尬。

我沒走成，便去扮演一個尷尬的角色。四月二十一大早，一個素不相識的北大青年教師砸開我家門，聲淚俱下地罵道：「平時你們鼓動民主，如今學生起來了，你們卻縮在後面看熱鬧，太不像話了！」

我很內疚。於是就在包遵信發起的知識界第一封聲援信上簽了名——只是聲援而已，知識界在這場學潮中始終未能擺脫這個立場，在政府和學生之間，莫名其妙地充當一個誰也不買帳的斡旋者，不知道命運為什麼給我們分派了一個如此難堪的角色？最難堪的場面發生在五月十四日夜裡的廣場紀念碑底下。

戴晴領了十二個學者、作家去勸學生撤出廣場。臨去前十二個人爭辯了一通。嚴家其說：政府一點妥協不肯，我們如何勸得動學生？不如不去。溫元凱說，政府可能武力清場，學生要流血，這個關鍵時候，知識分子不能不管。李澤厚說，知識分子要講理性，學生一開始很有理性，現在漸漸情緒化了，知識分子應當幫助他們。最後大家還是去了。

三、理性的冰塊

人山人海的廣場像一個正在噴發的火山口。我的感覺是，倒進一點理性的冰塊，大概只能聽到幾聲「滋滋」就不見蹤影了。我們十二個人像「使節」一樣被糾察隊一路吆喝送到紀念碑底下，那情景現在回憶起來有點滑稽。十二個人輪番講演了幾句。除溫元凱尚不怯陣，還能講得抑揚頓挫，餘者皆笨嘴拙舌。這一干人大多能妙筆生花、思若懸河，臨到這種萬頭攢動的群眾運動的場合，就沒了雄辯煽動的口才，比起吾爾開希和柴玲來，就缺了一種天分，哪裡駕馭得了？待戴晴講了妥協的條件——由趙紫陽、李鵬此刻來廣場對同學們講一句「你們是愛國的」，大家就撤離，人群中似有掌聲。旋即，忽有人讀起「絕食誓詞」，情緒倏然高潮。我意識到，我們送來的那點理性的冰塊在幾秒鐘之內已經化得沒影了。十二人又被糾察隊吆喝著送出廣場時，我聽得兩旁人潮中還不斷有人叫道：「嘿！別走哇，再說點什麼。」

從那天晚上開始，我便不再想參與。我想起七十年前的一幕。一九一九年五月四日早晨，蔡元培急匆匆從東四趕到沙灘北京大學，在校門口擋住要去遊行的學生，結果被客客氣氣地請到一邊待著。不知孑民先生當時是否有螳臂擋車之感？

四、無家可歸

「五四」運動七十一周年時，我在華盛頓有幸請教匹茲堡大學的許倬雲教授：從「五四」到「六四」，中國知識分子為什麼總是充當這麼一個尷尬的角色？

許先生說他只能從歷史長程看問題。他認為，古代中國讀書人，原本就是遊離與朝廷和民間之間的。不過儒家靠他們那套學說有整合社會的能力，一方面可以批評皇帝，另方面可以教化民眾；一旦他與皇權鬧翻，他可以回到家鄉去耕田種地，同時教子弟讀書。有家可歸是古代儒生不怕皇權的退路。

「五四」以後，知識分子沒了這條退路。你看有哪一個做大官的或在大學裡教書的讀書人，後來回到他的家鄉去了？沒有。在共產體制下，這種情形就更嚴重。毛澤東老把知識分子往底層趕，他知道你到那裡就沒用了。而知識分子就老想回到上層，回到官場上去。鄧小平上台以後，說了一句要搞改革，大家都紛紛回到體制內去幫助共產黨。他們沒有別的選擇。

這番話使我聯想起陳一諮的經歷。為了一部電視片，我們曾經採訪他，請他談談為什麼要進入體制內去改革。陳一諮在學生時代所受到的迫害，是同齡人中很少見的，他大學時就被打成反革命，文革時又被批鬥過上百次，三次幾乎被打死，受他牽連，外祖母、舅舅、女朋友慘被整死。這樣一個人怎麼會成為趙紫陽的智囊？陳一諮講得很明白：

我從小就讀范仲淹的〈岳陽樓記〉，信奉那句「處江湖之遠則憂其君，居廟堂之高則憂其民」，被趕到農村二十年，親眼看到農民過得豬狗不如的生活，知道在現行條件下要改變它，最聰明的辦法，莫過於進入中央改變最高決策。

應當說中國知識分子中很少有人像陳一諮做得那樣成功。他的確達到了改變農民生活的目的。然而只要鄧小平一翻臉，連趙紫陽都得下台，陳一諮只有流亡一條路。他無家可歸。

五、急行軍

尷尬和恐懼均來源於知識分子清醒地知道他沒有能力獨立整合這個社會，由此便產生了自戊戌維新以來的那種漸進的改良的政治理念。百多年來，這種改良路線總被疾風暴雨的急行軍式的激進革命所打斷，因而在歷史的幻影中，它只留下失敗的紀錄，從康梁直至蔡元培、胡適，總被後人嘲笑。

這其實是一個錯覺。六君子雖然頭斷菜市口，但改革的漸進過程並未停止。慈禧在一九〇五年實行的「改革」，有些方面甚至比「百日維新」還往前走了；「五四」運動前，新文化的大師們都主張為中國奠定教育和學術的基礎，反對激進的革命，後來陳獨秀耐不住性子去組黨搞革命，反而自我淪喪。蔡元培、胡適打下的底子，日後對台灣的現代化起了根本性的作用。

相反，激進革命在中國近代史上從未達成它的初衷，而只造成災難。辛亥推翻皇權，卻未能迎來共和，倒是造下了中國現代強人政治的惡果。蔣介石和毛澤東鬥了三十年，末了把個中國推進共產制度裡去。原來已經藏汙納垢的傳統文化經毛澤東用馬克思主義一改造，變得愈加不中不西，充滿邪惡，洋洋四千年文明，僅經歷了百年的錯亂期，其民力、自然、道德三大資源幾乎喪失殆盡，中華民族何曾有過這樣的慘禍？

我之厭惡激進主義，常常只是感於現實環境的嚴酷，不作匹夫之勇。人只有當他直面慘烈時，才是冷靜和聰明的，才有依據常識而生的理性。如今海外激進革命的呼聲甚高，乃是人們在西方自由環境下，一沒有刺刀頂在後面的冰涼，二沒有坐牢的威脅，三沒有柴米油鹽的憂慮，於是可以呷著咖啡奢談「暴力」。

六、智慧生鏽

理性源於恐懼，一如「容忍」源於害怕互相迫害。西方人的寬容精神，首先是從提倡宗教上的容忍開始的，沒有容忍便不會有雙方的自由。民主的精義在於妥協，也是由此衍生而來的。

我想大學生們在學潮之初的那種極為理智和策略的做法，包括「四二七」大遊行弄得員警和軍隊都不敢鎮壓，並非「長鬍子」的知識分子在背後出的主意，實在是他們自己太清楚這件事的危險性，許多人是兜裡揣著遺書上街的，因此他們很知道分寸在哪裡。恐懼使他們產生政治智慧，「和平、非暴力」這個口號不是基於天真幼稚，而恰恰是基於對實力對比的清醒。然而，一次成功就可能使人喪失清醒，誤以為自己非常強大。「四二七」以後，試想會有一個學生領袖想到這一天政府事實上也作出了讓步嗎？看不到對手作出的妥協在哪裡，正是不再害怕它的一種心理反應。恐懼變得遲鈍了，智慧因此生鏽。

《河殤》裡面曾經說過，傳統的中國人不是順民就是暴民。這界限就是恐懼。專制的功能就在於維持這種恐懼。毛澤東時代的「全能政治」，包括他個人的魅力，是不需要讓暴力表面化的。恐懼變成下意識藏在個人的心底。鄧小平時代則不然，他太缺乏魅力，連相聲演員都敢奚落他。這一段看似「寬鬆」、「開明」的時期，造成的一個最大錯覺，就是中國人差不多快忘了中共「槍桿子裡面出政權」的本質。五月下旬，全北京像一座不設防的城市處於大軍包圍之下，城內卻瀰漫著不相信解放軍敢入城的童稚般的情緒。

我在最後逗留之際，通宵站在街頭體驗著老百姓的盲目樂觀情緒，心裡真有說不出的悲哀。一個受了共產黨那麼多禍害的民族，居然只會根據它那虛偽的政治文化來判斷它，不相信它會殺人。

我的許多朋友從一開始就同我爭論，也是認為共產黨不敢使用暴力，他們的根據很簡單也很可笑：因為毛澤東說過「凡是鎮壓學生運動的人都沒有好下場」。正因為不相信鄧小平敢開槍，傷亡才會如此慘重。有多少人是子彈穿過體內還不相信是真的呵！事後我總想，知識分子不能讓這個民族相信妥協也倒罷了，它甚至不能讓這個民族相信恐懼，它的尷尬應是到了極點！理性的無奈實在是莫過於此。

七、從「現有」出發

自然，知識分子的理性確也發揮過作用。曹思源發動的「要求召開緊急人大」的簽名活動，是這次學潮中唯一訴諸憲法的行為，沒有任何行為比它更合法更理性，曹思源的政治思想，歷來是主張從現有法律出發，理性的能力是有限的，它不能從「無」中創造出「有」來，而是疏導已成事實。林毓生教授曾用洛克論「容忍」的例子闡述這一觀點，令人極受啟發：

他（洛克）主張各教派彼此應該容忍。其主要的論點是要求各個教派接受既定的事實，西方歷史演變至十七世紀，與洛克論點有關的既定事實主要有兩項：一、政教分離，二、不同教派風起雲湧……洛克的基本論式是順著許多人都承認的既定的事實加以推演，求其合理的含義。

曹思源的努力雖然沒有成功，他卻用既成的憲法作了一個莊嚴的判決：中共政權已經失去合法性。這是每一個中國人都無法否認的一個既定的事實，用坦克也無法推翻，這應當是「八九」民運的一個重要成果。一個踐踏自己制定的憲法的政權，無論它有多麼強大，內心必然恐懼。而恐懼會使它慢慢恢復理智，這是鐵律。

劉曉波他們四人，在天安門廣場即將成為屠場的關頭，將數千學生領回人間，可以說是在全北京的瘋狂中，理性的一次最強有力的閃耀。「我們不是尋找死亡，我們尋找真的生命」——當柴玲他們認定只有犧牲才是「最高原則」的時候，當學生們已經不懼怕死亡的時候，劉曉波他們的理性能夠取勝，真是一個奇蹟。可惜這個奇蹟來得太晚了。

劉曉波以他的行動證明了知識分子的直接參與是多麼重要。知識分子雖然抱持著正確理念，但從學潮一開始就遲疑觀望，怕當「黑手」，結果失去了學生的信任，使理性無法被他們接受，教訓沉痛。時至今日，即使在海外，仍有不少名流在同政治「撇清」，並美其名曰「自由知識分子的超越」，實在只是一種言不由衷的遁辭。當今中國知識分子頗能學來當年胡適的清高，卻永遠不會去學法國「德雷福斯事件」中的左拉。

八、巨人變侏儒

恐懼是把雙刃劍。它會讓你產生理性，但也會使你喪失勇氣。中國知識分子在共產體制下的最大悲劇，就是喪失了道德勇氣，所謂「脊梁骨」被毛澤東打斷了。古代儒生的道德勇氣，來源於他是傳統文化的代表，他靠儒家的道德規範和政治理念能夠整合社會，在這個過程可以使他感覺到自己的強大。他一方面使皇帝相信，你的道德資質遠比你的權力更要緊；另一方面他又向民眾宣布，我是你的精神導師，整個社會以倫理道德為軸心，這個軸心又立於儒生的胸中，他自然是頂天立地的。

然而，這樣一種文化崩潰了。五四以來，知識分子轉而去代表西方的文化價值，他一下就從巨人變成侏儒。對於還滯留在前現代的中國，西方觀念不為民眾所接受，也無法解決當時中國所面臨的內憂外患，只有毛澤東靠著最具摧毀力的傳統農民這支力量，取得令人炫目的事功。中國知識分子的最高政治理想就是治國平天下，自己做不到，毛澤東做到了，於是紛紛臣服於他。這導致了中國知識分子史無前例的整體淪喪，其中悲苦，不必細說。陳寅恪在分析王國維何故自殺時說過這樣的意思，一種偉大的文化傳統崩潰了，必然會給它的文化人帶來災難。他彷彿是預見到了日後的浩劫。

問題在於，知識分子能不能靠儒家的傳統思想來恢復胸中那股「浩然之氣」？「文革」結束後，中國知識分子恢復道德勇氣的第一步，就是擔當社會良知的代表，為民請命，伸張正義。這種角色依然陷入尷尬，因為共產黨政權並不跟你講良知。它會把它「最優秀」也「最忠誠」的黨員，如劉賓雁、方勵之、王若望開除出黨。這就逼出了一批「持不同政見者」，他們不會再去充當儒生的傳統角色，而要站到共產黨體制外搞民主政治。這一來，他們又同那個傳統社會有距離了。

八九前夕，方勵之想組成知識分子的壓力集團，卻沒有多少有名望的知識分子肯同他為伍，這便種下了學潮中知識分子始終不能形成有效組織的前因，進而也注定了如今海外民運組織缺乏成熟政治領袖。以體制內走向體制外的難艱，從傳統人格轉換為現代獨立人格的難艱，都妨礙了知識分子在現代化過程中發揮作用。他們陷入一個巨大的悖論：不借助傳統他便無力，而他的目標正是要改變這個傳統社會。

九、靠常識存活

許多往日情同手足的朋友，如今不是陷在獄中，就是下落不明，或者整日生活在監視和恐懼中。近年來一直為我染指政治而擔驚受怕的妻子，如今果真要她獨自留在國內承受對我的批判，我也不知道她如何向九歲的兒子解釋爸爸怎麼老不回家？年邁多病的父親像當年「文革」中我不敢理他一樣不敢理我，媽媽則每次聽到我的電話就泣不成聲，她總怕等不到我回家的那一天。

我生性怯懦，也從未有過跟體制決裂的那種自覺和勇氣；自己四十年的經歷沒遭過罪，就是受職業驅使寫了太多別人的苦難，變成一個異端，《河殤》竟弄到要將我下獄，國內有篇批判我的文章說，「無產階級與資產階級爭奪接班人」的鬥爭，在蘇曉康的身上失敗了，言詞似乎甚惋惜。

其實我們這一代人個個受共產黨洗腦極深，又個個都是被這個黨逼成叛逆，哪裡用得著「資產階級」來爭奪？看待事物的是非善惡的標準、衡量歷史前進倒退的原則，甚至包括法制、民主、道德這些最基本概念，最初也不是西方「汙染」的，而在這個共產黨社會裡濡染的，何以就不准我拿著它們去檢測這個黨、社會和鄧小平呢？理性原本並不深奧，它是基於常識，人類靠常識存活，則常識就萬年長青，讀書人失去傳統，但現代仍承傳了古老的常識，所以知識分子不會失落。

一九九〇年六月於普林斯頓

可操控的民粹運動

——大眾心理學研究下的文革

文革死了多少人，官方不做統計，只有一個數字是葉劍英在文革後透露的：非正常死亡兩千兩百萬人、上億人挨整；北師大紅衛兵頭頭譚厚蘭砸「孔家店」，在曲阜二十九天，燒毀古書二千七百餘冊，各種字畫九百多軸，砸毀包括孔子墓碑在內的歷代石碑一千餘座，搗毀孔廟，破壞孔府孔林，刨平孔墳。

湖南道縣慘案六十六天屠殺九千零九十三人，百餘個家庭遭滅門。

在北京「紅八月」裡，從一九六六年八月下旬到九月上旬，紅衛兵打死了一千七百七十二人。王友琴做了調查，這些人不是用槍或者刀一瞬間打死的，而是用拳頭、木棍、銅頭皮帶等折磨至死，折磨的過程往往長達數小時。

我舉這些例子，自然是要說明文革是一場「暴民運動」，但這不是主要目的。我們也必須看到，這麼暴烈的、橫行了十年的一場全民狂熱，從劉少奇、鄧小平的角度去看，是一個大災難；但是從毛澤東的角度看，發了瘋的億萬民眾，居然是非常聽話的，運動收放自如，從「天下大亂」輕易就達到「天下大治」。這才是我想說的重點。

暴民政治的最大典範，是法國大革命，所謂「雅各賓黨人」、羅伯斯比，再加上「斷頭台」，血跡斑斑，世界震驚。法國大革命弄到大家輪流上「斷頭台」的地步，革命者們身不由己，徹底的失控，最後只得由拿破崙出來收拾殘局，復辟皇權。所以法國大革命砍皇帝的頭，備受爭議，這都是大家熟知的歷史常識。更重要的是，由於法國先賢們的努力，比如雨果的傳世之作《九三年》等，使法國大革命成為「普世記憶」，又驚醒歷史。然而，從一七九三年到一九六六年，一百七十年後在中國發生了一場殘暴得多的「革命」，卻是由一個東方的「皇帝」親自運籌帷幄的，這大概會讓路易十六死不瞑目。所以醉心「群眾革命」的西方新左派崇拜毛澤東，不是沒有道理的。

民粹主義是暴民政治的溫床，它的完成式是最終釀成「現代極權」，即列寧式政黨對普羅大眾的全能式統治——大眾從反抗主體最後淪為奴隸。舊俄知識分子正是從法國雅各賓黨人那裡接受了民粹主義思潮，主張只要目的崇高，可以不擇手段；主張以暴力奪取政權，而列寧則將民粹主義者個人式恐怖活動，改造為馬克思主義政黨組織化集體化的恐怖活動。

法國大革命使得「暴民政治」成為可能的研究對象，系統研究成果也出自一個法國人，即大家都熟知的古斯塔夫·勒龐的（Gustave Le Bon）《烏合之眾—大眾心理研究》，在這篇文字裡，我基本上是希望藉用這本書的觀點來分析文革這場「民粹運動」。

一、文革群體

勒龐認為，人們為偶然事件或一個目標而聚集在一起，自覺的個性就會消失，成千上萬孤立的個人也就獲得了一種心理群體的特徵，受著無意識因素的支配、大腦活動消失、智力下降、感情徹底變化。他具體歸納了五點：

（一）衝動、易變和急躁。所有刺激因素都對群體有支配作用，群體不會深思熟慮。

（二）群體易受暗示和輕信，把頭腦中產生的幻覺當做現實，有教養的人和無知的人沒有區別。

（三）群體情緒的誇張與單純。群體不允許懷疑和不確定，總是走極端。

（四）群體的偏執、專橫和保守。

（五）群體的道德，有一種淨化的傾向，很少被利益的考慮所左右。

把以上五點再濃縮一下，其實就是兩點：低智商和受操控。

根據上面這些分析，我認為對文革中的群眾行為做過高的評估和讚揚，很難不是偏頗的。我們中國人，特別是經歷過文革的一代人，對文革的記憶、研究等，都顯示出一種所謂「燈下黑」的局限，或者還有某種身陷其中、不容易撤離出來作工具分析的特徵；我們很容易批判「毛澤東的文革」，卻無力解構「群眾的文革」。其實，我們把「群體心理」這個課題放到中國的具體歷史情境中來，亦即一九六〇年代的政治社會思想狀況下，不難找到大量的、非常生動的具體事例，去佐證勒龐從法國大革命中歸納出來的那些特徵；或者說，文革結束四十年了，中國還沒有出現一個自己的勒龐醫生。

假如勒龐有幸遭遇文革，我猜他高度興趣者，會是「文革群體」特徵的成因，這也是我們研究文革時還必須添加的一個因素：前文革的馴化，對於文革群體的基本素質，具有決定性的影響。或者說，也正是因為毛澤東已經花了十七年時間來操控、玩弄、虐待中國群眾，他才有那麼大的自信，敢於發動幾億暴民去摧毀他親手締造的這個黨和國家機器。

前文革馴化，是個大題目，這裡僅列其要點：

鎮壓與屠殺，造成恐怖氛圍，嚇阻一切反抗於萌芽狀態——五〇年代的一系列肅殺行為，如土改、三反五反、按指標殺人、前政權基層骨幹一律「殺關管」等，一舉震懾民間，從此鴉雀無聲，所以才有鄧小平「六四」鎮壓前所謂「殺二十萬、穩定二十年」的經驗之談，中共將此再施用一次，果然鋪墊了二十年經濟起飛和權貴階級的鑄成。在這個概念上，中國人基本上已經是一個嚇破了膽的「群體」，這一點對於「文革群體」和後來的「八九群體」的性格特徵，都很重要，恐懼永遠伴隨著中國的抗命運動，使之易於激進、失控。

用階級劃分，製造大眾對「一小撮」的隔離——毛澤東是一個搞「多數人暴政」的大師，這套技術他是從江西蘇區清「ＡＢ團」、延安整風反王明就千錘百煉出來的，「文革」給他在八億人的更大範圍中又試了一次；階級劃分的作用，在於從社會中隔離出一個「少數」的另類來，作為整肅和折磨的對象，從而又示範給那個施暴的「大多數」，令施暴他人以釋放自身恐懼成為家常便飯，也是文革的一種常態。

反覆搞運動，依次在不同階層之間互換「加害者」與「受害者」——人人成為一個無所顧忌的施暴者，在任何一個尚有起碼常識和秩序的社會都是做不到的，毛能做到的訣竅，其實很簡單：他是在不同時間裡，給不同的「多數」以施暴的理由和目標，「文革」中入獄近十年的作家張郎郎對此歸納了一個絕妙的觀念：「安全暴力」，指施暴者獲得某種心理安全。

用意識形態不斷洗腦，以「集體」、「國家」代換「個人」，不止閹割靈魂，連話語也在潛意識中被改造——叫你只能說讓你說的話。

……

所以「文革群體」是在這樣的政治前提、思想素質、精神思維語言狀態下，走進文革的暴風驟雨中。勒龐用的「烏合之眾」一詞，帶有強烈的心理學意味，用這個詞來描述文革中的大眾，我不知道合不合適。但是六十年代的中國社會，在傳統意義上已不復存在，因為上層儒家官僚機構、中層鄉紳自治、下層宗法家族組織全部瓦解了，而取代它們的中共各級黨委、各級政府也全部被摧毀了，這種狀況下的民眾，跟傳統社會瓦解之後的流民、嘯聚山林的造反好漢有多大區別呢？如果再加上前面所分析的「馴化」，這樣的大眾與一七九三年的法國大眾，也即勒龐這本書裡歸納的那些特徵，又如何對比？也許將來會有人來做這件事。

二、「挑逗群眾鬥群眾」的梟雄（「群眾運動大師」）

群體問題，實際上包含了「大眾」和「領袖」兩個問題。勒龐這本書裡，關於「領袖」這部分的議論分析並不精采，只是講了一些常識，比如他說：

> 只有最極端的人，才能成為領袖。
>
> 在那些神經有毛病的、好興奮的、半癲狂的即處在瘋子邊緣的人中間，尤其容易產生這種人物……任何理性思維對他們都不起作用。他們對別人的輕藐和保留態度無動於衷，或者這只會讓他

們更加興奮。他們犧牲自己的利益和家庭，犧牲自己的一切。

勒龐這個分析，倒是很符合毛澤東，瘋癲、無情。他大致上講了一個規律，領袖分兩類：一類是勇猛、實幹，另一類是意志力更持久，也更為罕見。

我們都熟知韋伯對政治領袖的一個著名分析，即所謂「克理斯瑪型」領袖，也叫魅力型寡頭——他從社會學角度做的這個解剖，確實比勒龐從心理學角度的分析，來得深刻。勒龐也講群體的幻覺和煽動家對群眾的麻醉，但他只講到領袖人物的所謂「名望」的魔力，就比韋伯的「魅力」低了一個層次。韋伯最精采的地方，是說魅力乃轉瞬即逝，不能反覆使用；而且大眾有一種對魅力的渴望和上癮，這恰是領袖的致命之處——他最終會為了維持魅力而毀掉自己。這個論述具有極大的普適性，幾乎可以從中西方古代的那些「英雄豪傑」，一直涵蓋到近現代的梟雄，如拿破崙、希特勒、史達林等，當然毛澤東也逃不過這個罩門。

毛澤東有「造神」的自覺，特別擅長勾引追隨者為他「造神」，前有劉少奇，後有林彪；有趣又在，「文革」簡而言之，就是毛澤東利用第二個「造神者」去摧毀第一個「造神者」；也因此，當第二個「造神者」墜毀溫都爾汗之際，那把大火也順便把毛澤東這座神像焚毀了。這些在今天都是老生常談了。

但是，因為毛澤東至今還是中共的神主牌，他並沒有遭到任何程度的解構，尤其他操弄大眾至瘋癲境地的這場文革，可謂他的登峰造極，對世界與中國至今仍是一頭霧水。文革既是毛澤東的一個神話，也是解構他的一把鑰匙，其中最有魅力的問題，是他操弄大眾的伎倆，是不是可以稱得上「空前絕後」，有待分析。勒龐也分析領袖的「統治手段」，比如他說「掌握了影響群眾想像力的藝術，也就掌握了統治他們的藝術」，這在毛澤東身上怎麼表現的，是個好題目，但不容易分析。我覺得可以很容易看到的，有兩點：

(1)「兩報一刊」指揮

毛澤東不過是使用了自己的幾個祕書——連江青在此的身分角色不是毛妻而是一個祕書，再加上幾個文痞，就指揮了這場文革，其指揮、控制的手段，僅僅是通過黨媒（中國只有黨媒）發社論，或頒發文件（另一個輔助手段就是周恩來在人大會堂召集各地各派別代表談判），幾乎談不上任何「想像力」，就是枯燥的文字命令而已，像軍事命令一樣暢通無阻到全國的所有角落，遇到抗命或陽奉陰違的情形也很罕見，八億人和偌大一個神州被毛澤東指揮得團團轉，這在人類歷史上至少是空前的。

文革從「一張大字報」的發動，到「全國山河一片紅」的收盤，全靠社論指揮，僅舉幾例即可：

文革的第一場較量，就是圍繞姚文元一篇文章展開的，即所謂「輿論指揮」權的爭奪，劉少奇一派便以損失「彭羅陸楊」四員大將而敗下陣來。上海《文匯報》一九六五年十一月十日刊登姚文元文章《評新編歷史劇〈海瑞罷官〉》，一向被認為是文化大革命的序幕。此文由毛澤東授意，江青私下組織。彭真、陸定一抵制轉載此文，毛在上海還曾下令印刷小冊子，由新華書店系統發行；而《人民日報》遲至十一月三十日才在《學術研究》版內轉載此文，兩端激烈爭奪，而就在此文發表的同一天，楊尚昆以「背著中央私設竊聽器」的罪名，被撤銷中辦主任之職；林彪也開始動手整肅總長羅瑞卿。自一九六二「七千人大會」後到一九六五年這段期間，毛有部署地展開對文藝、學術的批判，如對戲劇李慧良、謝瑤環、電影《北國江南》、《早春二月》以及史學界批李秀成自述、哲學界批楊獻珍、經濟學界批孫治方等，此乃所謂「文化大革命」叫法的由來，因為毛覺得「大權旁落」，要靠自己的一幫祕書來發動反擊。

毛澤東八次接見紅衛兵，是文革動員手段，但此舉必須配合一個口號的傳播，方能奏效。文革研究者何蜀曾分析過「造反有理」這句口號的出籠，也是有趣的一例。一九六六年六月九日，《人民日報》的一篇國際短評〈漢弗萊的哀嘆〉中，公開引用毛澤東關於「造反有理」的語錄，即「馬克思主義的道理千條萬緒，歸根結柢，就是一句話：造反有理。」這段話是毛澤東一九三九年在延安各界慶祝史達林六十壽辰大會上講話中說的，一九四九年十二月二十日新華社重新引用過，但後來並沒有被編入《毛澤東選集》。二十七年後《人民日報》或許是不經意援引它，卻令紅衛兵們如獲至寶，清華大學附屬中學紅衛兵連寫「三論」「造反精神萬歲」的大字報，又經江青轉遞給毛澤東，再由《紅旗》雜誌第十一期以「革命小將的大字報」為題公開發表、配發評論員文章〈向革命的青少年致敬〉，《人民日報》轉載這三張大字報，連續幾天反覆刊登這段「造反有理」語錄，中央樂團奉命將其譜成歌曲，從一九六六年國慶日前夕開始，經中央人民廣播電台反覆廣播，全國傳唱。

紅衛兵二大血案，是一九六六年八月五日，北師大女附中的學生們打死了副校長卞仲耘。十三天後，八月十八日毛澤東在天安門廣場首次接見百萬紅衛兵。當時在天安門城樓上，該女子中學紅衛兵代表宋彬彬，給毛澤東戴上一隻紅衛兵袖章，而毛澤東聽說宋的名字是「彬彬」時說：「要武嘛。」這是整個文革中直接從毛澤東嘴裡說出來的一次最赤裸裸的暴力詮釋，剎那間成為虐殺天下無數蒼生的一道權杖；同時，這個瞬間也變成媒體傳播、宣示暴力指令的生動樣板。《人民日報》和《中國青年報》立即發表了毛澤東與宋彬彬的談話；宋給毛戴袖章的照片廣泛發行，也在電影紀錄片裡被作了突出報導。據王友琴調查，八月十八日後北京校園暴力和殺戮全面展開，僅西城區八月下旬有三百三十三個人被紅衛兵打死，六十一所中學平均每所中學打死五個半人。暴力攻擊也急速延伸向校外，被稱為「紅衛兵殺向社會」，一是燒書砸文物和抄家，二是毆打校外的「牛鬼蛇神」。不僅北京，一九六六年的夏天全中國的學校變成了刑訊室、監獄、殺人場。

這裡的含義是，不使用「槍桿子」——軍隊、員警等國家暴力手段，只靠它的威懾作用，毛澤東可以僅僅用祕書——在中共語匯裡即「筆桿子」，發動一場「史無前例」的暴民運動，摧毀整個政府、國家機器和整個列寧式政黨，這不僅在政治學上是一個大題目，恐怕在馬克思主義發展史上也是一個大題目。從常識看，在任何制度建制下，從皇帝到現代獨裁者，不依靠官僚階層（即所謂「科層制」），是不可能對社會作起碼的控制和運作，僅僅靠「意識形態命令」（兩報一刊社論）指揮文革十年，其機制至今是一個謎。

⑵軍管

毛澤東並非不使用「槍桿子」，從使用「軍代表」開始，便意味著他是靠「槍桿子」收盤的，表面上的說法叫著「大聯合」、成立各級「革命委員會」，經歷過文革的人都知道，實際上這些步驟都是在「軍代表」的看不見的槍口下完成的。

所謂「三支兩軍」，至今仍是文革研究的一個盲區，幾乎無人涉獵，恐怕連最簡單的大事記和基本資料都還沒有。然而，這個可以稱為「軍代表執政」的時期，雖然不過是「全國軍管」的別稱而已，卻是文革最黑暗的時期，也是整肅、虐待、槍殺、監禁最慘烈的時期。毛澤東除了五〇年代初期，曾濫施員警、軍隊等鎮壓工具之外，文革中「軍管」是最赤裸裸的一次施暴，比如安徽黃梅戲演員嚴鳳英被開膛破腹，就是一個軍代表實施的私刑，慘烈程度超過六六年的「紅八月」暴行。

然而，毛澤東的「軍管」又很特殊，跟世界上許多「軍政府」都不一樣，也不是中共原有的那一套話語（「黨指揮槍」）可以描述的。在文革這個題目下，至少可以有幾個研究點：

——毛澤東達到清洗劉少奇的目的，就想恢復政府功能、「抓革命促生產」，回到常規，但文革鬧到「全國內戰」的程度，已經失控，他的權威也受到挑戰，比如一九六七年的武漢「七二〇」事件，他幾乎是倉皇逃離，所以他不得不打出他的最後一張牌「軍管」。文革收盤用軍隊，就是強制性恢復秩序、收繳權力、結束「民粹運動」，毛很清楚這是不可能靠「筆桿子」發社論就能辦到的。事實上「大聯合」、成立革命委員會，在各省市都經歷了一場劇烈派性紛爭、武鬥、人頭落地、充滿陰謀的過程——毛賴以發動文革的魅力也隨之消耗，這都極符合韋伯的說法。

——毛澤東其實並無失權之虞，他靠林彪「保駕護航」，是把林彪集團及其所控制的全軍，變成是一個造神工具，其最大功能是無限強化毛澤東的「克理斯瑪」色彩，使「一句頂一萬句」變成無可懷疑的信條，變成「精神原子彈」。因此「軍代表」的職能，很像歐洲中世紀的教士，處心積慮於識別、折磨並消滅異端者；嚴鳳英慘案又驚人地相似於那個時期的所謂「女巫迫害」：十六、十七世紀西歐曾墜入一個瘋狂迫害異教徒、「魔術師」的時代，宗教裁判所的懲罰酷刑計有砍手、剮耳、烙刑、笞刑、浸泡、鎖綁、監禁、罰款、放逐、賣為奴隸等，死刑大部分是絞刑，還有斬首、溺死、裂刑等，然後焚毀屍骸，對「巫師」特別是「女巫」則直接燒死在火刑柱上，意謂「防範巨毒」。六十年代中國的一場現代迷信，達到全民共謀迫害「異教徒」的程度，內幕也極其血腥，至今只露出冰山一角。

——放縱群眾、煽動民粹，都是需要支付代價的，法國雅各賓黨人的命運終於也落到毛澤東頭上——他靠軍管收拾殘局，卻又不肯分權於林彪（設國家主席），終於引發「副統帥逃亡」的重大危機，也導致毛的「天縱英明」一夜盡失。文革災難，林彪是毛澤東的第一幫凶，他的作用遠甚於「四人幫」，當下民間盛行的「林彪冤案」是一個偽問題。

三、「民粹主義」流變

共產黨這個東西，要在理論上弄清楚它沒有多少辦法——為了公平、理想而濫施殘暴、反人道，很難說得通。民粹主義衍生成「不擇手段」，被解釋為蘇聯專制的根源，我第一次看到這樣的說法，來自《史達林祕聞》一書。

此書作者愛德華．拉津斯基是史學家，也是劇作家，曾花二十五年創作《末代沙皇》，暢銷世界。《祕聞》認為前蘇聯的悲劇並不能簡單歸之於史達林的暴君和獨裁者性格。與其說是史達林締造了蘇聯歷史，還不如說是蘇共在十月革命前夕爭奪、鞏固政權中需要這樣一位殘暴的領袖。

俄國知識分子和青年貴族，受法國大革命雅各賓主義的影響，接受民粹主義思潮，成為「十月革命」和列寧式政黨的思想來源。民粹主義有三個要點：一是主張只要目的崇高，可以不擇手段；二是主張以暴力奪取政權；三是主張利用農奴服從成性的弱點，強迫他們走進新社會，甚至主張徹底消滅這個階層。

列寧式政黨將這三點完全繼承下來。尤其，列寧將民粹主義者個人式恐怖活動，改造為馬克思主義政黨組織化集體化的恐怖活動；史達林作為他的接班人，對「不擇手段」尤其心領神會，無所不用其極，不僅用於對付沙皇政府，也用在對付黨內同志，發生包括「大清洗」和「古拉格集中營」在內的七十年罕見暴政，有研究發現，其慘烈後果包括導致俄羅斯民族的人口出生率長期低下。

無疑，「民粹主義」三要點也是被中共完全繼承下來的，但毛澤東放膽玩弄「大規模群眾」如文革這類把戲，則是蘇共不敢望其項背者。中國這場「多數人的暴政」的情形很特別，最高權威毛澤東不僅是暴政的根源，而且他的權威始終沒有被懷疑過，以至社會的法紀和道德一直走到全面淪喪的境地。

「多數人的暴政」在中國出現了霍布斯所說的「人與人的關係」倒退到「狼與狼的關係」的蠻荒境地。到這種境地，還能限制「施暴者」行為的，只剩下每個人自己心裡的人倫防線，我們今天才發現，那時的大多數中國人心裡根本沒有這條防線。這就是「文革」後巴金老人萬分痛苦的一件事，他問自己：孩子們怎麼一夜之間都變成了狼？又如在廣西發生大量吃人暴行，我們無法確定，究竟是中國傳統的人倫防線不能抵禦如此殘酷的政治環境，還是它早已不存在了？本世紀初魯迅說他從中國幾千年傳統中只讀出「吃人」二字，他絕對想不到，掃除了這個「吃人」的傳統之後不過半個世紀，中國真的「人相食」了。這才是「文革」研究的最大挑戰。人倫防線是一個文明最原初的成果，也是它最後的底線。這條防線在中國文明中是由儒家經歷幾千年逐漸建構起來的，卻在近百年裡被輕而易舉摧毀了。

還有一點。文革和八九學運，兩場大規模群眾運動，兩者最後的制度化結果，並未對民間社會存留什麼積極的遺產，反而是刺激了中共體制處理「民粹運動」的馬基維利技術。八九學運有意無意間在模仿文革，或者說，文革中的許多行為模式、思想方法，不可遏制地遺傳到八九學運中來；而中共當局最初定性學運和最終選擇調野戰軍進京鎮壓的決策，其潛意識都是來自於他們的「文革經驗」。

我們現在面對和承受的現實是，「六四」鎮壓後，中共建構鋼性「維穩」系統，返回「全能主義」控制，不惜一切代價壓制民間的任何意願，並成功達至低人權、低福利、高汙染、高腐敗的「經濟起飛」，得以配合跨國資本大公司完成「全球化」，由此中共塑造了一種與時代潮流相悖的「中國模式」，雖然這二十年間國際社會接連發生了「蘇東波」共產體制坍塌、中東「茉莉花」民間抗議風潮兩大成功的「公民抗命」運動；這意味著中國的經驗解構了西方關於「經濟發展必定促進政治進步」的預期，提供了關於「公民抗命」的相反實踐。中國在一個極短促歷史中的兩次「大規模群眾運動」，竟然走向徹底相反的結論，這是非常諷刺的。

二〇一六年六月文革五十週年研討會所作

「六四」屠殺改變了人類歷史

茨威格認為，一個閃耀時刻出現以前，乃是平庸流逝的漫長歲月，而具有世界歷史意義的時刻，會決定幾十年甚至上百年的歷史進程。他歸納了決定人類進程的十四個瞬間，如拜占庭的陷落、滑鐵盧的一分鐘、杜斯妥也夫斯基死刑前獲釋等等，歷史中性，善惡兼顧，統稱「人類群星閃耀時」，他只強調，這些瞬間一閃之後，世界再也不一樣了。其中，他提到一列「封閉的列車」，像一枚威力巨大的炮彈，一九一七年四月從瑞士出發，穿過德國全境，最後抵達俄國的彼得格勒（聖彼得堡），不久「震撼世界的十天」爆發，這一炮摧毀了一個帝國、一個世界，第一次世界大戰已經發射的幾百萬發毀滅性炮彈都不敵它，因為這列火車把列寧送回了俄國。蜚聲於二十世紀中葉的茨威格，鳥瞰世界尚看不到東方的中國，他歸納的「瞬間」也沒中國啥事。倘若往前追溯，人類歷史上能找到的中國影響，大概只有火藥發明一樁。

然而列寧和「十月革命」，將整個二十世紀浸入血泊之中，第一次世界大戰之後，出現了三個人，對歷史產生劇烈影響：列寧、墨索里尼、希特勒，三個惡魔；他們又代表著三個人類異端：布爾什維克、法西斯、納粹；史無前例的血腥，也黯淡了茨威格的「中性」和「閃耀」，彰顯的是歷史之惡。那麼二十世紀晚期的歷史，終於提供了來自中國的一個「瞬間」、一個惡例，因為它不是「群星閃耀時」，而是

「血光屠城夜」，此後中國和世界的歷史再也不一樣了，即一九八九年六月四日的大屠殺，及其決策人鄧小平；他在一九八九年跟七十二年前的列寧一樣，也改變了歷史，成為一個惡魔，兩者的區別，是列寧去發動了一場士兵和工人的武裝暴動，而鄧小平則是指揮士兵鎮壓了人民的一場和平請願。還有一點相似，即列寧神話，要到蘇聯帝國解體之後才破滅，歷時近百年；而「六四」屠殺後，中國因經濟起飛，而令專制更穩固，已歷時三十年，「鄧神話」至今沒有破滅。

三十年經濟起飛的破壞性，於今昭然若揭，它摧毀了中國，在價值和生態兩個層面，使「中華民族到了最危險的時候」，環境代價今天已成不爭事實，大半個中國沉淪於重度霧霾，中共為挽救他們的江山，不惜毀掉中華民族的江山，土地、空氣、江河統統汙染了，國人的癌症發病率急遽上升，民間哀慟「國在山河破」；而且以中國巨大的人口、經濟和疆域，其環境問題勢必將泛溢到世界各地，凡是與中國分享一個星球、一個海洋、一個大氣層的皆將漸次受到影響，亦即中國的環境問題也將全球化。三十年的後果極其嚴重，不僅只對中國而言，也是對全世界而言，因為三十年後中共的專制，成為一個禍害，威脅人類。

當國際社會如夢初醒，開始正視中共這個邪惡政權，海內外對三十年歷史的清理，也將將起步。當此之際，我遇到一位先生，恕我暫隱其名，卻是一個絕不放過這段歷史的有心人，窮三十年心血，追溯、爬梳、探尋大屠殺的歷史情境和人物，遍訪域中，耗資千萬，踏破鐵鞋無覓處，執著、堅韌、一息不停，這一本七十萬字的《趙紫陽與六四》就是明證，並且他徑直觸碰了這三十年最核心的要害，揭示出驚人內幕。簡言之，這本書主要處理了三個問題：

一、應對八九學潮，鄧小平要殺人，趙紫陽反對殺人；

二、鄧調兵屠城，是推翻趙的軍事政變；
三、楊尚昆的作用與角色。

以八十年代中國的強人政治模式而言，在中共權力結構中，其高層運作也可以歸納為鄧小平和趙紫陽二人的互動，前者作為「垂簾聽政者」，後者作為前台操作者，其他人物都是次要的，二人互動失敗，結局便是屠殺。這本書，試圖重建二人互動的來龍去脈，以解釋屠殺之因。

四月二十二日胡耀邦追悼會這一天，成為鄧趙關係的分水嶺。趙紫陽為了禮遇胡耀邦，也順應民意，決定葬禮隆重、冠以「馬克思主義者」評價、允許群眾自發悼念等，這些都觸怒了鄧小平。從這天開始，鄧小平對趙紫陽的信任不復存在。鮑彤說：「我認為殺心從這個時候起的，決心是那個時候下的。後邊的那些事情，只不過是鄧小平繼續觀察或者說在穩定趙紫陽的情緒而已，後面的事情無非是這麼一些事情。」由此，因悼胡規格釀成鄧趙決裂，也成為「六四」事件的起因，這個關鍵細節，從前無人梳理過，也非常生動地凸顯了在「新權威主義」模式下，黨魁個人意志、好惡，便可輕易塑造歷史。

為何觸怒鄧？這本書分析兩點：拂逆皇心，挑戰最高權威。鄧之不滿有兩點：第一，胡耀邦是鄧小平親自下令拿掉的，禮遇胡耀邦，就是質疑鄧小平，這是他絕對不能接受的，鄧認為趙紫陽和學運都是想為胡耀邦翻案；第二，在鄧小平看來，學潮呼籲政治改革、要求民主，這是衝著共產黨在中國的絕對領導來的，而趙紫陽在這個問題上立場曖昧，甚至同情學生的訴求，這也是他不能原諒的。這又是對「新權威主義」模式的一個生動注腳。

這本書的第二個重點，即鄧小平調兵鎮壓，是為了打倒中共中央總書記趙紫陽的非法軍事政變，這個論點，跟通常所說的「調兵是鎮壓學運」，顯然不同，後者認為鄧小平在「四二七」大遊行之後，從四月二十八日「失蹤」了十四天，很明顯跟六月初大規模野戰軍進攻首都的部署有關，這說明什麼呢？「四二五」鄧小平定性動亂，等於自己往油桶裡扔了一根火柴，學運對他的回應就是「四二七」大遊行，打著「擁護中國共產黨」橫幅，不帶憤怒地一道一道衝破員警防線，向全社會釋放的資訊就是「人民勝利」，這一個回合，鄧小平徹底輸了，他只剩下殺人一招。所以在「四二七」之前，以首都為棋盤，學運跟鄧小平下棋，遊行、對話，你一匹馬，我一隻炮，下到「四二七」，學生將軍了，鄧小平惱怒掀了棋桌。

這個視角，是從「民主運動」或社會衝突去看的，但是如果從權力結構去看，鄧小平錯誤定性學運已失足在先，權威折損，如果趙紫陽以對話成功平息學潮，便贏得「黨心民心」，無形中挑戰了鄧的權威，乃是一大忌諱，因此鄧小平唯有從鎮壓學運，升級到打倒趙紫陽，才能扳回這一局，所以「軍事政變」的論點無疑更可信，而分析權力關係是政治學的本質。作者梳理了鄧的「殺心」：

——鄧小平在「四二六社論」發表當天，就下令解放軍進入戰備狀態；

——五月初取消了一切軍人請假外出的許可；

——五月八日，鄧小平召見各大軍區兵種的負責人，幾十個野戰軍以換防、拉練、野營的名義往北京調動；

——至五月十七日晚鄧小平在家中召開政治局常委會「討論是否戒嚴」時，解放軍早已兵臨城下；

——五月二十日鄧小平在家中召開會議，決定免去趙紫陽的中共中央總書記一職，至此趙紫陽被打倒，而這個會議沒有通知趙紫陽、胡啟立兩名政治局常委，即一個軍委主席召開祕密會議，打倒不准參加會議的總書記，趙紫陽也未收到任何黨內文件，趙紫陽回憶：「並沒有任何人告訴我已經把我免職了，當然也沒有什麼人找我聯繫工作，重要的資訊管道被切斷了，把我和外界隔離了」；

——五月二十一日李鵬電話建議鄧小平於近日內召開政治局擴大會議免職趙，鄧小平告訴李鵬：「要等大軍進入北京後，再開政治局擴大會議。這樣可以避免衝擊和干擾，才能開得更有把握。」鄧小平要在大軍壓境的情況下，以刺刀逼迫所有的政治局委員就範；

——六月二日鄧小平下達了「堅決鎮壓、不怕流血」的命令，是在二十萬軍隊的強力保證下；

——六月三日凌晨二點五十分，他命令遲浩田「採取一切手段恢復秩序」；

——六月四日，軍隊用坦克和機槍殘酷鎮壓了六四民主運動，完成了天安門清場的任務；

——六月九日，鄧小平在首都戒嚴部隊軍以上幹部大會上發表了勝利宣言。

這還不是軍事政變嗎？

鄧小平認為，通過政治局擴大會議，或者中央全會拿掉趙紫陽，是合法手段，但是沒有把握，非確定性很高，只有調動軍隊入城，才能完全掌控局勢。這個過程必須在密謀條件下，通過軍事暴力手段的非正常途徑，實現權力的更迭。

鄧小平為了維護他個人的權威地位，要除掉一個政敵，是不惜發動一場內戰的，其範圍也一定從北京擴大到南京、天津、上海、武漢，甚至全國，內戰將使整個學運和人民成為犧牲品，整個改革注定夭折，是全國範圍的一場大災難，也將是世界性的災難。

從這個梳理中，我們可以清晰地看到，中共的權力結構在文革之後，即所謂「改革開放」年代，其實不是「黨指揮槍」，而是倒過來「槍指揮黨」的，這個制度，是經「南昌起義」、井岡山直到「遵義會議」，由毛澤東掌握軍事指揮權而逐漸形成，並一以貫之的，在這個意義上，共產黨一直是一個武裝暴力集團，它並沒有因為四九年奪取全國政權而稍有改變，毛澤東始終牢牢掌握軍權才使他可以「無法無天」；一九七六年九月九日毛澤東去世後也是由掌握軍權的葉劍英，協同華國鋒，促成了鄧小平的「復出」，而鄧也只能等到葉劍英去世，經由謀取軍權、廢黜華國鋒，才穩固地取得第一把交椅。

但是這種結構，在鄧小平等元老退居二線之後，便產生了問題，於是有一個「垂簾聽政」制度出來做補充。一九八七年七月七日在鄧小平家裡開會討論十三大人事問題，決定鄧小平、陳雲、李先念三個元老不進政治局常委，要設「常委之上的婆婆」，然後由薄一波在這次會議上建議趙紫陽：到十三屆一中全會，內部宣布今後重大問題仍要向鄧請示、由鄧拍板。「鄧掌舵」是什麼含義？常委不僅要向鄧請教、向他通報，他還可以在家裡召集會議，重大問題可以由他來拍板——這哪裡還叫「垂簾聽政」？分明是「太上皇」了。而且，非常關鍵的一點：這是一個內部規定，不能公開的，一旦公開就會出大事，這後來由「六四」屠殺證明了。

所以他們在十三大以後退出中央常委，純粹是演戲給國際上看的，但要演好這齣戲，就非得學晚清的西太后慈禧。趙紫陽描述，那天陳雲在鄧家的會議上「說話較多，比較活躍，非常鄭重其事地宣布，今天這個會議的決定是合法的，合乎手續的……鄧就沒有考慮，不大在意，也不在乎這樣的事。」寥寥幾筆，兩個「老佛爺」形象躍然紙上，各有特色——陳雲的「此地無銀三百兩」，冰冷、虛偽，卻露出「不好意思」的尾巴來；鄧則是剛愎霸道，赤裸裸的實用主義，什麼黨章國法的，沒當回事過，這輩子他只怕毛澤東。

關於楊尚昆，這本書提出了一個「監國」的概念，也極有新意，是迄今為止「六四」研究中沒有出現過的，它更豐富了無論「新權威主義」，還是「垂簾聽政」制度的內涵和形式。作者首先指出，當時楊控制著軍隊和國安系統的日常運作，分管港澳台事務，通過親信楊德中（中央警衛局局長）控制中央警衛局，通過祕書徐瑞新（中央辦公廳分管機要的副主任）控制著中央辦公廳。一九八九年的楊尚昆，處在一個非常關鍵的位置，一方面他代表鄧小平管理軍隊和情報系統，另一方面他是鄧小平在政治局的唯一代言人，擁有僅次於鄧的大權。其他政治局常委，包括總書記趙紫陽，想要見鄧小平都要通過楊尚昆。

其次，楊尚昆是鄧小平打倒趙紫陽和血腥鎮壓學生運動的忠實執行者，而他最重要的任務就是監控趙紫陽、穩住趙紫陽甚至迷惑趙紫陽。他完美地實現了這個目標，以至於趙紫陽至死都認為楊尚昆支持他。整個六四大屠殺中楊尚昆所起的重要作用超過了李鵬，楊尚昆是六四大屠殺中僅次於鄧小平的名副其實的劊子手，沒有楊尚昆，鄧小平甚至不可能推行政變，楊不僅迷惑趙紫陽，還否決人大副委員長中黨組成員讓萬里提前回國等意見、迅速處理了三十八軍軍長徐勤先抗命事件、五月十七日也是他第一個提出戒嚴，這些重大角色，在整個陰謀和血腥中不可或缺。

這本書在處理了上述三大問題之後，也以豐富的史料證明，鄧趙在悼胡規格上爆發決裂，只是一個誘因，兩人在政治體制改革上存在根本分歧，所以分道揚鑣的歷史原因是清汙、反自由化剎車、拒絕價格闖關、政體改革、整康華公司等一系列事件所導致，反映了趙紫陽在政治理念上逐漸離棄鄧小平。

我們稍稍梳理這三十年的歷史，就會發現，中國在文革之後走出毛澤東的「全能政治」統治模式，出來替代它的，是一個所謂「新權威主義」模式，當時也稱為「新加坡模式」或「亞洲四小龍」模式，即靠一個高度集中的政治權威來推行經濟開放，當時朝野無論政界還是學界，都對「新權威主義」一派叫好、期望極高，視為一種進步，然而鄧趙自合作到決裂、最後發生大屠殺的這段歷史，卻充分證明了「新權威主義」模式的巨大局限性和弊病，甚至暴露出它有可能是災難性的。這裡的要害問題是，極權制度的性格會頑強地蔓延到它的衰敗期，而在馬列政黨中萌發的非極權因素，通常很脆弱、生存艱難，中共在八十年代出現了胡耀邦、趙紫陽兩位「新政人物」，而且都做到黨和國家的最高位置，卻依然不敵頑固派的反撲，一如晚清即便有一個皇帝（光緒）要改制，並且有一個維新派襄助，最終還是被保守勢力扼殺於血泊之中。

三十年前發生過一場大屠殺，然後中國迎來二十年經濟起飛，接下來就是貧富崩裂、階級對立和道德滑坡，凡四十歲以上的中國人，都見證了這三十年的盛衰罔替。一九九二年開始的中國市場化，是撇開所有制改革，先用國家權力排除工人的討價還價；農村則是宣布「土地公有」之後，任憑公開瓜分，接著就是「圈地運動」——西方經濟學中所謂的「降低交易費用」，是指保證交易雙方討價還價權利的前提下，以整合契約的方式減少交易費用，而不是用剝奪一部分人討價還價權利的方式為另一部分人降低「費用」。這一切國家暴力的干涉，都需要一個政治前提，那是由「六四」屠殺提供的，所以「六四」不能翻案，乃是中共的底線。無情的剝奪需要貌似合理的麻醉和慰安，於是中共煽動民族主義，將「國家」在價值、話語、情感的層面置於霸權位置，壓制、化約個人權利；將經濟增長置於剝奪一切（民族的所有生態資源、子孫後代的生存）的優先位置，而鑄成「國家安全至上」的新極權模式。這是一個集權升級版，是八九年蘇聯解體之後出現的馬克思列寧主義制度的更新換代，而西方和國際社會尚大夢如酣。

六四屠殺後，美國為了中國市場而迎奉中共，老布希給與中國「最惠國待遇」、柯林頓接納中國進WTO，所以「中國奇蹟」是西方與中共集權制度的一個合謀結果，中共從六四危機中存活下來並升級為超強集權，還威脅國際社會，西方也要負責任，他們三十年才發現自己上了大當，可是由於中共已被西方綏靖主義豢養壯大，國際社會已受迫於一個前所未有的超強集權，歷史已經不能回頭。

中共合法性喪失第一次是文革；六四屠殺導致了第二次，所以陳雲才提出「我們自己子弟接班」的戰略，他們對自己傳統的接班順序已經喪失信心，這個死局，早在三十年前已經安排好了。比較台灣蔣經國，因為刺殺江南事件，而廢儲蔣孝武，蔣家退出歷史舞台，中共正好相反，而是因六四危機而立儲，但是「太子黨」執政沒有「合法性」的安全感，才是習近平向毛澤東倒退的底蘊。

今天，「改革」是一個最霸權的話語，卻是一個死亡話語，仍然壟斷著大部分人的想像和言說。我們的一切想像和話語都在死亡。也許，重新回到八十年代，去尋找「改革」的緣起、夭折，會帶給我們新的想像和靈感。這也是研究趙紫陽和六四的重大意義。

二〇二〇年秋

輯三

尋蹤

五四拾穗
——梁實秋、胡適、知堂等

梁實秋：白話文不是大白話

昨晚（一九九八年二月五日）讀一本《梁實秋文學回憶錄》大有興味，是去冬以來所未有者。一直亂翻書，都是手不釋卷的。

讀起梁實秋純屬偶然。前些日余英時陳淑平夫婦去了一趟科羅拉多，回來借我一本梁的《談聞一多》，梁聞皆曾就讀於科大。讀聞一多似無興味，倒對梁產生興趣。梁談他怎麼開始寫文學評論一文，給我一些關於「新文學運動」的常識，殊為可貴，有些基本看法，他的意見平實而脈絡清晰。

如他認為，文學運動總要落實在像樣子的作品上，依此而論，五四新文學，在詩歌戲劇方面較差，白話文則是蔚為大觀，舉凡抒情論說記事皆徹底轉型為白話文；小說本來就是白話文的天下。不過，他也認為，白話小說只是「語體」，如方言小說，有白話而無文，白話歸白話，文歸文，要寫精緻一點就必得借助文言文，文白夾雜，用典；歐化乃是將子句納主句之中而冗長累贅，不能卒讀。魯迅其實是歐化的始祖。

中國詩歌戲劇有悠久嚴密的傳統，改良不易。他曾批評胡適、俞平伯、康白情初期的白話詩只是大白話而非詩。認為聞一多、徐志摩為新詩建立形式有建樹，可稱今日之李杜。徐模仿哈代，唯美主義，遣辭用字講究，沒有大白話，有濃麗之美，而不能出之自然；聞比徐沉鬱，沒有徐輕靈，而是模仿勃朗寧、濟慈，注意音節，喜歡典雅繁縟。

他亦認為文學無不以發揚人性為指歸。何謂人性？圓顱方趾皆謂之人，人人皆有人性，但人之所以異於禽獸者幾稀，即人有獸性，在純自然環境中人比禽獸高貴不了多少，而是人可以用理智和毅力控制本能與情感，才顯出人性的光輝。做人如履薄冰，人獸一線之間，曾國藩講：不為聖賢，便為禽獸。其實人是介於禽獸與聖賢之間的，超凡入聖是宗教境界，凡人能維持人性尊嚴就很不容易了。這一段說法，同我不謀而合，我只是更感覺到，許多「超凡入聖」其實是虛偽，還不如人性有尊嚴。

他還談到影響他的幾本書：

一、《水滸傳》。人間不平。

二、《胡適文存》。作文明白暢曉不枝不蔓；思想方法上尋根問底，不肯盲從；治學為文的認真，用心寫每一篇文章，甚至信箚，如對《水經注》下工夫；

三、白璧德（Irving Bobbitt）《盧梭與浪漫主義》。近代流行的偏頗，歸根到盧梭的自然主義。吳宓、梅光迪的學衡派即受其保守主義的影響，梁亦稱「我平夙心中蘊結的一些浪漫情操幾為之一掃而空」。白的基本思想是與古典人文主義相呼應的新人文主義，強調：人之為人在於有內心的理性控制，不令感情橫決；人的道德價值，不在於做了多少事，而在於有多少事沒有做。

四、叔本華《雋語與箴言》。人生無所謂幸福，不痛苦便是幸福。痛苦是真實、存在、積極的；幸福則是消極的，並無實體的存在。沒有痛苦時，那種消極的感受便是幸福。人應盡量避免痛苦，而不追求幸福，根本就沒有幸福這種東西，避免痛苦就是幸福。但避免痛苦並不容易，需要慎思明辨，更需要當機立斷。

五、斯陶達（Lothrop Stoddard）《對文明的反叛》。私有財產為人類文明的基礎，認為馬克思稱私有財產為「萬惡之源」是對文明的反叛，只是一種烏托邦，人類被烏托邦控制非常危險。

六、《六祖壇經》。棒喝是一下子打斷人的理性的邏輯思維，停止常識，驀然一驚，靈光閃動。

七、湯瑪斯．卡萊爾（Carlyle）《英雄與英雄崇拜》。英雄史觀，政治的微妙在於如何把有才智的人放在統治者位置上，一人一票的民主並無好的政治。

八、希臘馬可斯．奧理略．安東尼努斯（Antoninus）《沉思錄》。

凡京津之裨販皆可為教授

又見陳源《西瀅閒話》談「白話文」，甚妙。

文中起頭引莫里哀之名劇《貴人迷》（*Le Bourgeois Gentilhomme*）中主人翁約丹自以為說話就是「散文」一細節，然後寫道：

約丹先生雖然已經說了四十年的散文，以後也許還有四十多年的散文可說，可的要是真有一個祕書早晚侍候在他的身旁，把他所說的話都一字不改的記錄下來了，那幾百幾千冊散文的語錄中也許沒有一句話夠得上保存的價值。然而他的話一到了天才作家如莫里哀的口中筆下，便成了千古的傑作。所以林琴南的「行用土話為文字，則都下引車賣漿之徒所操之語，按之皆有文法……據此則凡京津之稗販，皆可用為教授矣」實在不實識者的一笑……

一般人日常習用的言語是非常簡單的。好像一個英國言語學者曾經說過：莎士比亞在他劇本中用過的字有一萬，而英國平常人終身所用的字也不過幾百。中國因為語文分離的結果，語言特別的簡單。「引車賣漿之徒」究竟能用多少字，我們雖然不知道，可是我們敢斷言老百姓的土話決不成什麼寶藏，不是一個天才作家提了一把斧，背上一個袋，到裡面去搜求採集了一番便能自足的。自然我們希望有人肯到這礦山裡開劈去，因為老百姓的話雖然不見得怎樣豐富，實在有許多很優美的達意表情的字句。可是白話文不得不採用文言的字句，而且得大大的採用，是不能避免的事實。

又有一日本人香坂順一，研究古漢語中口語化規則，相當專門精深。他說，漢語的白話文，發展過程甚長，從敦煌變文開始，到宋代話本、金代諸宮調、元曲或平話體小說，白話文與口語步步接近，至明代已相當接近了，那時白話文的文言因素較多，跟五四前的文學語言相仿，一來用文言文補充白話之不足，二來文言也能體現不同階層人的語言習慣。

所以他認為，五四新文學獨尊白話，斬斷古典文學，其實並未斬斷古漢語裡的白話文；毋寧說唯有白話古語，成為後來白話文的一個資源，所以至少如魯迅、知堂乃至張愛玲的小說文字，是相當地繼承了古典小說中的白話文的，其中張愛玲可能尤其模仿《紅樓夢》白話風格而自成一體，乃又成現代文學之一端緒，備受後代景仰。

白話文的承傳問題，於今已很明顯，猶如失去根基之浮萍。凡文字好的人，一定有古文底子，僅靠市井俚語、方言作後援補充，寫通俗小說勉強湊乎。中國文字失去整個輝煌的古典寶藏，今人用文捉襟見肘，窘迫於心中乾枯，不是歐化式便是油腔滑調的口語化俚語，則統統失去中國古典的雅。

後來無意間又讀到梁實秋之《談聞一多》，又旁及關於聞的一些回憶文字，覺得他性格頗似魯迅，於是忽然想到，大概所謂「孤憤之士」在近代中國的亂序之中，容易因偏激而成大名。聞的新詩其實寫得並非特別好，尤其與徐志摩的自然流暢和音韻相比，顯得有些「硬做」。

但他對古詩的古典新意的闡發，學問很深，他是學者而非詩人。另一類「溫柔敦厚之士」，如胡適、梁實秋等，便不易偏激，留下來的文字也好讀。我是否一個「孤憤之士」？《河殤》之偏激是不是也反映了我有「孤憤」性格？其實思想史和文學史，極少從人之性格特點去研究人物，魯迅是最明顯的例子，他其實是一個心理病很重的人。

錢玄同：中國自古說淫話

久聞錢玄同痛罵古典文學，而未見文字，終於尋得，原來出自他跟胡適的書信。他從胡適說「以小說論，《孽海花》尚遠不如《品花寶鑒》」談起，直將《金瓶梅》比之《紅樓夢》，寫道：

仔細想來，其實喜描淫褻，為中國古人之一種通病。遠之如《左傳》，詳述上烝，下報，旁淫，悖禮逆倫，極人世野蠻之奇觀；而敘述陳靈公淫亂之事，君臣相謔之言，尤為淫褻之尤。近之如唐詩、宋詞，說淫話處亦不少。至於元明之曲，則有直敘肉欲之事者矣（如《西廂》之「酬簡」，《牡丹亭》之「驚夢」，即如《水滸》、《紅樓》中，又何嘗無描寫此類語言，特不如《金瓶梅》之甚耳）。故若拋棄一切世俗見解，專用文學的眼光去觀察，則《金瓶梅》之位置，固亦在第一流也。惟往昔道德未進化，獸性肉欲猶極強烈之時，文學家不務撰寫理想高尚之小說以高尚人類之道德，而益為之推波助瀾，刻畫描摹，形容盡致，使觀之者什九不理會其作意，用「賦詩斷章」之法專事研求此點，致社會道德未能增進。

這段文字，真是應了那句「只見臟唐臭漢」的俗話，一窺「五四人」之激進。不過，以今日顯學如「解構主義」、「詮釋學」去詮釋中國古典，恐怕讀出來的結論，不會比錢玄同差得太遠。我之好奇，還在於錢氏的文學觀，津津於「高尚人類之道德」，深信小說有「改造人性」之功能，一望而知，乃是梁啟超「小說救國」、魯迅「療救靈魂」一路思潮的生發，那大概是胡適不敢苟同的。

胡適：曹雪芹文學修養不夠

胡適民國初年的考證，稱「《紅樓夢》只是老老實實的描寫這一個『坐吃山空』、『樹倒猢猻散』的自然趨勢，因為如此，所以《紅樓夢》是一部自然主義的傑作」，高陽於是說胡適的考證「一直是史學的重於文學的」。後來胡適答高陽，談了一次《紅樓夢》的文學價值，見〈胡適與高陽書〉。胡適寫道：

我曾仔細評量《紅樓夢》前八十回裡的詩、詞、曲子，以及書中表現的思想與文學技術；我也曾評量曹雪芹往來的朋友——如宗室敦誠、敦敏等人——的詩文所表現的思想與文學技術。我平心靜氣的看法是：雪芹是個有天才而沒有機會得著修養訓練的文人——他的家庭環境，社會環境，往來朋友，當時的中國文學的背景等等，都沒有能夠給他一個可以得著文學的修養訓練的機會，更沒有能夠給他一點思考或發展思想的機會（破落戶的舊王孫）。在那貧乏的思想背景與文學背景裡，《紅樓夢》的見解當然不會高明到哪兒去，《紅樓夢》的文學造詣當然也不會高明到哪兒去。試看第三回裡冷子與嘴裡說的寶玉和賈雨村嘴裡說的甄寶玉：「女兒是水做的骨肉，男人是泥做的骨肉。」「這女兒兩個字，極尊貴、極清靜的，比那瑞獸珍禽奇花異草更要稀罕尊貴呢。」《紅樓夢》的作者的最高明見解不過如此。更試讀同一回裡賈雨村『罕』（悍）然厲色的長篇高論，更可以評量作者的思想境界不過如此。我常說，《紅樓夢》在思想見解上比不上《儒林外史》，在文學技術上比不上《海上花》（韓子雲），也比不上《儒林外史》，——也可以說，還比不上《老殘遊記》。

讀完胡適的這段宏論，我猜高陽大概無言以對，因為一個只寫清朝歷史掌故（歷史小說）的通俗作家，恐怕想都不會去想什麼「思想境界」這回事的，至於「文學技巧」就更談不上；專寫武俠小說的金庸，大概也作如是觀，雖然高陽、金庸的讀者遍天下，老少咸宜。

我們從小在大陸長大，大概四九以後的緣故，不大作興讀古典四大名著，反而是讀遍俄羅斯、法國小說（莎士比亞因為都是戲劇，也不大有人讀的）。說來也奇怪，我們倒是對胡適此論，蠻有同感。那個時代，你在市井裡大談於連（司湯達《紅與黑》男主角）、冉阿讓（尚萬強，雨果《悲慘世界》男主角）、羅亭、娜塔莎（托爾斯泰《戰爭與和平》女主角）等等，不僅知音無數，也會吸引羨慕的眼光；如果一口一個「寶哥哥林妹妹」，就被人笑死——還莫說毛澤東一開國就說《紅樓夢》是講「階級鬥爭」的，拿紅學家俞平伯開刀，震懾知識分子，目標其實對準胡適，未知彼時在台灣的胡適作何感想？坊間甚至也視「桃園三結義」太老套了。所以到了九十年代以後，易中天、二月河等人才會大行其道，民間幾乎是在惡補「古典」，彷彿高陽回到大陸來了。然而「思想境界」又怎的？無論俄羅斯還是法蘭西的文學大師們，並沒有叫中國的人性變得更好一些。

我還是很佩服胡適的氣魄，你想呀，他要開天闢地創一套全新的中文寫法，幾乎等於推出一整套新漢語（雖然如前所述，有古漢語的口語借鑑），若沒有一點睨視千古的底氣成嗎？他當然一上來就要把那「第一才子佳人書」貶下去。過了這個坎兒，你再來品味「一朝春盡紅顏老，花落人亡兩不知」也不遲。

胡適說，古來作小說的人在描寫人物的方面還有很肯用力氣的，但描寫風景的能力在舊小說裡簡直沒有，連《西遊記》與《紅樓夢》描寫風景也都只是用幾句爛調的四言句，全無深刻的描寫。胡適認為這一是舊文人皆不出遠門的書生，缺乏實物觀景的觀察，所以寫不出來，只好借現成的詞藻充充數；二則是語言文字上的障礙，因為寫人物，古文裡種種濫調套語都不適用，不能不用活的語言，新的詞句，實地作描寫的工夫；但一到寫景的地方，駢文詩詞裡的許多成語便自然湧上來，擠上來，擺脫也擺脫不開，趕也趕不去。而人性避難就易，所以習慣用現成的語句，不肯另去鑄造新詞句。他說《老殘遊記》寫景不肯用套語濫調，可算前無古人。

可是我想，今人很難作出自然天成的律詩，情形跟胡適說的恰好相反，作詩時搜腸刮肚找典故，恨不得「成語自然湧上來，擠上來，擺脫也擺脫不開，趕也趕不去」呢，可那是要有「童子功」才成的，可惜一般人肚子裡的典故原就沒多少。當然，胡適這番道理也說得通，現代人誰都有體會，讀章回小說，一讀到人物出場、什麼戰爭場面，風景就更不必提了，陳詞濫調就出來了，好似一股「閱讀毒藥」，大凡匆匆翻過，無幾人會讀它的，哪怕《紅樓夢》也逃不脫是這種待遇。但話又說回來，古人寫景並非平庸，試看唐詩的意境，西洋何曾有過：

古木無人徑，深山何處鐘？
星垂平野闊，月湧大江流。
造化鐘神秀，陰陽割昏曉。
長安一片月，萬戶擣衣聲。
忽如一夜春風來，千樹萬樹梨花開。
……

所以，也許並非舊文人「足不出戶」之故，而是人類的審美能力退化了，後人寫不出前人的千古絕句，乾脆模仿，久而久之便成濫調。

《老殘》大概要算中國最後一部古典小說，作者劉鐵雲是一個末世奇才，他另一部《鐵雲藏龜》乃是近代甲骨文字研究的開山之作，與他有交往的羅振玉便在他身後成為近代大師，但據說不過是靠親家王國維研究這部《鐵雲藏龜》而已。胡適引羅振玉之《劉鐵雲傳》，介紹此人一生有四大能事，除卻最早賞識甲骨文字並收集安陽殷墟出土之龜甲獸骨，其餘三件是：治黃河、山西開礦，賤賣太倉米賑濟北京難民，後兩件令他被時人目為「漢奸」，並為朝廷充軍罪新疆而死。胡適說他是個有遠見的人，而被昏瞶世道所誤。

胡適評《三國》、《水滸》，講一個想像力問題，指出中國古典敘事的一個缺陷。他說《三國演義》拘守歷史故事太嚴，而想像力太少，創作力太薄弱；其中最精采的部分是赤壁之戰前後，從諸葛亮舌戰群儒至三氣周瑜，匯聚了三國的人才，盡力發揮了想像力與創作力，打破歷史故事的束縛，故能寫得頗熱鬧，除此之外只能是一部通俗歷史，沒有文學價值。胡適說《水滸》全是想像，故能出奇出色；《三國》大部分是演述與穿插，故無法出奇出色。他說，文學的技術最重剪裁，只消極力描寫一兩件事，使能有聲有色，三國蒐羅一切竹頭木屑，破爛銅鐵，不肯遺漏一點，故不能成為文學作品。

自古有「老不讀《三國》，少不讀《水滸》」之說，概因《三國》講權謀，不必添油加醋，已經爐火純青。而且，人們喜歡將爾虞我詐搬上舞台，中西皆然，京戲裡的三國戲碼，大概最多，膾炙人口如《捉放曹》、《借東風》、《群英會》，當然還有「失空斬」……；君不見莎士比亞四大悲劇哈姆雷特、奧賽羅、馬克白、李爾王，都是歷史權謀故事，莎翁還有專門的歷史劇一大堆，幾乎全是亨利皇帝們的宮廷戲，所以如今大陸上清宮戲充斥電視螢幕，敢情是在學莎翁呢。

我讀胡適講古典之餘，恰逢電視上正紅火一部《權力的遊戲》（台譯《冰與火之歌：權力遊戲》），將骯髒權謀娛樂化的經典，由小說改編成電視劇，BBC的傑作。劇情當然頗為火爆，但不少情節純屬獵奇而胡編，冷血殘酷得叫人噁心。我納悶的地方在於，中國經歷了一場血光之災後，大傳媒上毫無顧忌演義宮廷權鬥，易中天的《品三國》也在中央電視台開講，難道神州早已人心大壞，三國權謀不過雕蟲小技了？全世界風靡《權力的遊戲》這部「政治魔幻劇」，反襯出當代政治都退化至小兒科，每況愈下。所以「文學想像力」也是一件弔詭的事情。

說到想像力，有一本《魔戒再現》，英國科幻大家托爾金的系列，好萊塢也搬上銀幕三部曲。這個英語的神話魔幻，寫於一九三〇年代兩次世界大戰之間，頗可與中國明朝吳承恩的《西遊記》一比，魔幻的想像力凝聚於人物，托爾金的「哈比人」堪稱一絕，「小人物辦大事」也許是英語文學的老生常談？但魔力（權力）腐蝕人心的想像，可謂驚嘆，他分際人類、矮人、精靈、人獸、哈比人，乃至巫師、魔王等，其實也不比《西遊記》更魔幻。

余英時：胡適百年談

（胡適一八九一年十二月十七日生人，一九九一年百歲紀念，十二月二十日在普林斯頓大學東亞系壯思堂，有一個紀念會，余英時主持，也作了主題發言，我隨手記錄下來。）

胡適一九五〇年至一九五二年，待在普林斯頓東亞系圖書館，是他生命中最低潮時期。

胡適是很難講的。一九一七年從美國回去，一九六二年去世，方方面面都有他，代表自由派、國學、西學，一生都有爭論，中西文化討論他是焦點人物，文學上他把古典與現代結合。今天說胡適，台灣不大理他了，基本只限於學界；大陸有活動，沒有專門紀念。香港中文大學、康乃爾大學，都有紀念活動。胡是康乃爾最值得驕傲的，那裡有他一塊碑……胡適在國際上，是中國人受到世界尊重的少有幾個人之一，二十年代他就是中國思想界的代表，西方人最早認識的中國人之一。對他從何談起呢？

一九八一年，辛亥七十年，美國歷史學會在芝加哥開會，胡繩領大陸團隊來。胡繩說：胡適在學術上進步，政治上落後的。中共官方的觀點。我說：海外看法剛好相反，他學術上落後，在政治上至今是最進步的。他是啟蒙人物，這樣最合適。中外都這麼看。費正清在中國做研究生，見到胡適、丁文江，說「中國的伏爾泰」，非常恰當。終身不是什麼專家，什麼都搞，樣樣都摸一點，開風氣的人，「但開風氣不為師」，博學而無所成名，一個非常現代性的人。今天看他，國學極好，按傳統標準，老一輩人看不起他，未受經學訓練。戴東原是連《十三經》注都能背的。胡不是經師，他是批評人物，批評多於建設。

政治上他一生失敗。他是一個liberal（自由派），終身守住自由派不變，中國唯一不變的人，丁文江都一時擁護過專制。一九一七年提倡民主，至死與官方格格不入，守自由主義節操最完整。他對民主的信念，比如一九四七年八月一日他在北平廣播，認為社會主義陣營是極權的，是小小的逆流，站不住的；民主潮流兩百年，是站得住的。當時的反應是嘲笑他，尤其年輕人，左傾，認為社會主義不可以討論的，許多人抗議他。他第二次演講又重申這種看法，影響很小，對天津一個大學生陳之藩有影響，陳後來有一本《在春風裡》，讚揚胡適晴明的理性，「文章裡看不到火花」，胡適說這是對他最大的讚揚。從今天看，他是先知，他有真信心，蘇聯崩潰如此之快，出人意料。胡適的意義在這裡。

胡適的聲望，自一九一七年一直往上走，五四以後更如日中天。毛澤東對胡適很仰慕，胡與毛有密切接觸，支持「少談主義」，「自修大學」章程是胡幫毛改的。毛講實際，是受胡的影響。一九四九年以後胡變成共產黨的敵人，他很奇怪，一生沒有反對馬克思主義，但馬克思主義一直視他為大敵。四十年代，共產黨已經說他是洋奴、賣國賊、蔣介石走狗。郭沫若要辦七本雜誌批胡。胡自詡「過河卒子」[1]，郭曲解此詩，對胡有一個幾十年的毀滅運動，一直到他完全變成一個反面角色。李澤厚也說胡「無人格」，可見宣傳之厲害，眾口鑠金，積毀銷骨。

胡有缺點。比如他不懂宗教，研究佛教也為了證明不是學問，對古典文學批評過火。他有很多偏見，他對莊子的解釋是淺的。他是一個唯物論者，看不起唐君毅。他有他的信仰，科學萬能，說進化不進步，改造人生觀，是他早期接受教育的痕跡。

1 胡適一九三八年在美國作小詩：「偶有幾莖白髮，心情微近中年。做了過河卒子，只能拚命向前。」

他是全盤西化的代表，但不完全否定傳統，尤其是在英文中，提倡中國文化的好處，要與中國文化根基結合。一九一七年講先秦名學（博士論文），說不論中西兩樣，大的相同。沒有認為中國文化要不得。他在芝加哥的演講（一九三三年）說：一般人認為中國文化的崩潰，是一個必要過程，然後才能興盛。中國的文藝復興，慢慢的、靜靜的成為實際，再生的結果看起來是西方，但把表面的東西揭開，你馬上可以看到，基本的素材還是中國原來的東西，有一個人文、理性的傳統，經與科學、民主的文化結合，就復活了。

撇開政治偏見，胡適並非反傳統，特別是在生活態度上，如他的父母之命，媒妁之言，他恰是很傳統的中國人之一，做人採用的是儒家的一套，他雖然講言行一致，實際並不一致。他不是一個全盤西化論者。

知堂的沖淡

陳之藩說胡適「文章裡看不到火花」，是很高的標準了，但是有一個人比他的文字還要清淡，那就是知堂，即周作人，其為文之溫雅，恰與乃兄魯迅文字的尖刻，相映成趣，堪稱五四兩絕，也是絕響。他的兩段文字，我很喜歡，且摘錄在此。頭一段說喝茶：

喝茶當於瓦屋紙窗下，清泉綠茶，用素雅的陶瓷茶具，同二三人共飲，得半日之閒，可抵十年的塵夢。喝茶之後，再去繼續修各人的勝業，無論為名為利，都無不可，但偶然的片刻優遊乃正亦斷不可少。中國喝茶時多吃瓜子，我覺得不很適宜；喝茶時可吃的東西應當是清淡的「茶食」。中國的茶食卻變了「滿漢餑餑」，其性質與「阿阿兜」相差無幾，不是喝茶時所吃的東西了。日本的點心雖是豆米的成品，但那優雅的形色，樸素的味道，很合於茶食的資格，如各色的「羊羹」（據上田恭輔氏考據，說是出於中國唐時的羊肝餅），尤有特殊的風味。江南茶館中有一種「干絲」，用豆腐乾切成細絲，加薑絲醬油，重湯燉熱，上澆麻油，出以供客，其利益為「堂倌」所獨有。豆腐乾中本有一種「茶幹」，今變而為絲，亦頗與茶相宜。在南京時常食此品，據云有某寺方丈所製為最，雖也曾嘗試，卻已忘記，所記得者乃只是下關的江天閣而已。學生們的習慣，平常「干絲」既出，大抵不即食，等到麻油再加，開水重換之後，始行舉箸，最為合適，因為一到即罄，次碗繼至，不遑應酬，否則麻油三澆，旋即撤去，怒形於色，未免使客不歡而散，茶意都消了。

吾鄉昌安門外有一處地方，名三腳橋（實在並無三腳，乃是三出，因以一橋而跨三叉的河上也），其地有豆腐店曰周德和者，製茶幹最有名。尋常的豆腐乾方約寸半，厚可三分，值錢二文，周德和的價值相同，小而且薄，才及一半，黝黑堅實，如紫檀片。我家距三腳橋有步行兩小時的路程，故殊不易得，但能吃到油炸者而已。每天有人挑擔設爐鑊，沿街叫賣，其詞曰：

辣醬辣，
麻油炸，
紅醬搽，辣醬拓：
周德和格五香油炸豆腐乾。

其製法如上所述，以竹絲插其末端，每枚三文。豆腐乾大小如周德和，甚柔軟，大約係常品，唯經過這樣烹調，雖然不是茶食之一，卻也不失為一種好豆食。——豆腐的確也是極好的佳妙的食品，可以有種種的變化，唯而在西洋不會被領解，正如茶一般。

另一段竟是悼徐志摩的：

我們對於志摩之死所更覺得可惜的是人的損失。文學的損失是公的，公攤了時個人所受到的只是一份，人的損失卻是私的，就是分擔也總是人數不會太多而分量也就較重了。照交情來講，我與志摩不算頂深，過從不密切，所以留在記憶上想起來時可以引動悲酸的情感的材料也不很多，但即使如此我對於志摩的人的悼惜也並不少。的確如適之所說，志摩這人很可愛，他有他的主張，有他的派路，或者也許有他的小毛病，但是他的態度和說話總是和藹真率，令人覺得可親近，凡是見過志摩幾面的人，差不多都受到這種感化，引起一種好感，就是有些小毛病小缺點也好像臉上某處的一顆小黑痣，也是造成好感的一小小部分，只令人微笑點頭，並沒有嫌憎之感。有人戲稱志摩為詩哲，或者笑他的戴印度帽，實在這些戲弄裡都仍含有好意的成分，有如老同窗要舉發從前吃戒尺的逸事，就是有派別的作家加以攻擊，我相信這所以招致如此怨恨者也只是志摩的階級之故，而決不是他的個人。

適之又說志摩是誠實的理想主義者，這個我也同意，而且覺得志摩因此更是可尊了。這個年頭兒，別的什麼都有，只是誠實卻早已找不到，便是爪哇國裡恐怕也不會有了罷，志摩卻還保守著他天真爛漫的誠實，可以說是世所稀有的奇人了。我們平常看書看雜誌報章，第一感到不舒服的是那偉大的說誑，上自國家大事，下至社會瑣聞，不是恬然地顛倒黑白，便是無誠意地弄筆頭，其實大家也各自知道是怎麼一回事，自己未必相信，也未必望別人相信，只覺得非這樣地說不可，知識階級的人挑著一副擔子，前面是一筐子馬克思，後面一口袋尼采，也是數見不鮮的事，在這時候有一兩個人能夠誠實不欺地在言行上表現出來，無論這是哪一種主張，總是很值得我們的尊重的了。

關於志摩的私德，適之有代為辯明的地方，我覺得這並不成什麼問題。為愛惜私人名譽起見，辯明也可以說是朋友的義務，若是從藝術方面看去這似乎無關重要。詩人文人這些人，雖然與專做好吃的包子的廚子，雕好看的石像的匠人，略有不同，但總之小德逾閑與否於其藝術沒有多少關係，這是我想可以明言的。不過這也有例外，假如是文以載道派的演出者，以教訓指導我們大眾自任，以先知哲人自任的，我們在同樣謙恭地接受他的藝術以前，先要切實地檢察他的生活，若是言行不符，那便是假先知，須得謹防上他的當。現今中國的先知有幾個禁得起這種檢察的呢，這我可不得而知了。這或者是我個人的偏見亦未可知，但截至現在我還沒有找到覺得更對的意見，所以對於志摩的事也就只得仍是這樣地看下去了。

不動聲色寫人性之微妙

從普大東亞系葛思德圖書館借了張愛玲的《流言》。她是天生的作家，自稱九歲就開始寫小說，也是從模仿《隋唐演義》、張資平似的新文藝爛腔、張恨水的鴛鴦蝴蝶派等開始的，還寫過一篇章回的《摩登紅樓夢》。

她說，小說不是想寫就可以寫的，「譬如說我現在得到了兩篇小說的材料，不但有了故事與人物的輪廓，連對白都齊備，可是背景在內地，所以我暫時不能寫。到那裡去一趟也沒有用，那樣的匆匆一瞥等於新聞記者的訪問。走馬看花固然無用，即使去住兩三個月，放眼搜索地方色彩，也無用，因為生活空氣的沁潤感染，往往是在有意無意中的，不能先有個存心。文人只須老老實實生活著，然後，如果他是個文人，他自然會把他想到的一切寫出來。」

她是說的小說不能硬寫、靠材料來寫，只能寫生活裡的瑣事，如她自己最擅長的戀愛結婚、家庭衝突、生老病死，那不是太專門的，生活裡平平常常的人情世故而已。這也是中國傳統話本的題材，不過古人有時候是專門去搜集民間傳說、口頭故事來加工，如馮夢龍之輩。至於張愛玲的技術處理，那是她讀古典小說讀來的，如把《紅樓夢》讀得那樣爛熟，是把語言和技巧都讀出來了，另外，她有一種古典的審美，滲透在文字裡。

又借到《海上花列傳》的張愛玲國語轉譯本，她改為《海上花開》與《海上花落》兩冊。繁瑣平庸的晚清狎邪小說，如今去讀真是不耐煩，唯有張愛玲的文字還是好，從中可見她流亡美國嘗試英文寫作失敗之餘，還是鍾情於中國傳統小說之技法，竟耗費精力去把這部吳語方言的小說全部翻譯出來，出版時附有一篇〈譯後記〉，是很好的文章，對小說技法頗多議論。中國傳統小說，也沒有什麼特別的技法，就是在日常的吃喝玩樂之中，不動聲色刻劃人性的微妙處、幽暗處，《海上花》也只寫清末民初一群閒人在上海妓院裡如何喝花酒、調情、解悶而已，填寫了百年前人生的一個空白。

張愛玲說，《紅樓夢》是一個高峰，而高峰成了斷隘。但是一百年後倒居然又出了個《海上花》。《海上花》兩次悄悄的自生自滅之後，有點什麼東西死了。死了什麼？她沒有說。可能是指那種含蓄，那種在繁瑣平庸中不動聲色寫人性之複雜微妙的技法，而且一定要寫得讓後人去考據才肯甘休。

又讀《儒林外史》，讀得極有興味。書中寫出至少清末的世態，下層文人儒士與佛道的關係極密切，窮教書匠大凡是在廟裡開館，靠和尚供奉；第七回講兩個童生鄉試出來，就到觀音庵擺酒，和尚迎接，先拜佛，再向和尚施禮；廟裡也供著中舉人的牌位；又寫此二人考中後，一個道士便來行騙，作扶乩，二人需設壇、焚香、默祝，任道士沙盤乩筆，算出富貴、窮通、貧賤、壽夭來。這些細節很關鍵，是故事的襯底。現代中國的此類襯底是什麼？

很奇怪，到讀《海上花列傳》，才讀出《儒林外史》的好處，主要是覺得那種文字，更適合男人的味道，不像《海》甚至《紅》，乃是男人寫女性寫得好，女性反而從來沒有寫出過，只到張愛玲才欣賞得了，於是模仿《紅》，成現代文學一個源頭之一，反而《儒》的風采失傳了。《儒》是老辣、幽默、世故的，刻意不在風月場，而在男人的功名場；中國文化底下，寫男人不沾風月方能成全男子氣，一沾風月就是汙穢不堪，乃至獸性大發。傳統小說愛寫男女風情，卻永遠是意淫，永遠是男性中心，於是今日你不可能再套用那種技法，那技法只在刻劃卿卿我我之中爐火純青，否則沒有味道，不是小說；《儒》則迴避了這個泥潭，可以把男人寫得豐滿一些，不是只在胭脂氣裡顯身段。

張愛玲《海上花》國語譯後記

張愛玲不是學者，也沒讀過什麼比較文學，但她的品味，好得並世無兩，不僅是第一流的紅學家，也是後人不敢望其項背的文學史家。她說讀《海上花》：「我十三四歲第一次看這書，看完了沒得看了，才又倒過來看前面的序……此後二十年，直到出國，每隔幾年再看一遍《紅樓夢》《金瓶梅》，只有《海上花》就我們家從前那一部亞東本，看了《胡適文存》上的《海上花》序去買來的，別處從來沒有。」這篇〈譯後記〉洋洋灑灑萬言，津津樂道於青樓迷幻的戀情，以及小說技法，又旁及《紅樓夢》，勝似閒筆，卻一點不比魯迅的《中國小說史略》遜色，或也可視為對她上一代的五四鉅子們文學觀作結，更彷彿寫了一曲中國古典的悲愴落幕。

對古典小說，她幾個字就說透了：「舊小說好的不多，就是幾個長篇小說。」「《水滸傳》被腰斬，《金瓶梅》是禁書，《紅樓夢》沒寫完，《海上花》沒人知道。此外就只有《三國演義》、《西遊記》、《儒林外史》是完整普及的。三本書倒有兩本是歷史神話傳說，缺少格雷亨・葛林（Greene）所謂『通常的人生的回聲』。似乎實在太貧乏了點。」她比胡適更看深了一層。胡適欣賞《老殘遊記》，她則鍾情這本《海上花》。

通篇看去，張愛玲真是一個曹雪芹的來世轉生，「滿紙荒唐言，一把辛酸淚」，詮釋「戀愛的定義之一，我想是誇張一個異性與其他一切異性的分別」；「雖然沒這麼理想，妓女從良至少比良家婦女有自決權。嫁過去雖然家裡有正室，不是戀愛結合的，又不同些」；「盲婚的夫婦也有婚後發生愛情的，但是先有性再有愛，缺少緊張懸疑、憧憬與神祕感，就不是戀愛，雖然可能是最珍貴的感情。戀愛只能是早熟的表兄妹，一成年，就只有妓院這髒亂的角落裡還許有機會。再就只有聊齋中狐鬼的狂想曲了。直到民初也還是這樣。北伐後，婚姻自主、廢妾、離婚才有法律上的保障。戀愛婚姻流行了，寫妓院的小說忽然過了時，一掃而空，該不是偶然的巧合。」

她讀爛了「才子佳人書」，才讀出一點訣竅。「本來此書已經夠簡略的了。《金瓶梅》《紅樓夢》一脈相傳，儘管長江大河滔滔汩汩，而能放能收，含蓄的地方非常含蓄，以致引起後世許多誤解與爭論。《海上花》承繼了這傳統而走極端，是否太隱晦了？沒有人嫌李商隱的詩或是英格瑪・柏格曼的影片太晦。」

她責備現代人枉負了古典文學描摹的愛情，「『爸爸，我愛你』，『孩子，我也愛你』只能是譯文。惟有在小說裡我們呼天搶地，耳提面命誨人不倦。」「前幾年有報刊舉行過一次民意測驗，對《紅樓夢》裡印象最深的十件事除了黛玉葬花與鳳姐的兩段，其他七項都是續書內的！如果說這種民意測驗不大靠得住，光從常見的關於《紅樓夢》的文字上——有些大概是中文系大學生的論文，拿去發表的——也看得出一般較感興趣的不外鳳姐的淫行與臨終冤鬼索命；妙玉走火入魔；二尤——是改良尤三姐；黛玉歸天與『掉包』同時進行，黛玉向紫鵑宣稱『我的身子是清白的』，就像連紫鵑都疑心她與寶玉有染。」

她也有極好的歷史感：「拋開《紅樓夢》的好處不談，它是第一部以愛情為主題的長篇小說，而我們是一個愛情荒蕪的國家。它空前絕後的成功不會完全與這無關。自從十八世紀末印行以來，它在中國的地位大概全世界沒有任何小說可比。」「百廿回《紅樓夢》對小說的影響大到無法估計。等到十九世紀末《海上花》出版的時候，閱讀趣味早已形成了，唯一的標準是傳奇化的情節，寫實的細節。迄今就連大陸的傷痕文學也都還是這樣，比大陸外更明顯，因為多年封閉隔絕，西方的影響消失了。當然，由於壓制迫害，作家第一要有膽氣，有犧牲精神，寫實方面就不能苛求了。只要看上去是在這一類的單位待過，不是完全閉門造車就是了。但也還有無比珍貴的材料，不可磨滅的片段印象，如收工後一個女孩單獨蹲在黃昏的曠野裡繼續操作，周圍一圈大山的黑影。但是整個的看來，令人驚異的是一旦擺脫了外來的影響與中共一部分的禁條，露出的本來面目這樣稚嫩，彷彿我們沒有過去，至少過去沒有小說。」

她的時空穿越沒人寫得出來：「中國文化古老而且有連續性，沒中斷過，所以滲透得特別深遠，連見聞最不廣的中國人也都不太天真。獨有小說的薪傳中斷過不止一次。所以這方面我們不是文如其人的。中國人不但談戀愛『含情脈脈』，就連親情友情也都有約制。」「上世紀末葉就已是這樣了。微妙的平淡無奇的《海上花》自然使人嘴裡淡出鳥來。它第二次出現，正當五四運動進入高潮。認真愛好文藝的人拿它跟西方名著一比，南轅北轍，《海上花》把傳統發展到極端，比任何古典小說都更不像西方長篇小說——更散漫，更簡略，只有個姓名的人物更多……當時的新文藝，小說另起爐灶，已經是它歷史上的第二次中斷了。第一次是發展到《紅樓夢》是個高峰，而高峰成了斷崖。但是一百年後倒居然又出了個《海上花》。《海上花》兩次悄悄的自生自滅之後，有點什麼東西死了。」

一九九八年春

賽珍珠與五四文人

——個西方視角

賽珍珠以描寫中國，摘走了一九三八年的諾貝爾文學桂冠。瑞典學院的授獎評語是：「由於賽珍珠對中國農民生活史詩般的描述，這描述是真切而取材豐富的，以及她傳記方面的傑作。賽珍珠傑出的作品，使人類的同情心越過遙遠的種族距離，並對人類的理想典型做了偉大而高貴的藝術上的表現。」她的文學創作，恰好又與中國的「五四新文化」幾乎同步，而她同五四文人之間，似乎又有某種緊張。這是很有趣的一個文學現象。

橫掃東西方的文化風暴

賽珍珠可能是近距離觀察「五四」這個現代中國起點的唯一西方作家。一本標明為「文化傳記」的賽珍珠新傳的作者彼得・孔恩寫道：

「五四」成為中國人定義民族文化和現代世界角色的一個概括時期。其結局是雜亂而不確定的；一位學者描述這個運動，是「馬克思、易卜生、佛洛伊德、杜威、羅素甚至儒家的折衷和混雜」，但重要的是轉變已經發生。賽珍珠恰好在這浮躁的片刻開始寫中國。在那躁動中她處於特殊而優越的位置審視周圍：她懂中文和中國最好的文學，在這個國家生活了很久，而且接近那些創造新文化的人。她的情形在美國文學史上是獨一無二的。沒有第二個類似重要的美國作家，文學上的成熟是賴以如此徹底的吸收其外國的智性生活的。無疑，文化激變是賽珍珠發表的第一篇作品的主題，這篇文字題為〈中國也如此〉（In China, Too）寫於一九二三年，刊於《大西洋》月刊一九二四年一月號。同當時時髦的華麗風格不同，這篇文章比較了一九二〇年代橫掃西方和中國的社會變遷。賽珍珠的主要觀點，認為現代化壓力也重塑著中國人的公眾和私人生活，雖然中國是一個比西方更古老保守的社會。

孔恩指出，這是一場席捲全世界的文化風暴，他也略微比較了風暴中的東西方：

二十世紀頭十年展現了文學和藝術的一系列劇烈嬗變，從中國一直橫掃到西方世界。在歐洲和美國，美術、詩歌、小說、建築和音樂，均由文藝復興帶來的基本變局而匯成不協調的高漲，畢卡索、Matisse（法國畫家）、Yeats（愛爾蘭詩人）、Pound（美國先鋒派詩人）、James（美國流亡作家）、Frank Lloyd Wright（美國現代建築風格先驅）、Stravinsky（俄裔美國作曲家）以及許多人合作創造了現代主義的多樣化，將支配二十世紀大西洋兩岸的文化。中國在這些年也經歷了一個文學革命。

他說：

那是以北京大學為總部的一場全國性暴動，陳獨秀、胡適和蔡元培領導。持異議者稱之為中國文學、哲學和政治傳統的徹底重建，《新青年》反對儒家思想，「為科學和民主政治的價值背書」，主張白話取代文言，「以政治方式介入語言學的爭議是明顯的」，「驚人成功的迫使公共政策和習俗的改變，教育階層中也認同文學標準以粗俗代替典雅」。賽珍珠目擊了這場「文化暴動」。只有很少幾個像她這樣的西方人注意《新青年》上面陳獨秀與胡適的辯論……賽珍珠並不誇張的稱那個時期是「一個異想天開的時代」。

賽珍珠並不是一個學者，她有她的觀察角度。她在刊登於美國《國家》雜誌一九二四年十月號的一篇隨筆〈中國學生的心靈〉（The Chinese Student Mind）裡，描述她班級裡那些中國學生的慌亂，是「兩種完全不同之文明的衝突下無助的受害人」。她說，這些學生的父母在「家庭生活的家長制」當中訓練他們「保守，服從和依賴」，可是中國傳統的性別等級制度，

那種與生俱來的深刻烙印使他們因為是中國人而且是男人，就天下無敵般的傲慢。他們永遠被賦予作為男人的特權，因此可以獲得家庭財政所能提供的最好的教育，最好的衣服和額外補貼，此外，他們也可以要求別的合理或不合理的欲望。

這些年輕男人到學校學英語和其他西方的科目，他們驚訝的發現「現代文明完全不欣賞古典，而且是神經過敏、緊張、精力充沛和反偶像的。」由於失敗，許多中國青年轉向以西方為師，卻發現西方意識與西方個人、國家的行為之間的距離極大，西方的教師包括許多傳教士，宣傳美國和歐洲國家「是純粹的伊甸園」，可是第一次世界大戰中，西方國家卻瓜分中國，中國學生也被事實所教育，他們學來「什麼是勢力範圍，和賠償、懲罰措施等等。」這些學生最後懂得「美國，甚至美國，都通過日本向中國傾銷嗎啡；英國也不甘落後，加速鴉片的額外供給；畢竟，香菸是比福音更成功……」從賽珍珠的筆下，我們依稀可以看到那種「反西方的西化」，正是中國延續至今的民族主義情緒的源頭。

互相不欣賞

從文化和文學的角度，賽珍珠並不欣賞五四文人的反傳統和西化，然而弔詭的是，美國出版界一開始是懷疑她筆下的中國的，她寫出第一本書時三十歲，大學畢業後還沒有出版過任何東西，因此猜測她一定是接近了哪位中國作家，並得到他的專業指導，才完成她的小說的。賽珍珠的確也給友人寫信說她的苦惱：「我懷疑它的價值，但是我能讓誰來判斷呢？」賽珍珠的傳記作者都從「戀情」衍發出來一種「合理想像」，認為她是求教於徐志摩的。一九八三年出版的一本賽珍珠傳記《衝突中的女人》認為：「假如徐志摩有空，她寫完第一遍肯定會去找他，但是現在他完全陷在他妻子的債務和疲憊不堪的教授責任裡」[1]。沒有任何資料顯示真實情形究竟怎樣。

如果談到「判斷」，我就很好奇，「中國的雪萊」會對賽珍珠筆下的中國農夫、小腳女人說些什麼？而賽珍珠又能接受他的「專業指導」嗎？要知道她可並不是一個「五四青年學生」。順便提一下，

「老百姓」的影子在徐志摩筆下是很罕見的（似乎只有一個短篇〈家德〉的原型是徐家老傭人），在《眉軒瑣語》裡他那些美不勝收的「雨後山光」文字之間，有這樣的句子：「有掛香袋老婆子三人，即飛來峰下揭裾而私，殊褻。」借用此例並無貶義，只是覺得徐志摩與賽珍珠，興趣、價值觀可能大相逕庭。也許，形象一點說，徐志摩傾慕西方，總是想「飛」，而賽珍珠似乎只願意沉入中國的大地，她寫中國最著名的小說就叫《大地》。在那個時代，這幾乎是一種「天壤之別」。

從梁實秋回憶的一個細節，大致也可見出賽珍珠與中國五四文人，是互相不欣賞的：

一九二六年秋我應聘到東大（國立東南大學）授課，當時的外文系主任是張歆海先生，也是和我同時到校的，每於教員休息室坐等搖鈴上課時，輒見賽珍珠施施然來。她擔任的課程是一年級英文。她和我們點點頭，打個招呼，就在一邊坐下，並不和我們談話，而我們的熱鬧的閒談也因為她的進來而中斷。有一回我記得她離去時，張歆海把菸斗從嘴邊拿下來，對著我和韓湘玫似笑非笑地指著她說：「That Woman……」這是很不客氣的一種稱呼。究竟「這個女人」有什麼足以對她失敬的地方，我不知道。

賽珍珠與魯迅

然而，賽珍珠卻是欣賞魯迅的。在自傳《我的數重世界》裡，她毫不掩飾地質疑「中國的雪萊」那

1 Nora Stirling, *Pear Buck, a Woman in Conflict*, 1983, New Win Publishing.

段文字之後，緊接著便提到魯迅：

終於，病態的羅曼蒂克主義逐步得到純化，最強烈的意念又回到自己人民中來了。周樹人，或像他稱自己那樣叫「魯迅」，也許是第一個意識到自己雖然吸收了西方文化，但只要把自己找到的新情感使用於人民，就能擺脫簡單的模仿。於是，他開始寫隨筆、短篇故事，直至小說，寫的都是簡樸的普通人。

她還提到郭沫若，稱之為「my own favorite」。

老實說，我很吃驚賽珍珠對魯迅的看法竟如此簡單，未知她是否了解：首先是魯迅反傳統之激烈；其次，魯迅「吸收」的主要是從日本轉手的非純西方文化，設若他像徐志摩那樣學一點浪漫主義，也許不會那麼偏激；再則，魯迅對中國「普通人」的那種「哀其不幸，怒其不爭」，也絕非民粹主義的普羅文學。

魯迅的刻薄，恰好也反映在他對賽珍珠的看法上。一九三九年〈與姚克書〉中他寫道：

中國的事情，總是中國人做來，才可以見真相。即如布克夫人，上海曾大歡迎，她亦自謂視中國為祖國，然而她的作品，畢竟是一位生長在中國的美國女教士的立場而已……她所覺得的，還不過一點浮面的情形。只有我們做起來，方能留下一個真相。

我們似乎也不必去理會他們兩人之間的隔膜，但賽珍珠推崇魯迅是明顯的，以至她後來獲諾貝爾獎，在授獎儀式上的一篇演講，題為「中國小說」，其中不少資料和觀點都引自魯迅的《中國小說史略》。然而更有趣的地方還在於，賽珍珠在中國的生活環境，無論是幼年的鎮江，還是後來的皖北宿遷鄉村，使她能接觸到的，都是中國的普通老百姓。從這種生活經歷演化出來的文學觀，也使她從推崇魯迅，進而到欣賞中國的左翼文學，雖然她的政治理念其實是很反共的。一九三四年賽珍珠回美國前，到北平拜訪斯諾夫婦，約請他們採訪左翼作家。她自己遲至一九七二年，在最後一部作品《中國的過去和現在》中還提到：「後來有許多中國的作家寫了有關農民的作品，魯迅就是其中很有名的一位，丁玲和我那位極好的朋友老舍也都是很有名氣的。」

可是，七十年代老舍早已跳了太平湖，丁玲恐怕也還在哪個幹校裡勞改呢。雖然遠在美國的賽珍珠還在誇讚他們是寫「人民」的作家，但荒誕之處正如一些文學史專家，如哈佛的李歐梵、北大的黃子平後來指出的，中國現代文學經歷了「五四」和「延安」兩個語境，終於從「文學革命」徹底變成「革命文學」，左翼作家們筆下的「老百姓」，也終於以「高、大、全」的姿態統治文壇，中國也只剩下「八個樣板戲」還在舞台上……這種結局，都是同當年梁啟超主張文學可以改造政治、魯迅又進而認為可以改造靈魂分不開的。

被遺忘的賽珍珠

至今未見有人將賽珍珠的小說，也納入中國現代文學裡來作這一類研究，那恐怕因為她是用英文寫的，彷彿同中國式的「文學」和「革命」無關。然而有趣的是，一九九二年中國大陸雲南出版社有一本

《賽珍珠研究》出版，開宗明義聲稱「本書是中國第一部運用歷史唯物主義觀點研究美國著名作家賽珍珠的專著」，竟到九〇年代還在用「封建末世」、「階級鬥爭」、「中國出路」一類思路解讀賽珍珠的《大地》三部曲，而這還算是中國對她的唯一紀念。

美國對她的研究也很寥寂，以至彼得．孔恩那本《文化傳記》的序言，就叫做〈賽珍珠的再發現〉。孔恩感慨道：賽珍珠為兩代美國人創造了「中國」，可她卻從美國文化視野中消失了，「賽珍珠再好不過的證明，一個作家曾籠罩在我們文化的景觀上，而她的消失則損害了我們的歷史理解力。」他也引用一位批評家的話：「我們應公平地承認，凡是廣泛被閱讀的，或在我們感知的文學歷史裡保持活躍影響的文本，不管我們是否喜歡，至少眼下應判斷它們是高質量的。」

然而我卻覺得，被遺忘也比被曲解來得好些。

雖然我們無奈已成了「異想天開」的子孫，假若撇開對「五四」的論定，和白話文的功罪，我還是想說，徐志摩是一個語言大師，他的散文和詩，至少是「五四」的一個顛峰，他把中國詩文的雅致和神韻領進了現代。可惜他身後無人。賽珍珠無法欣賞徐志摩，可能同徐無法欣賞她一樣，假如他們真的認識。我也想說，雖然賽珍珠欣賞魯迅，魯迅卻並不欣賞她。賽珍珠最能溝通的一個中國人，可能是林語堂。林語堂是欣賞徐志摩的，他說：「吾於白語詩念不下去，獨於志摩詩念得下去，其散文尤奇，運句措辭，得力於傳奇，而參任西洋句法，了無痕跡。」

徐志摩是否也從「中國文化視野中」消失了呢？

賽珍珠在中國就消失得更徹底。不過，以我的私心，消失不消失，有什麼當緊？反正他倆都真實的活過，活得敢愛真愛。中國還有沒有人知道七十年前，在南京，有一個賽珍珠，又怎麼樣呢？她自己知道就夠了。

早晨我走進閣樓……面對窗戶。那扇窗戶和花園一直活在我心裡。我看見綠草地，頂著牆壁的竹子，城市上空擁擠的屋頂，被巨大的城牆包圍著。那城牆的遠處是紫金山……我的故事是從我的生活裡迅速成形起來的，它們是活生生的，我對農夫和中國普通人的感覺，我喜歡愛和欣賞他們。我試著去愛那些農夫，那麼勇敢、勤勞、愉快和安分。很早我就發誓要為他們發出聲音……我選擇北方農村，和富庶的南方城市南京。因此我的材料近在手邊，以及像自家人一樣熟悉的人們……

一九九七年秋

忽到龐公棲隱處

——余英時素描

1

普林斯頓小鎮，被一條小街糖葫蘆似的貫穿，南端伸出去的籤子，接二〇六號小高速，逶迤而去，一路都是參天古木，夏季尤為綠蔭深濃。那一帶是普鎮精華，林木中散落棟棟宅院，讓我油然想起王維輞川絕句裡的「仄徑蔭宮槐，幽陰多綠苔」。這個世紀之交的十幾年裡，我驅車往返那叢林小徑不知幾何，常常不是伴隨著翻騰的思緒，就是悲傷的咀嚼，皆因這是我生命中劫難的一段歲月，而小徑之旅每每又是受用不盡的精神陶冶。

大凡是造化的捉弄，一眾六四流亡者被那常春藤名校接納，落腳普鎮，我也忝列其間。大家在東亞系弄出一個流亡項目，有一次請歷史學家余英時講講什麼是歷史。他說，你們是創造歷史的人，寫歷史則是另一回事情，你須先知道前人說過什麼，然後才知道你能說什麼。當時在座的，有不少八十年代如雷貫耳的角色，且剛剛逃出一個血腥歷史，然而「創造歷史的人」竟是寫不來歷史的，這是後來才知道的。我則非但沒有寫成什麼史，反而跌入一場「離魂歷劫」的個人災難史，流亡項目散了，我卻滯留下來又多年。

「很多人問起你，你也要考慮做些什麼，不能說人就這麼廢了吧？」

一九九四年夏季，有一天余英時先生叫我去他府上，他剛從台灣回來。我被崩潰感籠罩，已有年餘，前景一片空白，又求神求佛都不應。先生為我指點迷津：人的困境只能求援於人世的精神力量，那蘊藏在文化傳統中的無數先人積累的巨大資源，唯此方能超越有限的此生，與綿長的人類活的生命接榫。這種活的生命，也只隱然昭示在極少數被現代人所不屑一顧的「文化遺民」的蹤跡裡。

我孤寂中讀了他寫的陳寅恪身世後，又一次同余先生談了近六個小時，旁及人生和學術諸多話題。先生說我：你靜心修練幾年，會成完全另外一個人。他說，為中國憂慮的人常常會遭遇大不幸。你要從困境中擺脫出來，跳出來你才更理智清醒，纏在裡面不好。要有長期準備了，也許是一輩子沒有盡頭的，從最壞處著眼，期望不要過高，你才不至總被失望擊倒。去同歷史上的優秀人物接通心靈，充實自己。陳寅恪四九年後就是在極度的悲苦中只寫心史的。我想談陳寅恪，先生則對我談了很多梁啟超，他說，超越自己的過去不容易，梁啟超就是靠接受新知不斷超越自己，後來康有為都說「我不如卓如」。

後續幾年，我直接就在余太太陳淑平的引領下，從普林斯頓「一九一五級的優秀生」王賡開始，一路寫了張幼儀、徐志摩、陸小曼、林徽因、賽珍珠等，一個「五四人物」系列。常常是在美國東岸被暴風雪襲擊的那些苦寒日子裡，用小紙條貼滿書的精采處，再去圖書館找其他參考書。我的英文也是那時候才讀通的，寫林徽因時參考一本英文傳記，有耶魯史景遷的一篇序，寫得大氣磅礴（余在耶魯任教時，陳淑平是史景遷的中文助手），我譯不出來去請教余先生，他教我如何從意思而不是從詞句上翻譯這類英文，最後還是他親自潤色的。（後來台灣出版這書中譯本時，譯者很欣賞我譯的這幾句，全搬過去了，還付我

1　標題句出孟浩然七絕《夜歸鹿門歌》。

幾百美金。）那時余先生見我沉浸在徐志摩的往事裡，竟送了一套徐志摩全集給我，我是頗醉心徐的散文，尤其是他寫杭州西湖的文字；但是回望上個世紀初的這些巨靈才媛，都是何等了得的人物，卻哪一個不是「一年三百六十日，風刀霜劍嚴相逼」？

「五四人物」練筆，其實是我的一個「書寫復甦」，不久我便應楊澤之邀，在時報《人間》副刊寫起一年「三少四壯」，最後由季季編輯成書《離魂歷劫自序》，這個書名就是我向余先生討來的。這本書寫到結尾時，屋後出現鬱金香，開得正盛。余先生暮色裡悄悄來看過那神奇的花。

余府仍掩映在那叢林中，小徑狹窄而坑凹不平。那時余先生還在教書，府上門可羅雀，余太太照料著他的飲食起居，大西洋颶風或暴風雪會颳斷樹枝電線，掩埋道路，他們一直到退休後還住在那裡。

二〇〇一春天普大有一場「中國的過去與將來」國際學術會議，其實余先生的榮退典禮，我去聽了兩天他的弟子們發言，覺得他們是被「余老師」訓練得可以做學問了，都是從很小很專門的一點出發去研究，如王汎森談明清盜版問題，羅志田則談民初的《山海經》熱，羅是唯一從大陸趕來的，變得很俏皮，說余先生在大陸如今已是「一尊偶像」，某人從海外回國捎來一本書到處炫耀：「這本《士與中國文化》最暢銷。」

余英時的「士魂商才」，就是中國版的韋伯「新教倫理」，講的都是一種正派商業精神，中外皆然，我在美國生活感受很深的一點，也是這個東西，美國人人炒股，天上掉餡兒餅的大有人在，豪宅名車卻遊手好閒的人約十分之一吧？但那十分之九都視其為當然，沒有嫉妒兩個字，自己依然老老實實賺辛苦錢，一分是一分，我周圍都是這樣的人，小康而快樂。中國大概要恢復到這種境地，才是正道。

大體來說，市場經濟之下，必須經過一個很長的法制形成過程、銀行系統完備過程、保險制度完備過程、必要適量的福利制度完備過程等等，才可能把傳統的權力交換徹底轉換為市場交換，其間無數的社會化細節大概要費百年歲月，才能漸進完成，而且還必須在一個風調雨順、安定的百年裡。由此而見，中國的一切，最終還是歸結到不能激進，余英時的歷史觀在此便尤其顯出深刻。

浩瀚的中國典籍，是沒有「童子功」就不得入門，也無處問津的，有趣的是，余英時這樣的「童子功」教授，全世界也沒剩幾個了，他從耶魯走後，那裡的中國研究，就只剩下史景遷這個不靠中文也可以一輩子給洋人寫中國古典故事的牛津漢了。往下美國學界還會不會產生一個余英時，就希望渺茫，所以西方漢學的危機已是可以看到的了。依我看，美國學界如果懂行，似應在普林斯頓或耶魯，讓余英時這樣的碩果僅存者，從中國找幾個幼童來，關在校園裡，不碰英語，專門辦私塾，也許還可以一脈香火傳承。

余先生也常說「對中國這個民族失望」。二〇〇〇年法國高行健獲諾貝爾文學獎，一大早就有電話來採訪，我說這是他個人的榮譽，跟中國和中國現代文學無關，台北的楊澤一聽就笑起來說「真是怪人怪語」。其實瑞典煞費苦心，還是嘲弄了中國當局和中國現代文學，余英時說他很高興這種選擇，但也怪我說得太極端。高之獲獎，至少是一個常識，即中文人才大量流失，流到中文意義世界之外去了，而中文世界品質下跌，通俗占據主流，陽春白雪已成絕響，種種下里巴人的說書、童話、言情、武俠、連環畫洶湧澎湃；相反則在中文世界之外，卻可養育孤獨的中文精華。後來高行健的演說詞出來，我立刻傳真給余府，余先生隨之來電話說「真好，不卑不亢，有自信」，並移用蘇東坡句，稍改兩字贈高：「滄海何曾斷地脈，白袍今已破天荒」，非常精當。

二〇〇六年底余英時獲克魯格獎。余英時的眼光，實非眼下一般中國學人所能比肩者，在於他視此獎為「西方社會如今更平等的看待中國這種古老文化」、「是真正有興趣脫離『西方為中心』的思維」，這種虛懷若谷，乃儒家真道，他的感言也是對中國傳統的一次重估：第一、中國傳統是「轉軸時代的原創超越」；第二、在與早期印度佛學和晚近西學的比較中認識中國傳統，擯棄「中國中心主義」；第三、中國的「朝代迴圈」不似西方模式；第四、中西文化、價值的重疊、共識多於對抗。這麼高屋建瓴的概括，中國學人中無第二人可為，其支撐不僅在學養，更在心胸氣度，即一種態度，從余的身手可以看出，中國文化失落的更是一種態度。

從這裡也可窺見余的學養何以圍繞、尊崇兩人：陳寅恪和胡適，前者長於印度佛學東漸中土的學識，後者則慧識於晚近西學東漸，此相距兩個千年的文明演化，昭示中國傳統應對變局、順應大勢，皆依據內在感悟到的人類共通價值，而這也是余英時堅守人權、人道、民主價值的根柢。近六十年中土的變局，則是傳統衰微而沉渣泛起，一百餘年中土應對變局唯有激進之道，終於是耗盡自我精粹而又未得普世真道，兩廂落空，直面此情境，余英時潔身自好，凜然拒斥一切誘惑。他一直講兩個字：「骨氣」。

然而，從普大退休的這位講座教授，後來自願給自由亞洲電台做「特約評論員」。二〇一一年秋某日，余先生打電話來問，紐約時報稱香港歌劇《中山逸仙》在北京的演出突然叫停是何故，我查網上說中共忌諱紀念「辛亥百年」有影射之嫌，急速降溫，於是找了有關資訊傳真過去，因為他要準備在自由亞洲電台的節目講講，接連打了三次電話找不到我，我出去採購了。晚上陳淑平來電話才講出原委，原來余先生日前與北京《經濟觀察報》記者馬國川訪談〈回首辛亥革命〉，是近來他極精采的談話，國內封殺，卻被董橋欣賞而刊登於《蘋果日報》。我這才找來閱讀，果然把所謂「晚清變革」、「辛亥意義」捋得一清二楚。近十幾年，「反『反傳統』」漸成主流話語，進而對「辛亥推翻皇權」作負面詮釋、否定孫中山已成時髦，一個替代的說辭，即「西太后亦做了改革」堂而皇之成立，卻是欲為中共今日「不改革」辯護。哪知「批判激進主義」的大師，率先肯定「辛亥」、否定「晚清變革」、極言「滿洲黨」不肯改制才誘發革命，進而肯定革命並非「暴力」，甚至「軍閥割據」才有多元空間而生出「五四」，比比皆歷史洞見，非「大師」不敢言也。由此便也印證「所有歷史皆當今史」，不從當下出發說歷史則無異於空談妄說。余英時滿腹經綸，把玩古今於談笑之間，卻不沾一絲迂腐或高深，當今一人而已，學問可以安身立命的境界，大抵如此。

兩年後我搬離普鎮去余府告辭，老倆口拉我進去聊得戀戀不捨，余先生說：「我們是朋友，日後多回來看我們。」他拿出一頁草稿說是「借宋代談中國傳統政治」，我問是朱熹嗎，他說是的，五十萬字已大致寫完。陳淑平在旁透露了一句：「下一本書他也想好了。」「什麼？」「《唐詩與佛教》」，我的天，真是一部大書！

二〇〇〇年底我有一則日記寫道：余英時為文稱八九年以來是「天地閉、賢人隱的十年」，此句出自《易經》，他說此話如今只對那些不識時務的知識人才有意義；在早已無「神」的「神州」，知識分子被「先鋒隊」視為「亂源」，「墨儒名法道陰陽，閉口休談作啞羊」，陳寅恪一九五三年的詩句復見於新千禧年伊始之際，這不是「天地閉、賢人隱」又是什麼？感恩節前陳淑平告訴我，余先生的表妹張先玲，兒子王楠「六四」被打死在天安門廣場的一個母親，要來美國探親了，他們約在華盛頓見一面。節後余先生來電話：「告訴你一件奇聞，這次見了張先玲才知道，她的妹妹原來是丁關根的太太，也就是說，這個丁關根居然是我的表妹夫，不過我完全記不得張先玲下面還有一個小妹妹，五十多年前我在他們家住過一年，對她還有一點模糊印象，他們桐城張家，出過兩個宰相的。這事只告訴你一個人，不能傳出去啊。」秋天他從華盛頓國會圖書館訪問歸來，我們在電話上聊起大陸暴富風景，他說他對民主制度在中國，短期內已不做預想，我估計他的失望也包括近來台灣的亂局，那麼我問他，難道中共就此穩坐下去了？「我想，大概要等那一代人都走完了才行，就像蘇聯，恐怕是要七十年的，放心，你是可以看到的，我則看不到了……」他說。

去年深秋，有人從國內帶來一套「余氏老宅」的照片給我，起初我想沖洗出來，寄給普鎮余府，出去找到最近一家洗印店，未料那裡的設備偏偏壞了，我也沒去再找一家。回家跟傅莉商量，她則一再勸阻我：「你去打擾余先生幹啥？他已經死了回家的念頭。」據捎來照片的人講，安徽潛山的余氏老宅，現已定名為「余英時故居」，作為當地旅遊資源而整修裝潢一新，照片可見於故居正堂上高懸「五世同堂、七葉衍祥」匾額，乃乾隆御賜；另有一間屋子上懸掛「余英時主臥室」字樣。這就是余先生文墨中常常寫到的「潛山縣官莊鄉」，「在群山環抱之中，既貧困又閉塞，和外面的現代世界是完全隔離的。官莊沒有任何現代的設備，如電燈、自來水、汽車，人民過的仍然是原始的農村生活」，「我的八、九年鄉居使我相當徹底地生活在中國傳統文化之中，而由生活體驗中得來的直覺了解對我以後研究中國歷史與思想有很大的幫助。」（《我走過的路》）

余英時從那個山鄉走出來，再也沒有回頭。聊天時他跟我說，一九七八年他曾隨美國學術代表團訪華，看到的是「城郭如舊人民非」，他發誓不再踏上那塊土地。記得一九九三年秋我們在水牛城出了車禍，余先生余太太搭火車趕來，我把余先生從病房拉到外面，哭著說「我想帶傅莉回國去」，他很詫異我有這種不切實際的念頭：「共產黨會那麼仁慈嗎？」十年後，二〇〇三年春我父親癌症病危，中共就拒絕給我回國簽證。這個時間長度，顯示了一種洞穿力，至今鮮少有中國人具備它。

「我是一九五〇年從羅湖橋走出大陸的。」有一次也是聊天中余先生說。一個皖南青年，從那山鄉走出來，在改朝換代之慘烈變局中，極偶然地逸出中國本土的大崩壞，先香港後美國，經西方教育系統訓練，造就成為當今中國人文第一人。

二〇一八年八月二十日為《印刻文學生活誌》余英時封面專輯所作

真空、烏托邦與民族主義
——試論中國反傳統主義的「林毓生分析範式」

暴風雪中讀抽印本

美國東岸難得「燕山雪花大如席」。

年初東岸遭逢七十年未遇之暴風雪，雪壅門前，寒風徹夜呼嘯。我伴妻療傷在家，忽得林毓生教授寄贈的一個印得頗清爽的抽印本，去年九月他發表在台灣《新史學》（六卷三期）上的〈二十世紀中國的反傳統思潮與中式馬列主義及毛澤東的烏托邦主義〉——直讀得思潮騰踊，心意難平。同時，心裡又勾起另一場雪景，一九八九年冬春之交，我在中國一場江南春雪裡拜謁「五四」鉅子們的亡靈，恍然覺出兩場冬雪的七、八年間，我已漸漸走出「五四」陰霾。

懷寧陳獨秀的荒塚，和績溪胡適故居中堂所給我的許多感慨，無奈是沒有學識去消化的，只會再分泌一通「將百年興亡看飽」的宣洩文字。七、八年前的那個冬天，試圖反思「五四」的我們一群人，從安徽跑到湖南，卻壓根兒看不出「視績溪為上京」同「韶山出了一個紅太陽」之間，會有什麼思想史上的聯繫，以致依然禮讚「五四」是文藝復興式的「心中的日出」。

「五四」黑洞：一個負面的源頭

「心中的日出」曾是黑格爾對歐洲「文藝復興」的頌揚，那確是他們的一個正面而充沛的源頭（雖然今天也遭到許多質疑），因為它是對歐洲傳統的一個復興。我們中國人也有一個近代的「日出」，但正好同歐洲相反，是把我們同中國傳統斬斷開來，構成一道文化魔障使我們被籠罩其下而毫無自覺。這個文化魔障，是人類文明中「與眾不同而影響深遠的中國歷史現象」——其反傳統之徹底、激烈、持久，以及擄掠中國知識界和荼毒中國社會之深，均無以復加。這是一個「黑色的日出」，它強烈地吞食和限定著中國的現代意識。林毓生致力於應用韋伯「理念型」分析破解這個魔障，鍥而不舍一二十年，揀出一塊清朗之地令我輩得以立足，在我不啻有安身立命的慶幸。

一個還願思考的中國人，倘要使自己不再陷於社會達爾文主義化的黑白二分中西對比的泥淖，或受制於深入骨髓的民族自大與自卑混合的文化性格，或迷戀由道德憤怒出發的幼稚型假民主，總之，不再受制於「全盤化或整體主義」的桎梏，也許均可讀讀林毓生。

他最近發表的這篇長文，是對他以前就剖析釐定的「五四」全盤化反傳統主義的展寬拓深，其視野越過「五四」諸君（陳獨秀、胡適、魯迅）探向甲午後的第一代知識分子，又延伸至其邏輯後果，即我們這一代遭逢其中的中式馬列主義及毛澤東的烏托邦主義，在縝密的論證下揭示近現代中國悲劇的「結構的可能」，以及對激進化錯亂現象理出幾個至關重要的來龍去脈，而使中國獨特的反傳統現象獲得了與「人類普遍共有的關懷有關」的合理解釋。雖然林毓生的文字很難讀，但每讀他的文字，我都有觸電、缺氧之感，驚嘆之餘又常消化不良，以致反覆讀到頭昏腦脹，這次尤為強烈，但我若不願再胡思亂想，就非得勉為其難去啃這些文字不可。

「反傳統」蔚為大觀

林毓生此文對甲午後四人嚴復、譚嗣同、康有為、章太炎的分析，使人得以從他們並經由「五四」一代（陳、李、魯、胡），一窺日後毛澤東之惡劣、全民族反傳統蔚然成風之先河，清晰地展示了陳寅恪所說的那種中國近代激進思潮以細微之沫漸成「驚雷破柱，怒濤震海之不可禦遏」的脈絡。

例如，至今籠罩中國人的黑白二分中西對比的濫觴，即可上溯至嚴復的社會達爾文主義化的民族主義，而它正是激進反傳統主義的源頭之一。林毓生指出，取代自認中國為世界中心的「文化主義」之式微而興起的民族主義，是近代以來中國人意識中最大的支配力量之一，民族主義的優先性使任何可欲的變革都成為它的手段，而它本身卻不能提供任何「建國方案」，只是強烈地依附和受制於各式各樣的意識形態。社會達爾文主義之所以成為「一個解釋工具，去應付由於不明情勢所產生的最難忍受的不安」，就在於它提供了「令人著迷」的非黑即白的二分法，使中西制度文化的優劣與功效的簡單化「比較」成為可能。

這樣的情形竟穿越百年再現於本世紀八十年代，驟然開放下湧起「視西籍如神聖」的文化熱、驚呼「開除球籍」的救亡意識以及強烈譴責傳統的時髦，從而不僅回到「五四」反傳統主義的原點，甚至回到了作為「五四」先河的社會達爾文主義化的民族主義——於是今天連反體制的知識分子，也只能無奈地看著他們不期然中召喚回來的這種民族主義，居然成了中共度過「六四」合法性危機的通靈寶玉。對於一個依然以「弱肉強食」生存競爭觀看待世界的民族，極權就遠不至於因為一次屠殺而喪失合法性。

林毓生接下來對譚嗣同龐雜思想的分析，不僅上探其與張載、王夫之的承傳變異，更直指其由道德憤怒所呈現的文化性格對後世的劇烈影響：

> 在譚嗣同的意識之中……占更大優勢的是他的普遍性道德與宗教訴求……洋溢著對西方民主的熱情讚仰與道德想像，卻不易接受「歷史感」的節制——不傾向於仔細了解民主在西方歷史脈絡中的發展以及由此而知其實質與限制，也不傾向於考慮在中國的歷史環境中，如要採納西方的民主制度與文化，將會有哪些困難？以及如何克服那些困難？譚氏對民主的讚仰與想像實開許多二十世紀中國知識分子從普遍性宗教與道德觀點來理解與接納民主——因此常被各式各樣利用普遍性宗教與道德訴求的假民主所欺所蔽——的先河。

這段話所蘊涵的歷史沉重，已經遠遠溢出對「流血請自嗣同始」的這位戊戌君子的思想分析，其針砭直達整個二十世紀中國知識分子以種種理想主義、激進情緒、民粹傾向來接納馬列、暴力革命、唯物史觀，在社會主義幻滅之後，又以同樣的思維模式接納西方民主的通病，以及共產暴政以泛道德化而毀盡道德資源以至走向無道德的另一極端，也包括至今蔓延在異見陣營中的浪漫民主、泛道德化、民粹傾向等等。

不過，我執著於面對現實問題之恐慌的解讀，實有化約林文精微「內在理路」之嫌，林毓生下筆時面對巨大歷史疑陣和慘烈後果而字字嘔心瀝血的運思，實非我輩所能接近一二，其中最艱深的，是他從分析與結構的觀點，詮釋中國文化、道德秩序一發不可收拾地崩解到「真空」境地的分析範式。

神聖性與可敬性的消解

一個五千年文明不是輕易會出現「真空」的。林毓生的分析範式致力於思想史與政治史的互動整合。他指出，作為政治事件的辛亥革命的發生，不是新的政治秩序的起點，而是舊的政治秩序的終點。舊的政治秩序中心是所謂「普遍王權」，它在綿長的中國文明之中卻不止於在政治上有其意義，它在結構上也是維繫傳統文化秩序與社會秩序的中心。所以，從分析的觀點來看，辛亥革命的一項重大歷史意義則是：它是現代中國三重（政治、文化與社會）危機的整體性突破點。

當然，這種解體不是一個政治事件突然造成的，而是一個自鴉片戰爭後西方文明的入侵，和中國文明無法應對的長久而複雜的過程。「普遍王權」猶如一道大堤上的水閘，受水侵蝕雖不致倒塌於旦夕之間，但長久侵蝕後的水閘一旦崩潰，則洪水氾濫勢必沖毀一切。這樣的大解體，「使全盤化反傳統主義，在結構上成為可能」。

辛亥前就已逐步發生的解體過程的關鍵因素是：儒學一元式「天人之際」宇宙觀，在西方科學宇宙觀與基督教創世觀的衝擊下的衰微——它導致政治、文化與社會秩序的正當性的動搖。思想史的複雜在於，林毓生選擇分析的嚴、譚、康、章四人對於中國傳統宇宙觀衰微的回應，其影響極其深遠卻取徑完全不同，而且他們各自的支援意識以及對後世非預期的影響也大相逕庭，然而林毓生必須在同一個分析範式中透視他們的「歷史的合理」——只有當他們每一個的「如何可能」被解釋，整個大前提才被解釋。這個分析範式是：一元有機式宇宙觀作為一種文化、道德秩序的核心一旦動搖，其所有基本預設均不可能再被視為當然，所有成分都可被懷疑與被攻擊。

在論述嚴復時，林毓生特別引徵晚清宋育仁之《采風記》，凸現儒家有機式「天人之際」宇宙觀的衰微，如此才使得嚴復有可能拒絕傳統儒家政治正當性的前提和解說，從而走出傳統政治思想的範疇，以類似霍布斯「社會契約論」的觀點，攻擊君主制度與君臣之倫（林認為嚴復在這一點上很有深度）。這在早嚴復二百多年之清初黃宗羲就辦不到，雖然後者的《明夷待訪錄》對君主專制的批判確是沉痛無比的——達到了傳統思想發展的極限，不能再往前走了。

同樣的情形也發生在取徑不同的譚嗣同身上——他「衝決網羅」，打碎人間壅蔽的思想上承張載的「天人合一」，但林毓生問：為何張載的觀念到譚嗣同身上才發酵？這也是因為傳統「天人相副」宇宙觀的解體，使以「三綱」為中心的禮教已失去正當性和神聖性，於是譚嗣同可以從西方獲得「一個新的選項」來面對未來。

清末今文和古文兩個學派則從正負兩面夾擊儒學傳統，康有為機巧地以今文學派立「孔教」，來為他的變法謀求文化認同，但他那樣把宗教當作政治工具的舉措，則徹底顛覆了孔子的神聖性；章太炎則以淵博的古文知識，將數千年視為永恆真理的六經，降格為一堆歷史材料。

傳統「之內」與「之外」

林毓生嘆道：「儒學傳統架構在其整體崩潰的前夜，多的是：自我毀滅的內在資源，少的是：面對三千年未有的歷史挑戰，自我更新的內在力量。」他的意思是，面對宇宙觀解體的壓力和民族主義的要求所合力構成的歷史性挑戰，中國第一代知識分子所做的回應，如上述四人，雖然對凋蔽已極的儒家宇宙觀不可能再施加更多的破壞，卻都做了一件事：消解它的神聖性與可敬性。在林毓生的分析範式中，這樣的思想氣候便使讀書人漸能走出「傳統」——在傳統秩序尚未完全解體之前，「走出」不可能徹底完成，只有當辛亥革命導致的「普遍王權」整體崩潰所引起的大解體之後才有可能。於是「傳統」被化約為一個內部成分具有共同特徵的整體性有機體，也成為可能，而這就是「全盤化或整體主義」的出現。

傳統「之內」與「之外」，對知識分子而言是一個絕對的臨界點。在傳統之內你也許只能「憤怒」（譚嗣同是極致），到傳統之外你就只剩「厭惡」（一如今日中國年輕人對中國傳統只有厭惡感）。林先生給我們舉了一個例子：章太炎可以毫無顧忌地厚誣、輕薄孔子和六經，卻也無奈地強調「別人沒有這樣的祖先，好歹他們是我們的祖先」，但他的弟子魯迅，已站到傳統之外，便覺得從中國典籍裡只讀出「吃人」二字，雖然魯迅的國學修養是同代人中的佼佼者。

更重要的是，在一個已經式微的宇宙觀的傳統之內，你也許只有焦慮，站到它之外你才會產生面對未來的「空虛」——「這樣內在的『空虛』是難以忍受的……他們在心理上正急迫地尋求能夠對未來提供確定的系統性政治導向與新的系統性思想的意識形態，以便填補內在的空虛與恐慌。」

「真空」與「吞吸整體性填補」

這時，林毓生也到達了他的分析範式的高峰——「真空」出現了。

中國學術界未見前人以「真空」的觀點，來詮釋「五四」與當代中國災難的思想史因果：近代百年外辱內患、曠古鉅變、盤根錯節，若能理出一個頭緒來，其實就是「真空」這件「事」發生了。這件「事」的後果，就是吞食並至今籠罩我們的一種強勢意識形態被鑄成。

解釋這一獨特而複雜的思想現象並非易事。一般而言，一個政治與社會的秩序崩潰、文化迷失方向之際，為各種意識形態的興起提供了溫床，但你如何解釋在中國為什麼是一種極封閉的強勢意識形態，壓倒了其他一切較溫和的意識形態？林毓生在這個關鍵處提出了一個最複雜的命題：

這樣的「真空」的邏輯意義則是：「真空」是整體性的（否則不是「真空」）。它不是只填滿一部分便可完事；「真空」有整體性填補的需要。

並非任何一種傳統文化在發生危機時都會產生「真空」，它與中國文明的整體性傾向有關。林先生曾給我舉例說，當尼采大喊「上帝死了」的時候，西方傳統宇宙觀也面臨巨大危機，但這只是削弱了它的希伯來文明一個來源，它還有希臘文明和其他來源；他在文中也列舉了印度和伊斯蘭文明面對西方挑戰所出現的的有力的「新傳統主義」。他說：「五四全盤化反傳統主義的心理與邏輯後果則是：堅持這樣意識形態的人，在心情上與邏輯上，不容易接受自身帶有未扣牢部分（loose ends）的思想，而容易被自我聲稱對未來能夠提供確定的系統性政治導向與新的系統性思想的強勢意識形態所吸引……」

這「自身帶有未扣牢的思想」，包括常識與科學知識。常識是人類賴以生存的根據之一。它是約定俗成地由經驗累積而來，自然有許多未扣牢的部分。即使嚴格的科學知識，也預設著許多假定，所以，也無法完全扣牢（重大科學發現中的一些（並非全部）假定往往以後會被證明是正確的）。在「真空」中五四時代的中國知識分子不但無法使用常識，而且也無法應用科學家的工作方式來研究他們的問題（他們所崇拜的「科學」，只是作為意識形態的科學主義而已）。他們容易迷戀「對各種事物都有高度而明顯的系統性意見」、「往往要把系統中的其他成分整合於一個或幾個顯著的價值之下」的那種強勢意識形態。

一再出現在中國近現代思想史上的一個奇妙的悖論是：由於內在缺乏任何新的分析範疇，而外在社會與政治環境越來越糟，使得知識分子越來越激進。其激進的內容只是一個悖論——思想內容是囫圇吞棗地接受西方極端思潮，思想模式上則只有傳統儒家一元化的「藉思想、文化以解決問題」模式作為支援意識，並將這種思想模式推展至其極致。這樣的激進化情勢，不僅使任何溫和思潮如自由主義無立錐之地，即使極微弱的「保守主義」、「傳統主義」也都無法純正，社會只留下一條向「左」移動的通道。

這是林毓生在他的分析範式中詮釋的第二個「結構的可能」：儒家有機式「天人之際」宇宙觀的解體過程，被「五四」反傳統主義引向面對未來的意識形態的「真空」，和吞吸整體性填補的需要，為自我聲稱能對中國政治、社會和文化秩序解體的三重危機提供全盤化解決辦法的中式馬列主義，提供了結構的可能。

解咒「五四」

毛澤東的「神話」和一九四九年以後中國種種「史無前例」的殘酷、荒誕，不止是中國文明的恥辱，說到底是對知識的挑戰。這個巨大的夢魘一直壓在對中國文明有承諾的知識者心頭，但人們面對這個噩夢的「解咒」能力很不一樣。我所讀到的大部分「批毛」文章，明顯還是陷在「五四之內」和「傳統之外」的一種掙扎，而不是「解咒」，例如一個最流行的說法，是將毛澤東的肆虐歸咎於中國人的奴性、順從、愚昧，這其實還是以五四批判「國民性」的「療救文化」作為支援意識，依然拿中國傳統問罪，重複著「藉思想／文化以解決問題」的思路。

站在傳統之內對「五四」的解咒者，余英時教授是最有創見的一位。他以「邊緣人集團」和「邊緣人傳統」的分析範式，將「五四」及其所代表的激進、革命、反傳統的文化現象，從中國傳統中爬梳出一個來源並徹底剝離出來，使兩者都由混沌變得清晰起來，為解咒「五四」鋪墊了廣闊的歷史視野。

林毓生教授則以韋伯「理念型」分析範式，來揭示「五四」前後劇烈思想變遷的內在理路，使之變得具有歷史邏輯。我這樣說，是因為前幾年的「韋伯熱」一直是近代中國危機論說中的顯學，但盛行的說法，只是認為皇權崩潰、社會散架、傳統的政治權威和價值體系均無以維繫，於是人們會不由自主地期待「克理斯瑪」型人物的降臨。這是拿西方學說的一兩個觀點來硬套中國歷史，令人覺得彷彿是在講一個西方式的神話。韋伯關於「克理斯瑪」現象的論述，對中國近現代史是一個頗具解釋力的支援意識，但唯有進入到中國具體的思想史過程中去運用它，才能變成源頭活水，獲得屬於中國歷史的結論——「五四」的發生，不僅在於中國知識分子的第一代（甲午）和第二代（五四）對西方文化的誤讀，更在於這種誤讀乃是中國傳統文化自身限制的邏輯後果，這同傳統文化性格對老百姓的影響是不相干的。

狂妄：無歷史限制而「未來」無限

有趣的倒是，人們一直忽略了「五四」所塑造的與傳統不同的一種中國現代文化性格，它是林毓生的分析範式推演出「真空」之後，集中筆墨闡述的中心問題（林文第二部分）：毛澤東的烏托邦主義。

肆無忌憚的自行其是、「永久天國」的嚮往，都是承受了一個「真空」背景而發生的一種狂妄和愚昧：不受歷史限制並覺得「未來是有無限的可能的」，毛澤東詞句「俱往矣，數風流人物，還看今朝」，是這種心態最露骨的自我寫照，然而，這「今朝」的時間定位也誘惑了失去傳統的整個民族。因此，狂妄和愚昧又並非只是毛澤東一人的性格，而是全民族被這種性格奴役的問題，「不受歷史限制並覺得『未來是有無限的可能的』」，是一個全民族的精神意識問題。一九四九年以後中國種種「史無前例」的殘酷、荒誕，是無傳統無文化的殘酷、荒誕。從思想脈絡中可以看出，假如五千年傳統的神聖性不被完全顛覆，中國人是絕不至於把這麼一個睨視千古的「光棍」奉為「紅太陽」的；而現代中國人再也不知道什麼是真正的神聖，正是康有為「托古改制」化約宗教為政治實用工具，取消了宗教的神祕性與超越性的非預期後果。

毛式「上帝」：從「全知全能」到無法無天

這裡，我特別感興趣的是，林毓生對毛澤東及其所代表的意識形態，作了深刻而準確的思想性格刻畫：「毛澤東領導下的中國共產黨具有強悍（自行其是）、千禧年式、『比你較為神聖』的道德優越感而政治性又極強的烏托邦主義性格」，這真是文學都沒有達到的傳神境界。然而，這卻不是什麼中國文人所豔稱的神來之筆，而是讀透史料，殫思極慮的成果。這一思想史的描述，其意義恰好是林毓生將他的分析範式延伸到產生了「真空」的一個文化系統的內部，使「真空」的後果也可能作為思想現象來研究。這是對「五四」研究的一個完成，使他的分析範式獲得了終點。

林毓生所描述的上述「烏托邦性格」，如同他在分析範式中一再詮釋的那些悖論（顛覆傳統與受制於傳統、「真空」與「吞吸整體性填補」等）一樣，是一個「悖論叢聚」（cluster of paradoxes），並錯綜複雜攪合在一起，交互影響：

——毛式烏托邦一反「烏托邦主義」不知如何在當下落實的基本性格，強悍地認定確知如何當下落實其崇高理想；

——它的現世宗教性越強（越想把人間變成天堂），便越無所不用其極地運用政治手段；而越是不擇手段，便越需要從現世宗教性那裡獲得正當性，其結果是，從自認乃是「全知全能」的上帝，變成一個無知、反知、無能、亂管的「上帝」；

——「五四」真空使中國知識分子相信，越是摧毀傳統才越有可能進行徹底的建設，而中共的破壞越徹底，便越摧毀了知識分子不依賴強勢意識形態（全盤化解決的導向及其答案）的能力，即：使得往相反方向多元思考的能力變得越弱；

——最後，以全盤化反傳統而取得極為強大正當性的中式馬列主義，因其自我聲稱的一整套全盤化解決辦法災難性地落空，從而恰好完成了從馬克思到列寧到毛澤東的共產主義邏輯的解體過程。

以這個分析範式，我們才可能對「大躍進」、「文革」、「改革」直到「六四」這一連串的災難，獲得一個邏輯的歷史解釋。「大躍進」與「文革」之間的因果聯繫，現今已被許多歷史材料證明，是毛澤東以一個更大的災難去補救前一個災難的強悍行為，如果我們再延伸一步思路，鄧小平的「改革」，何嘗不是以另一種形式的災難，去補救毛澤東的災難？特別驚人的相似之處，是「改革」與「六四」的因果關係，正好是「大躍進」與「文革」關係的重演，前後兩次以錯糾錯的非常手段，在理直氣壯、封閉和排斥任何不同意見的強悍性上，如出一轍。不同之處只在於，鄧小平的無所不用其極，已經沒有毛澤東那種強烈的現世宗教性可以用來彼此加強，反而更加赤裸裸的殘酷，說明這個封閉系統的解構本身，可能還是會以災難形式發生。

以今日的現實而言，全世界都被中共這個強悍的、由近代以來的民族主義充分餵養的怪獸所折磨；台灣的現代化進程受其威脅更是時時刻刻的。這個怪獸令人無奈之處，在於它是一個失去傳統而不受歷史限制並覺得「未來有無限可能」的、無視任何規則又無安全感的、急功近利又不惜代價的龐大存在——一個沒有底線的對手。這就是林毓生教授從思想史角度為我們揭示的一個恐怖的存在。五千年文明衰敗到「真空」境地，是一個要由所有中國人去吞嚥的苦果。

一九九六年元月春雪中於普林斯頓

通天人的東西異同

——基督教和儒家兩個視角

一九七八年錢穆在香港新亞書院的著名文化講演中，用朱熹「通天人，合內外」六個字，來概括中國人的思想總綱，接著就提到《聖經》裡的一句話「上帝的事歸上帝，凱撒的事歸凱撒」，並說「這就把人與天分別講了」，他說中國人的想法，是「把天能通到人一邊來講」。[1]

錢穆這裡從文化角度所談的，若換成西方神學的角度去看，就是人類信仰上的一系列命題，如：超越人之有限存在的無限存在究竟是什麼（上帝、本體、天、道），人以有限之存在怎樣同無限溝通（走向十字架、聖人見道），無限能否被化約為有限（把天通到人這邊來、人與上帝不可通約），在有限存在之內能否有所作為（良知生天生地、人性冒充神性）等等，並且立即顯示出東西方的巨大差異。錢穆說為什麼中國人的國民性是這樣，西洋人又不是這樣，「這需要拿天時氣候、山川地理、歷史傳習種種，會合起來講。」他只講到此為止。我想，這涉及到文明的原初差別，或者是所謂「神學預設」的不同，把它作為知識或理論問題來討論，都是無能為力的。研究思想史的史華茲（Benjamin Schwartz），曾談到過解釋「思想起因」的困難：「我們所以不敢信賴起因的解釋是因為我們認為人類對於他們所處環境所產生的意識反映，並不僅僅就是整個歷史環境的結果，或是任何起因解釋所能提供的原因的結果。」[2]這當然更不是本文所能析辯一二的，筆者只能就閱讀所及，羅列論者們在「通天人」這個單純的角度上所論述的基督教與儒家的異同，並試試看能否找到一點相通之處，而不是再去尋找更多的差別。

天人之分

在先知型、神祕型和賢者型三類宗教裡，唯有基督教裡上帝成人。[3]但是，在基督教裡這個上帝是「絕對的他者」，而不是人的倒映或人之願望的投射，也不是人本身的祕密或密碼，上帝的意志也絕非人的意志的延伸。這樣的神學預設是不能設想天人關係的傾斜的，然而這正是西方近代以來出現的問題。中國青年神學家劉小楓在他的《走向十字架上的真理——二十世紀神學引論》中為此介紹了瑞士神學家卡

1 錢穆《從中國歷史來看中國民族性及中國文化》。在那次演講中，錢穆所反覆強調的人類文化中的一個問題，是人類的分別性與和合性。他認為，耶穌、穆罕默德乃從天與人的分別觀來講，則西方人把教主與其他人作分別觀來看；孔子從天與人的和合觀來講，則孔子不成為一教主，因而在中國文化裡，宗教不生根。

2 Benjamin Schwartz〈關於中國思想史的若干初步考察〉，見《中國思想與制度論集》。史華茲解釋，「『環境』（situation）這個字可以用來指所有的時間與空間之內的，人類環境中的所有持久的特徵」，「意識反映（conscious responses）」他認為也不止是「思想的運作」，還「包括所謂感情的態度、感動力、感覺的傾向等等」。

3 主張具有同等價值的獨立宗教之間應互相對話和挑戰的瑞士天主教神學家漢斯·昆（Hans Kung），將世界宗教分為三個基本類型：先知型（閃米特：猶太教、基督教和伊斯蘭教），神祕型（印度教和佛教），賢者型（中國儒道兩家），猶太人的上帝、基督徒的上帝、穆斯林的上帝是同一個上帝，印度佛教中的神，中國儒家的「天」和道家的「道」都與上帝有相似性，但是不可見的。劉小楓，《走向十字架上的真理》。

爾．巴特，[4]一九三三年希特勒上台時巴特發表「如今神學尚存」一文，表明絕不允許把世俗形態的東西神聖化，也絕不允許把神聖的東西世俗化。他認為神聖存在與世間根本是兩個形態，神聖絕不依賴非神聖的屬人的存在和屬自然的存在。[5]

儒家視「天命」為一最高真理，只敬而遠之，不去深究。所謂「六合之外，存而不論」，就是保持沉默。錢穆說：「中國人的信仰，根源於其對於宇宙與人生之關係的一番認識，此認識既非純思辨之推理，更非科學，只是一套常識，歷古相傳」，[6]這同基督教的差異是顯而易見的，但天為神聖而人間為世俗的天人位置，在儒家並未被倒置，先秦儒的本色尤其如此，講究「天人感應」還是漢儒董仲舒以後的事，但誠如余英時所說：「孔子以下的思想家並沒有切斷人間價值的超越性的源頭——天」，[7]天是一主宰，一超越存在，一價值來源，同基督教並無本質差別。過去不少論家以孔子「子不語怪、力、亂、神」和「敬鬼神而遠之」幾句話便視儒家為不可知論者，其實儒家的天命觀念「本身便組成一個邏輯系統，這個系統的起點是以『天』為一人格化的統禦宇宙的最高力量」，從孔子開始出現的世俗化是傾向於將「天」視為一個非人格化的自然力量，人間的命運則是被命定的或宿命的，這種自然主義的天命觀「並沒有成為一個實證知識系統的主題，努力目標於『解除世界於神力』，將之轉變成一個因果律的機械系統」。[8]

孔子對天保持沉默的態度，我以為是同海德格有異曲同工之妙的。海德格一直對上帝保持沉默，是認為以存在之思去證明、評價上帝，都是把上帝變成一個最高的存在者，無異於瀆神，「一位必須讓人去證明其自身存在的上帝，最終不過是一個說不上有神性的上帝」。[9]哲學無法推論出一個形而上學的上帝，這確是西方哲學自尼采以後的一大突破，甚為精深；但在被黑格爾認為哲學幼稚的傳統中國，形而上的思辨不發達恰好形成一道上蒼不可僭越的禁忌，神聖與世俗判若兩岸，儒家所做的充其量只是「替」天行道，卻不會發生「上帝死了」的精神危機。

不可否認，儒家偏重世俗一岸的傾向，逐漸演化出人心可以「彌綸宇宙，融通萬物……形成了此宇宙全體之另一面」[10]的一套哲學，也許在孔子還是「天生德於予」，但「以孟子陸王一系的儒家心學而言，『心體』是一切價值和創造的根源，『吾心即宇宙』、『良知生天生地』」，[11]到了梁啟超引《易

4 同上。劉小楓寫道：「十九世紀以來二百年的歷史，正是神聖被化約、被降為人間的歷史，天國成了人間未能實現的幻想，於是便有種種被神聖化了的人，和被神聖化了的社會形態的設計的出現，這種神聖的顛倒，人間偶像的層出不窮，人試圖以自己的方式成為上帝，是這二百年人間罪惡的根源。」

5 卡爾．巴特強調人與上帝的距離，和人與上帝的不可通約，他認為人的本性並不尋找上帝，人尋找上帝的努力都是徒勞的，人的宗教感和宗教形式都不過表明了這種徒勞，上帝不但不是人的造物，也不是人所能把握和理解的，人的有限存在根本無法擁有關於上帝的知識，人沒有能力談論上帝。人尋找上帝的結果總只是找到人的造物——各種各樣的觀念，以至人言冒充神言，人的真理冒充神的真理。有人認為巴特關閉了人通向上帝認識的大門，取消了人認識上帝的自由。見注同上。

6 錢穆，見注同1。

7 余英時，《從價值系統看中國文化的現代意義》。

8 楊慶堃，〈儒家思想與中國宗教之間的功能關係〉，《中國思想與制度論集》。

9 見注同3。

10 錢穆歸納出儒家宇宙人生觀的「五個圈」——天地、萬物、生命、心靈、人心：「宇宙間最高最外一圈是天，天是一主宰，是一個不可知之真理，乃屬形而上。第二圈是天文學上所研究之天，日月星辰，春夏秋冬，此是一個可說之天，已屬形而下。更下一圈是地上萬物，從第二圈起，亦可合說天地萬物，皆屬形而下。萬物之內一小圈是生命，生命之內又一小圈是心。其中有一個直貫諸圈融通一切的則是性。宋儒說性即理，又說理即天。直從最高第一圈之天，降落到物與人之圈內者主要便是此性，此性皆從第一圈之天來，故天即在萬物中，而萬物身上亦皆各有天。但其最後最內一圈之心，其最成熟而最富代表性者是人心。人心卻可彌綸宇宙，融通萬物，以最精微者上通最廣大，以最具體者上通最抽象，以最後最內一圈而上通最先最外一圈。換言之，心之一圈已形成為精神界，而形成了此宇宙全體之另一面。此已是一現實，而同時又是一種理想，要待人心之繼續向此方面而展演。」「中國人之宇宙信仰及其人生修養」，《中國哲學思想論集．現代篇三》。

11 余英時，〈錢穆與新儒家〉，收入《猶記風吹水上鱗》。

經》中「天行健，君子自強不息」，來說明「儒家看得宇宙人生是不可分的，宇宙絕不是另外一件東西……宇宙的進化全基於人類的創造」，[12]已經可以看出受西方近代人本主義影響的痕跡來了。不過值得探討的是，東西方雖然都出現天人之隔的趨勢，似乎也是以人為本位的傳統儒家，卻絕對發展不出西方那種「以人類自然欲求的世俗倫理，顛覆了人與上帝相聯繫而獲得的精神位格」[13]的人本主義，相反，它倒是在宋明理學那裡產生了「存天理，滅人欲」的另一種極端。

精神位格

當然，天人之間最核心的問題是如何「通」。錢穆用《四書．中庸》的第一句話「天命之謂性」來講中國人的通天人，說「人生之內就見有天命」。[14]這當然是基督教不能同意的，卡爾．巴特認為，上帝與人在十字架上的基督身上合為一個位格，只有在基督身上，上帝和人才活在一種關聯之中，才能找到上帝與人的連接點。[15]由此可見，天人相通的連接點在基督教和儒家是完全不同的，余英時歸結為「人格化的上帝」和「聖人見道」這兩類。[16]

如果用巴特所說的「位格」概念來看，我以為還是異中有同。位格（Person）一詞的希臘文原意是「面具」，宗教上用它來界定人的本質乃是上帝—基督—人的三位一體，這不是一個孤立的存在（如個體和自我），也不是一個自然界的統一體，而是超越性精神性的存在，人唯有獲得這種精神位格才擺脫自然人成為有靈魂的人，當然在基督教裡這個超越的意向是指向上帝的。

其實儒家也有它的「位格主義」，如有的論家所理解的那樣，好像是一種天—聖賢—百姓的三位一體，其實不然。錢穆曾以中國儒者信天，信人，信後人，也極自信，講道德重在盡一己之心，完成一己之德，外面的功效如何亦可置之不問的特點，來說明儒家是一種「人文教」；[17]又引司馬遷的「究天人之際，通古今之變，成一家之言」一語，說明儒者的另一特點：深信自己的人文生命的綿延不絕。儒家重後天人文的文化性格使它對此在的超越，不是指向天這個絕對的超越存在（外在超越），而是指向後天人文這個相對的超越存在（內在超越），個體的有限可以化為人文精神的無限。林毓生認為，儒者「這種對生命能夠把持得住的境界，是建立在他覺得生命本身是無限的意義之源的信念之上。而這種信念之肯定是源

---

12 梁啟超，〈梁任公治國學的兩條大路〉，《國學必讀》下冊。

13 劉小楓：「自宗教改革、啟蒙運動、工業技術革命以來，一種近代的人本主義，對西方人傳統的精神支柱——與希臘理性主義結合的基督教價值觀念構成挑戰，這是所謂歐洲精神的危機。這種挑戰主要是人本主義以人類自然欲求的世俗倫理，顛覆了人與上帝相聯繫而獲得的精神位格，這種精神位格的本質是擺脫自然獸性成為有靈魂的人。」見注同3。

14 有人問錢穆，天與人是有一邊際的，這一邊是天，那一邊是人，這兩邊的交際在哪裡？錢穆只簡略地用《四書．中庸》的第一句話「天命之謂性」來講中國人的通天人，說「天所命於你的，就是人之秉賦，這就叫著性。人受了此性，這就在人之內有了一份天，即是說人生之內就見有天命」。見注同1。

15 卡爾．巴特說，神聖進入人性完全是神聖從上下降、上帝屈尊為人、以基督的犧牲和復活顯示出來的，上帝與人在十字架上的基督身上合為一個位格，只有在基督身上，上帝和人才活在一種關聯之中，才能找到上帝與人的連接點，人與上帝的相遇永遠地只是走在朝聖的路上。見注同3。

16 余英時：「儒家認為：有一道體流行於整個宇宙之間，可以有不同的名稱，如天道，天命、本體、上帝等，這是宇宙的最後真實。古希臘人看到這個道體，把它當做形而上的實體；近東的先知看到這個道體，把它作為人格化的上帝；而儒家則認為只有聖人所說的才是對於道體的正見。」見注同10。

17 錢穆：「孔子說：『天生德於予』，『知我者其天乎』，『人不知而不慍』，『焉知來者之不如今也』，是信天，信人，信後人，也是極高的自信。講道德重在盡一己之心，完成一己之德，外面的功效如何亦可置之不問，這種置之不問或許也同中國人深信道德精神貫於宇宙之間，人皆可為堯舜有關。人類之所以與天地常在，則惟道德之是賴。」見注同1。

自『人』與『宇宙』並未疏離，『人』與『宇宙的實在』有機地融和為一之故」。[18]

宗教與道德的分離，也許是中國儒家成為一種「人文教」的原因。楊慶堃曾指出：「在許多文化中，宗教的支配影響力起於宗教之支配道德價值。中國文化的一個顯著不同之點在於儒家思想之支配倫理價值，而宗教則在對儒家道德給予超自然的支持。」他認為中國的主要宗教如道教和佛教並未形成對世俗社會的道德制約，而儒家則擁有一個完備的現世道德系統，從政治權力的「承天之命」到人間倫理，都是儒家在上面寫下道德內容。[19] 儒家的精神位格也許可以描述為人文—道德—人的三位一體，這樣的精神位格應當說是入世的而又是神聖的。

天道人心

還有一個明顯的差異，是在天人溝通上哪一方是主導者。儒家偏重於人心一方，錢穆引韓愈的話「足乎已無待於外之謂德」，來說明儒家認為人都是心中具備了道德的，如孟子所說：「是不為也，非不能也。」[20] 對基督教而言，雖然巴特因人對上帝的僭越而關閉了人通向上帝認識的大門，取消了人認識上帝的自由，但另一位德國神學家卡爾·拉納卻認為，人的理智本性擁有趨向普遍存在的超越性可能，人之本質存在是一個先驗的敞開結構，發問就是自我敞開、自我超越的體現，而且，人以有限的存在去追問無限存在，就引申出一個超越時空、趨向絕對存在的目標，這是基督教信仰的前提。[21]

不否認人的自我超越能力，大概是任何宗教的前提，但「賢者型」的儒家尤其是宋明理學以後，「聖人見道」是唯一的正統「通天」管道，只有特具精神修練功夫的人需運用「體證」、「證會」的修養才能「見本心」、「覓本體」，一般都認為，孟子以後道統中斷，至宋明理學始重拾墜緒，明末以來道統又中斷了三百年。因此正如同余英時分析當代新儒家的困境時所說的：「現代一般的人並沒有作過這種精神修練的功夫，更不曾證會過心體和道體，因此無從在這一層次上分辨儒學史上誰已見道、誰未見道、或誰見道不明等等」。[22] 劉小楓也提出這樣的質問：人們如何能無條件地信賴人體到的真是「天道」？從古到今的每一位大儒體到的是真道？如何追問「天」、「道」？[23] 林毓生更進一步指出：「超越的實體，既然是超越的，人們如欲與之接觸的話，就只能依靠與超越實體有特殊關係的媒介（agent）——如先知，或先知傳統及啟示傳統下建立的教會，提供的橋梁進行之。這種與超越實體所產生的特殊關係，被認為是超

---

18 錢穆：「學問是集團性的，一人不成家。一門講學如一家庭過生活，學問傳世也是一線相承，傳之百年千年，這不僅是學問與人生合而為一，也是對此生此在的超越。『述而不作，信而好古』，只用注疏前人的方式，一脈相傳，變成一種人文生命，『究天人之際，通古今之變，成一家之言』，深信自己的人文生命的綿延不絕。」他還舉了兩個事例：西漢揚子雲在王莽朝杜門不出，學易經作《太玄》一書，無人能懂，人稱只能「覆醬瓿耳」，揚說後世復有揚子雲，必好之矣，不到一千年宋代出了個司馬光對太玄一書極佩服。北宋歐陽修在孔子死後一千五百年說《十翼》非孔子作，無人能信，歐陽修說，過一千五百年可能出第二個歐陽修，我就不孤了，再過一千五百年又出第三個歐陽修，這就三人成眾了，還怕沒人信嗎？見注同1。

19 楊慶堃，〈儒家思想與中國宗教之間的功能關係〉，《中國思想與制度論集》。

20 錢穆說：「如孝，要由你一個人自己負責的，若要等外邊條件，那你自己就可不負責，別人怎麼又能來責備你呢？孟子說：『是不為也，非不能也。』人是心中已具備了孝之德的，依之行去便是，行不行全在自己，這就是一種信仰，而不只是哲學倫理。」見注同1。

21 卡爾・拉納認為：人作為有限存在的此在的追問，把人的存在論引到盡頭。人是一有限的奧祕——終有一死的奧祕，每個人都要面對自己生命終極問題而詢問這一奧祕，人之發問，便使有限的奧祕與無限的奧祕發生聯繫，疊合為一個奧祕。這一追問使人成為一個精神存在、超越性存在而活在世上，是人之為人的前提。產生終極體驗的前提，是只有人發現自己的有限存在是一虛空，這也是基督教信仰的前提。人對自我的認識只有通過對神聖奧祕的認識才能達到其最深的程度，人進入無限的神聖和奧祕也就進入了人的無限之境。見注同3。

22 余英時，見注同10。

23 見注同3。

越實體所賦予的，不是在時空中有限的人的自身力量或由人為的努力可得者。由於人的有限性，不假外求是無法與超越的實體接觸的。」但在西方社會多元化的今天，基督教的「道統」地位也受到挑戰，傳統的禮拜方式已無法滿足「人們祈望感受的真實心靈經歷和精神體驗」，歐美出現要求人與靈界直接溝通的所謂「新紀元運動」，自稱可以傳達天機、神喻的「靈媒」滿天飛。[24]傳統通天方式好像都有一個適應現代社會的問題。如再深說一步的話，在近代西方人本主義阻隔了天人相通的情勢之下，人之道德失卻「末日審判」的終極遏制，則儒家「足乎已無待於外之謂德」的個體道德之說又並非毫無意義。

至於在信奉「人皆堯舜」的儒家文化中傳播「先知型」的基督福音將會如何，我覺得可以拿佛教傳入中國的歷史來作一點借鑑比較。錢穆在研究禪宗與理學的關係時指出：「唐代禪宗實佛教出世思想之反動，乃東土之宗教革命」，「六百年禪學在佛門裡繞了一個大圈子，還是回到中國人的世俗境界」[25]。宋明兩朝，禪宗將衰，理學將盛，此時禪師已嚴然一理學先生，禪門正統血脈流傳到士大夫身上。史家陳寅恪也以「二千年吾民族與他民族思想接觸史之所昭示者」談佛教輸入：「釋迦之教義，無父無君，與吾國傳統之學說、存在之制度，無一不相衝突。輸入之後，則決難保持。是以佛教學說，能於吾國思想史上，發生重大久遠之影響者，皆經國人吸收改易之過程。其忠實輸入不改本來面目者，若玄奘唯識之學，雖震動一時之人心，而卒歸於消沉歇絕。……其真能於思想上自成系統，有所創獲者，必須一方面吸收輸入外來之學說，一方面不忘本來民族之地位。」[26]

本文只想羅列有關看法，無力分析，同時也深信海德格所說的：「一切評價，哪怕是積極的評價，也是一種主觀化，一切評價都不讓存在者在。」但筆者自知做不到這一步。

二〇一一年夏

24 Naisbitt and Aburdene, *Magatrends 2000*。

25 錢穆的大意是：佛法深微，其來東土，纏縛已久，魏晉以下，積數百年，當時社會善男信女，成千成萬，人人出家求佛，或不辭千辛萬苦，遍遊名山，到處參謁，以為必有佛可成、有法可得、有勝果可結正覺可證，但只說三藏經律論五千四百十八卷，當從何說起？自禪宗出現，以機鋒接對、大聲棒喝之法，直刺人心，摧毀對方外在的宗教信仰，解脫其內心纏縛，使之廢然知返，自心發露，大澈大悟，知道只守本分，做一尋常無事人。到宋代禪門功成身退，民間已盛行口唸南無阿彌陀佛。錢穆，〈再論禪宗與理學〉，《中國學術思想史論叢四》。

26 陳寅恪，〈馮友蘭中國哲學史下冊審查報告〉，載《金明館叢稿二編》。

見證人

——序王友琴《文革受難者》

六年前我撰文提到王友琴，說她一個人每年假期自費回北京去，一家一戶的調查一九六六年學生打老師（紅八月）事件，用微弱的聲音揪住整個民族，「很多人大概心裡很恨她」，王友琴的一個朋友偶然讀到我寫的這句話，就去對王友琴說：「他幹嘛要這麼寫？不寫還好，這麼一寫反倒提醒人家了……」。後來聽了王友琴的轉述，我暗暗一驚，彷彿感覺到那陰影的更深一層。

八十年代末，我在北京製作一部關於文革的紀錄片時，就有一位大學教授當面拒絕我採訪他的受難者妻子，和盤托出他的恐懼：「當年打她的學生裡頭，有人今天已經坐在很高的位子上，我們怎麼還敢說話？請你不要再給我們找麻煩，讓我們安度餘年好不好？」當時，我只看他妻子的一個背影，是坐在輪椅上。

這個受難者的線索，是我在王友琴的母校師大女附中採訪卞仲耘慘案，追尋到對面的郵電醫院時偶然發現的——文革初期附近中學的紅衛兵打死打昏了老師都送到這家醫院，那裡的醫生護士對我順便提起，說有一次紅衛兵用三輪車推來一個女教師，竟然問：「是不是每一具屍體賣八百塊錢？」醫生發現那老師還沒斷氣，才救了下來。那次追蹤採訪未得，但這個「賣屍體」的細節卻一直深嵌在我記憶裡，來到海外，見王友琴正在遍尋中學受難教師，便對她說「你們女附中有個女老師還被當作屍體去賣呢」，未料她卻糾正於我：這位女老師叫韓九芳，不是她們師大女附中的，而是附近男八中的副校長和化學老師，她活是活了下來，脊背上被紅衛兵軍用皮帶的銅頭戳了兩個大洞，終身再也站不起來。

與記憶相關的一切文革細節大量流失著。王友琴不顧一切地尋訪、保存它們。她是受難者的一個活資料庫。她一個人抗拒著數億人的遺忘。記得我採訪時讓女附中的人指認卞仲耘被毒打致死的地方，站在那裡想像曾發生過的舉世罕見的「少女希特勒現場」（因為最接近的一個類比是納粹組織「少年希特勒（台譯：希特勒青年團）」，Hitler Youth，最初女孩子是分開的，叫「德國女青年團」，後合併），而我卻缺乏另一種想像力即：卞仲耘校長身後，將有一個女學生要站出來為她討公道。

高一（三）班的王友琴，就是在那個血腥現場，先成為一個目擊者，以後再變成一個見證者，多少年後，她在芝加哥大學對前來採訪她的記者談到她「心底的召喚」。《國家評論》雜誌（*National Review*）的傑伊・諾德林格（Jay Nordlinger）如此描寫王友琴：「文革中她讀到《安娜・弗蘭克的日記》（台譯：《安妮日記》）（*The Diary of Anne Frank*），這本書啟示她去記錄那嚴禁披露卻日復一日發生著的暴行，她像安娜一樣跟一本日記祕密交流心跡，也把那本日記叫『Kitty』，跟安娜不同的是，她剛剛寫下不久就必須銷毀，那時候有人僅僅因為日記就被打死。」

無疑，諾德林格是在一種西方的歷史和經驗範圍之內解讀王友琴，雖然，對暴行的見證應是普世性的，但他在中國與中文範圍內還只能看到一個王友琴，因此他在另一篇關於索爾仁尼琴的報導中再次提到她：「……索爾仁尼琴既是奇人也是凡人，但我想告訴你們另一個奇人，而且是一個女人，王友琴，芝加哥大學的中文講師，但那只是她白天的工作。她獻身於見證文革受難者……她上北大時讀到索爾仁尼琴，那時全中國只有幾本《古拉格群島》，她讀得徹夜難眠，由此找到了此生的志業：她向受難者承諾，一定要讓歷史記住他們。我彷彿看到，她身後站著二十世紀最偉大的兩位見證人：安娜．弗蘭克和索爾仁尼琴。」

然而，在中國的歷史和經驗範圍內，王友琴的出現難道不是更符合常情嗎？她的內驅力可以簡單地歸為一個學生在為她的老師討還公道。王友琴首先是一個優秀的學生，一九七九年全中國的高考狀元，但她的優秀不止於此，她把所有死難於文革的教師視為同類，可以聽到他們的哀鳴而無法平靜地生活，她自己就是一對教師夫婦的長女，也許因此而使得她賦有另一種「心底的召喚」，即她自己曾描述的「牛雞之間」的那種強烈感受：牛會哀傷同類而雞卻不會。在這個意義上，王友琴不僅是毛澤東「文化大革命」的第一顛覆者，也是從最傳統、古典的中國立場來否定那個革命，討回師道尊嚴，而這幾乎就是中國文明的一個根基。

王友琴與沉默大眾的對話，是她作為一個見證人在當下中國人文環境中的特殊遭遇，是一個應由旁人來見證的課題。我們的尷尬，不僅是見證人極罕見，而且也不能見證見證人。王友琴所面對的沉默是恐怖的，而她的杯水車薪的努力則是精衛填海式的。文革禁忌，由於體制性封塵遺忘，而年深日久地成了人們心底不自覺的趨避、棄絕，加上「偉大領袖」曾挾持整個人民成了「同謀」，因此這場浩劫從未停止過，它只是暫停在一種集體性遺忘上：拋棄受難者。王友琴經年累月置身於壓抑下的傾訴、風乾了的血淚、恐懼中的拒絕、無助裡的無助……她的見證，與其說需要的是勇氣，毋寧說是堅韌。自不必說，她尋訪出來的七百個受難者，從線索、姓名、時間地點直達情節主體，皆引領她反覆經歷心靈的煉獄；她與受難者親屬以及知情人之間勸導、寬慰乃至逼迫、拒絕而使雙方付出的心理代價，在在珍貴無比，將是中國個人精神文化史的重要一頁；即使在社會學意義上，個體與龐大體制性謊言的對峙，受難者被主流話語封殺而借由見證人發出聲音以抗拒淹沒，勢單力薄的見證人身陷周遭冷遇卻又吸引同樣稀缺的「歷史義工」等等，王友琴都是開先河的一例。她最具原創性的《學生打老師：一九六六年的革命》，如何在中國開啟了受難者見證歷史，又如何被流傳、被抄襲、被曲解，這個過程至今也未被梳理。甚至王友琴的見證，在成書之前只能放上電腦網路，其實只反映了受難者仍被歧視，而這座「網上文革博物館」依舊被中國當局封鎖。

第一個倡言「文革博物館」的人是巴金，老人已行將就木。巴金的這個夙願，幾乎就是八十年代的一個象徵，是無數人對政治清明的一種憧憬，並無幾人懷疑它的可行性。經過「六四」大開殺戒，人們回頭去看，覺得整個八十年代未免天真。但巴金的倡議，已然有了見證的含義，老人並不天真，他領教過「孩子們一夜之間都變成了狼」，他呼籲見證。我們幸虧有巴金，也幸虧在他之後來了一個王友琴。

二〇〇四年春作序

豈容青史盡成灰

——五十年抗拒遺忘

照相機，鏡頭，快門；一隻食指按下快門，「啰嚓」一聲……一組電影語言：「攝下罕見瞬間」，或稱「鏡頭裡的歷史瞬間」，其背後支撐的一個驚人細節是，王晶垚得知妻子卞仲耘被學生群毆致死的噩耗後，產生的第一個念頭，是立刻去買了一部照相機。他要搶在妻子遺體被火化（成為灰燼）之前留下歷史證據。這個念頭，也使得胡傑在三十年後拍攝這部《我雖死去》成為可能。

胡傑的手法，是刻意「紀實性」，甚至不留任何干擾「紀實思維」的多餘鏡頭，在一個大規模銷毀歷史的時代，這無疑一種聰明的抗爭策略；在針對記憶進行洗腦的一個制度下，它也是很珍貴的電影製作。這部紀錄片，有許多將來一定會屬於「搶救和解剖文革」的經典話語。一個更加攝人心魄的特寫，是王晶垚從一隻舊皮箱裡翻出受害者遺物，而且是三十九年來的第一次，於是胡傑的鏡頭，又凝固了一種歷史瞬間：校牌、懷錶、手錶，指針停止在三點四十分，凝固了一九六六年八月五日那天那一刻，彷彿再詮釋了蘇珊桑塔格的那句話：「拍照是凝固現實的一種方式。你不能擁有現實，但你可以擁有影像——就像你不能擁有現在，但可以擁有過去。」王晶垚永遠占有了師大女附中的文革暴行紀錄，暴政可以殺死卞仲耘，但它再也不可能剝奪和銷毀這個歷史。

鏡頭裡，他也拿出一包血衣，裡面有帶糞便的褲子；帶血的藥棉，都是從卞仲耘身上的窟窿裡和嘴裡掏出來的；一件柞蠶絲襯衣，後背上還有一個墨寫的「倒」字；王晶垚邊揀翻邊解說，又從那襯衣口袋裡翻出手絹，嘴裡說著：「你看，還有土……」，那竟然就是師大女附中那個廣場上三十九年前曾蕩起的塵埃，如今成了貨真價實的歷史灰燼，又不期然勾出那句「豈容青史盡成灰」的老話。這一切，也把觀眾全部帶回到卞仲耘被毆打的現場，重構了今日中國的受難者言說。

放映胡傑這部《我雖死去》紀錄片的現場，是二〇一七年三月二十五日波托馬克文化沙龍舉辦的活動，題為「遇羅克、紅八月、血統論，離我們有多遠」。影片七十分鐘，片尾是長達五分鐘的「北京市教育系統部分文革受難者名單」，背景聲音是宣讀《中共中央關於文化大革命的通知》，這個男聲在一九六六年春天曾響徹中國每一個角落；即使今天，它也會喚醒中國一個世代的記憶，這個世代大約是現齡五十歲以上的中國人，他們的記憶裡都鑲進了一段歲月，沒有人能夠拒絕它，區別只在於選擇喚醒還是遺忘。

這份名單的提供者是王友琴。她的著作《文革受難者》新近出了日文版，她在《致日文讀者》中寫道：「在我的調查所及的北京的十所女子中學裡，在一九六六年八月，有三名校長和三名教員被紅衛兵學生活活打死。又如，北京師範大學中文系一九六〇年畢業的一個三十多人的小班，大多數人當了中學教員，其中有三人在一九六六年八月被紅衛兵打死，《文革受難者》中寫入了三人中的二人。在一九六六年八月，『紅衛兵』組織在毛澤東的指引下興起。據當時的『內部』統計，紅衛兵在北京打死了一千七百七十二人，最多的一天打死二百八十二人（九月一日）。」

王友琴是最早試圖描述、定性「紅八月」暴行的中國人。她寫道：「在《文革受難者》書的獻詞裡，我用了『群體性迫害』的說法。那本書裡有六百五十九名受難者詞條，我也還收集了更多的資料可以寫《文革受難者Ⅱ》。文革受難者的死亡都是非常悲慘的。他們不但不是在家中或者醫院的病床上去世，甚至也不是由劊子手的子彈或者大刀一下子殺死。他們被用拳頭棍棒在長達幾小時甚至幾天的折磨中死亡，或者，在遭到酷刑和監禁後『自殺』。……在歷時三十年的廣泛的調查中，我還沒有發現一座學校，那裡沒有發生過暴力攻擊教員。我也沒有找到過沒有被學生打過的校長（包括大學，中學和小學）。而在歷史上，『校長』從來沒有像『盜賊』、『殺人犯』那樣成為一種受到嚴重懲罰的罪犯。」

對教師的虐待和殺戮，強烈反襯了一個儒家治國千年的華夏民族。然而，共產黨這個基本由農民組成、卻靠歐洲來的一種理論所武裝的集團，它的敵人其實是所有人，尤其是有知識的人。一九六六年的「紅八月」，早就由前面的鎮反、三反五反、反右、四清等等「血紅」所鋪墊。毛澤東用一個外來語「階級鬥爭」掩蓋了壓迫的實質，一直到中國出現了一位具有前衛批判性的青年，一針見血地揭示「紅八月」的性質，是出身、社會身分和地位的壓迫、歧視，是一種前現代的野蠻「血統論」。遇羅克在現代中國的意義，就是馬丁・路德・金六十年代在美國和西方的意義；他在中國的黑暗時代，先知式的窺破毛氏宗教、大眾迷狂和權力奧祕，他為此付出了二十七歲的生命。反對和禁止各種形式的歧視，今天成為普世價值。

此刻，沙龍現場的螢幕上，投放了遇羅克版畫頭像和卞仲耘遺像，兩位受難者交替凝視會場。主持人谷安民介紹了這次請來的兩位講員：遇羅克的弟弟遇羅文、卞仲耘的學生張敏，兩位「紅八月」的見證人。

五十年前的八月四日，張敏所在班級裡，開了一場「女學生批鬥會」——她此刻演講，第一次披露了這種「文革奇觀」：教室裡課桌統統靠牆擺放，留出當中空間，「紅五類」一律坐在椅子上，約二十人

（這是一所黨中央常委的女兒們必讀中學），「非紅非黑」（教師、醫生、職員出身）的學生們只准坐在地下。這裡的一個「潛規則」是：坐椅子的可以打人，坐地下的只允許批判。

「黑五類」一字排開低頭站在黑板前，一共十名，至少四人的父親是國民黨軍人，還有美國歸來的石油專家、小業主等。他們被勒令逐一大聲報出自己的出身、揭發父母的「反動言行」；同時還要唱歌和念白，歌詞是：

老子英雄兒好漢，
老子反動兒混蛋；
要是革命就站出來，
要是不革命就滾他媽的蛋！

張敏記得，當時的女孩子們還不習慣罵髒話，「他媽的」說得都不流利。期間還伴以毆打，漿糊、墨汁澆頭。如此折騰了兩個多小時，忽然教室門開了，來了一個高年級女生說「可以了」。一切似乎都是事先安排好的。張敏不懂的是，「紅衛兵」為什麼知道每個學生的檔案資料？

「大操場上煙塵滾滾，所以王晶垚說那襯衣口袋裡還有塵土，人又多，又都在活動，又推又搡，又打又鬧……卞校長他們後來又被帶到小操場挖土……。」張敏接下來敘述第二天她所目擊的現場，她被同班的女紅衛兵押解到廣場上來「觀看」批鬥黑幫。「我離卞校長最近時大概兩米遠，看到這麼多同學，有人手裡拿著桌椅腿兒，上面是帶釘子的，眼看著釘子刮破卞校長的襯衣，打進皮肉，就是一個紫點……我永遠都不會忘記，卞校長的乳白色襯衣，是柞蠶絲的……」她質疑，八月五日卞仲耘被打死，是眾人失手，還是有指令讓她們可以打死，至今是一個謎。

遇羅文其實是在張敏前面演講，他提出一個極富深意的命題：群眾騷動與權力的關係。他先簡略介紹了「紅八月」中的兩個事件。一個是北京「欖杆市事件」，原在張學良軍隊做軍需的李文波和妻子被紅衛兵批鬥，李急切中曾抄起菜刀，當場被打死，但這個事件卻被宣布為「階級敵人的反革命報復」，不久國家總理周恩來，又在公開集會上宣布判處李文波夫婦死刑，李的妻子劉文秀後來也被政府處死。王友琴在研究中也指出，「李文波事件立刻在全市範圍內成為紅衛兵掀起更殘酷暴力高潮的藉口」。另一個是「大興屠殺事件」，遇羅文寫過一本《大興屠殺調查》的書，他介紹當時大興縣一個公社就殺死了三百二十五人，二十二戶絕戶，年齡最大八十歲、最小才出生八十三天。

他說，剛才我們看片子裡「紅八月」打老師的場面，好像是學生自發的，好像是政府失控了，其實不是，相反是政府在背後控制的，凡是這一類不可思議的壞事，政府不允許就絕對不會發生。

從五十年前大興縣屠殺，直到近年來的抵制日貨、韓貨，背後都有一根看不見的權力教唆和操控的草蛇灰線。遇羅文說：「在中國這樣一個嚴密控制的社會中，任何民間發生的大規模事件，不可能自發產生，不是當局背後操控，就是默許的，是政府行為；這個當局，也必定是最高層。」

二〇一七年三月二十五日

一件當代史文物

一、邵燕祥與「非毛化」

二〇二〇年夏日某清晨，友人從微信傳我：「驚聞邵燕祥於昨日（八月一日）在睡夢中安然離世。之前讀書，寫作，散步如常。清清白白，一切圓滿。好人好報。」

但是我一天黯然。邵公是中國新聞界的驕子，與劉賓雁比肩，兩個國家級的大右派。又者，他也是我在中央電台的前輩，我文革後進入那裡當記者，邵公早已被趕走，我們卻在民間成為心心相印的知己，他的學識、膽魄，也成為我搏擊「問題報告文學」的雄厚後盾。

邵公的夫人謝文秀，中央電台王牌節目「午間半小時」的主持人，全國頂尖的廣播節目專家，我讀廣播學院時，她是我們的專題節目授課老師。「六四」屠殺後我流亡他鄉，他們夫婦心疼我，總是打電話囑咐叮嚀。我最後一次見他們，是二〇〇三年回國奔父喪，在首都機場被國安部的人明令不准隨便見人，但是邵公和謝老師，硬是約我們在廣電大樓附近的一家「基輔餐廳」裡，喝酒聽俄羅斯民歌。

晚飯後上網尋覓邵公蹤跡，一上來就搜得他的力作《走出毛澤東「不把人當人」的陰影》，心情煥然冰釋。不錯，邵公是詩人，然而這才是他留下的最佳「詩篇」。

文革以後中國有過一次「非毛化」，卻因鄧小平忌憚「砍旗」半途而廢，此即中華民族經歷了大躍進餓死四千萬人、文革一億人挨整的一場「毛禍」之後，仍然沒有渡卻劫波，還要吃「二茬罪」的根本原因，也是出現習近平暴政、終於禍害全人類的前轍，時至今日，這個民族前景黯淡，看不見出頭之日，毋寧是凶多吉少。

我們在瘟疫和洪水的大災之際，才得以更清晰地窺見，未完成「非毛化」，而導致社會、思想和政治上，都需要付出沉痛的代價。

值此之時，我們更是難忘那些「非毛化」的英雄們！

讓我借劉曉波名著《混世魔王毛澤東》中批毛的「六點」來告慰於邵公：

一、毛澤東令歷代帝王黯然失色；

二、毛澤東並未影響世界歷史進程；

三、毛澤東把中國人降格為奴隸；

四、不能只反昏君不反專制；

五、中國人要敢於自我否定；

六、否定毛是全民族的一次脫胎換骨。

二、「簽名」運動

邵燕祥仙逝，友人傳我一件「簽名信」照片，因為邵公乃是當年第一簽名者。這次簽名事件，據說誘發了震驚世界的八九學潮，學潮又「誘發」了鄧小平的大屠殺，屠殺又「誘發」了大開國門並「起飛」，繼而造就了中共前所未有的富裕和強大，也鑄成一個超強集權，並使西方第一次覺醒「落後」，於是奮起「討共」。

此間意義極豐富，但是脈絡和演變，眼花撩亂，頗顯示中國當代史的破碎和偶然性，參與者雖不乏大名鼎鼎者，卻都是偶然跨進一扇門，有的終身改變，有的回到原位，當中自有說不盡的好故事。我引入一篇舊文，說說花絮。

三、社會名流發聲

安徽、上海、溫州、紹興、杭州、湖南，整整四十天奔波下來，攝製組人人精疲力竭，加上年關迫近，導演夏駿決定「班師回朝」。

春節後，五集腳本的草稿已齊，我的任務是修改潤色。夏駿忙著趕拍北京的資料——沙灘紅樓、天安門、菜市口、松筠庵、湖南會館、魯迅故居……劉東已經鑽回他的宋朝。錢鋼忙著同戴晴等十二名記者和一群專家學者，為拯救將會被腰斬的長江而奔走呼號。

一日下午，大名鼎鼎的詩人北島光臨寒舍，極鄭重地遞給我一封聯名信，文字極短，大意是今年為建國四十周年和五四運動七十周年，為創造一個和諧的改革環境，建議全國人大對政治犯實行大赦。文後已有十幾個簽名，全是首都文化界的名流，真可謂群星薈萃。這些如雷貫耳的名字當下讓我只覺得北島能來找我，乃是看得起我。於是不假思索地簽了字。

上面幾個段落，文字來自我的一篇報告文學〈世紀末回眸——關於一部電視片的流產記錄〉，敘述我們拍攝《河殤》續集《五四》的過程，刊於一九八九年五月號上海《文匯》月刊，我的照片還上了封面，可是下個月北京就發生「六四」大屠殺，這本全國著名的第一流文學期刊，被時任上海市委書記的江澤民封掉，再也沒有復活。

這裡可議的是：

——三十年前，一個詩人可以連袂名流，施壓共產黨大赦政治犯；

——全國政協委員、人大代表簽名敏感呼籲，非但無恐懼，且是一樁時髦；

——當年作家詩人們，對於政治參與，年輕者有錦上添花心態，老輩者則無此需求，反而是一種社會責任；

——每一個人，無關社會地位，仍然需要勇氣，且都是「孤膽」，因為要承擔後果。

四、知識分子最怕「海外反動勢力」

未料此事惹出軒然大波，讓我感到大惑不解，就跑到馬路對面社科院宿舍李澤厚先生家（他也是簽名者）向他請教，他也正在納悶，說公民向全國人大提出某項建議是憲法允許的，與司法程序風馬牛不相及嘛。況且，簽名者當中還確有幾位全國政協委員、人大代表。建議是否採納悉聽尊便，但提建議本身何罪之有？

那幾日空氣頗為緊張，謠傳也多了起來，說某某後悔啦，某某檢討啦，某某失去自由啦，令人有「下雪別忘穿棉襖」之感。我卻不去理會，只關在家裡改稿，反正也沒有「鬼敲門」。

後來聽一些來訪者說又出了第二封四十二人簽名信，接著又出了第三封四十三人的信，海外也鬧得沸沸揚揚。我既沒出去走動，也沒報紙可看（報上似乎對此緘默不語，作「無聞」處理），寫稿寫累了想起此事，只覺得幾個知識分子提了點意見或建議，又沒有觸犯黨規國法，何故如此敏感？

中國政治舞台歷來是爭鬥得極為殘酷，政治上的失敗者總要落到囚徒的境地，遠的不說，劉少奇、彭德懷、張聞天、陶鑄等等，哪一個不是死於非命？政見不同，黨內有之，黨外也有，倘不是人人覺得如鬥不過對方就會遭難，便不會那樣「烏眼雞」似的你不饒我我不饒你。所以取消對政治問題定罪，對任何一個在中國政治舞台上大顯身手的人來說都大有好處，政治鬥爭也會變得溫和、文明、規矩起來。這有什麼不好呢？

還有人記得「下雪別忘穿棉襖」這個句子嗎？

八十年代，當局應對的方式，或上門打招呼，或找人談話，但是殺手鐧，是說這個簽名信有「海外反動勢力在背後操縱」，並通過宣傳工具大造輿論，這一手非常奏效，一棒就打趴了大多數年長者的精神，他們多為「民族主義者」，留過洋，文革中吃足了「裡通外國」的苦，簽名者中有些老知識分子表示悔意，冰心說自己是不了解情況才簽了名。

時至今日，那個殺手鐧還很管用嗎？我已去國三十年，不得而知，但是我知道，中共在六四屠殺失去「執政合法性」之後，撿起「民族主義」這個破爛貨，乃是極高明的一招，因為中國知識分子，無論老少，都不好過「愛國主義」這一關，而知識分子是中國的「四民之首」，統治了他們就能統治中國，種地做工的老百姓，是不知道「愛國主義」幾錢一斤的。

五、中國急不得？

我正這裡瞎琢磨呢，夏駿忽然神色惶惶帶來一個消息一下子把我打懵了：

「剛剛接到電話，部裡指示這部片子立即停下來。財務科也停止撥款了！」

「為什麼？部裡怎麼指示的？」

「不清楚。都怪你們去簽那個名？」

你們？——我恍然想起，參與這片子的顧問李澤厚、龐朴、金觀濤、劉青峰夫婦都簽了名，撰搞人中劉東、王焱和我也簽了名。噫唏！大夥兒簽名時大概都沒想到還有這部片子牽掛著呢。

是不是這個緣故，我還不敢斷定。《河殤》之後想再搞一部類似的片子，我總懷疑我們有些異想天開，得隴望蜀了，但也是「知其不可為而為之」。半載心血、滿紙宏論、無數畫面連同那上萬里路的風塵，眼見要付之東流。我這才覺得很對不住夏駿和他的攝影師們。這些小夥子春節後抬著機器滿北京跑，直到兜裡只剩下一塊七角錢才停機，連晚飯都不知到哪裡去混一頓……

不幾日見劉東，我對他說：「夥計，你不總說中國急不得，需要一劑治本的緩藥嗎？現在可好，咱這緩藥還沒熬成，一著急全砸鍋了！」

胖子漲紅了臉，憨笑不語。

這封簽名信，我到三十年後，才因為邵燕祥的逝去，而得以重見。北島也多年未聞音訊，聽說他只能住在香港，可以進大陸去開會，但不准居留下來。共產黨很記仇，他們大概至今不原諒北島那次領銜、徵集簽名。

到此我才想起，當年北島光臨寒舍，身後還跟了一人，小個子，也是詩人，不久又跟我在巴黎邂逅，還一起在索邦大學學法語，誰知他後來瘋了，流浪失蹤二十年，前不久才終於回了故鄉。他就是老木。

二〇二〇年八月

注：多少年來，人們總問，《河殤》有沒有續集？這篇短文交代了這個細節。

輯四
別夢

認同的亢奮與迷亂

——「啟蒙心態」化解以後

有五千年歷史來源的中國人，忽然發現他們失去定位。「中國人」意味著什麼？這竟成了一個問題。在中國的意義世界裡，本土已經出現沙文主義（大陸）、恐懼回歸（香港）、選擇不再作「中國人」（台灣）等群體認同的傾向以及移民風潮；中國人打中國人的可能性，也以軍備競賽和「準冷戰」的態勢無限升級著。中國作為一個族群的凝聚意義，越來越稀薄了。這在社會心理學上，叫做「認同危機」，「百科全書」裡英文「identity crises」這個辭，通常是指青少年的角色混亂所導致的抵觸情緒、期待和焦慮，一個老大民族居然患了「青少年狂躁症」，這卻是需要靠思想史研究來「診斷」的。

本來，二十世紀對中國人來說，是一個理想發狂、高度激進的世紀，也是徹底離棄傳統的一個世紀，而它的遺產主要是三個主義：理想主義、激進主義和全盤反傳統主義，都對中國人的傳統認同極具摧毀力。八十年代，我為了拍攝一部電視，曾去拜謁幾位二十世紀的中國亡靈，如安徽陳獨秀、胡適的故鄉，湖南毛澤東、劉少奇的家鄉，紹興蔡元培、魯迅的故居。二十世紀的中國，基本上是在他們的陰影下度過的，他們都同這三個主義有關，雖然每個人的具體情況不同，甚至是互相對立，但如最激進的毛澤東也會利用傳統，而一貫持溫和態度的胡適也曾是文化上的一個激進主義者。

不過也在二十世紀之內，這三個主義幾乎都走到了盡頭，所以說中國人正在走出二十世紀。一般而言，這三個主義的衰微，顯示了自十九世紀以來主宰中國人的「啟蒙心態」開始被化解，但取代它的將是什麼呢？

八十年代以來，現實主義、保守主義和回歸傳統三種思潮的興起，引起了普遍的爭論。比如，現實主義是作為對「烏托邦」理想的一種否定而出現，講求功效，不惜代價，最典型的莫過於鄧小平在「貓論」，及在「四項基本原則」幌子下進行「資本主義大躍進」，以及在「六四」屠殺後縱容消費文化，雖然都具有否定舊意識形態的傾向，但也帶著極端功利、發展經濟犧牲人文的激進特徵。現實主義思潮在民間的表現，則是個人主義、利己主義興起，也令價值崩解、人性破碎，以及政治參與意識的普遍冷漠。

又如，政治上的「新保守主義」，強調秩序和權威，與普遍蔓延的個人主義直接衝突。再如，向「傳統」的回歸，在官方表現為向傳統文化尋求統治合法性，煽動民族情緒和排外主義；在民間則表現為「東方神祕主義」的復甦，「周易」、陰陽八卦、道教仙術、氣功的風靡，以及西方基督教天主教的中國本土化，雖也顯示了反傳統情結的消解，卻是文化認同的新危機。

說得稍準確一些，二十世紀的三個主義中，淪喪最深的只有理想主義，反傳統主義其實依然根深蒂固，而激進主義不過是改頭換面罷了。

從思想史的角度看，十九、二十世紀主宰中國人近二百年的「啟蒙心態」的衰微，自然會引發新的認同危機，因為這種心態肇始於「尊西人若帝天，視西籍如神聖」的一個近代認同危機。發軔於晚清的認同危機，從一開始就不相信自己的文化傳統具有產生現代認同的可能性，因而捨棄它轉向以西方為標準鑄造中國的現代認同。然而弔詭的是，一個具有數千年文化傳統的民族，要實現這種轉向並非輕而易舉，而是需要憑藉某種極端思潮的泛濫，才有可能。一部中國近現代史證明，這種極端思潮主要是兩個：激進主義和全盤反傳統主義。上面提到的那幾位中國亡靈，正是這兩個主義在中國的始作俑者。這裡發生的一個邏輯順序是：全盤反傳統主義啟動了文化認同的轉向，為文化激進主義推開第一道門，而文化激進主義又為政治激進主義推開了第二道門，一旦大門洞開，首先逸入的正是當時西方的極端思潮——馬克思主義，它又對中國的政治激進推波助瀾，直至全面專制的鑄成。這樣的描述雖嫌簡單，但可凸顯陳寅恪當年的哀傷，他輓王國維所說的「蓋今日之赤縣神州值數千年未有之鉅劫奇變，劫盡變窮」。

如果我們換到西方思想史的角度去看，在社會達爾文主義影響下使中國知識分子感染的「啟蒙心態」，主要是兩種與時間相聯的觀念：一是社會均依階段而進化，二是西方處在比中國完美的高一階段。支撐這種觀念的，是曾在西方處於主流地位的思潮，如直線社會進化論、極端實證論和現代化理論等，它們在西方學術界的長期清算下如今已經枯萎，而這種清理催發了文化多元主義，並為各民族尋求自身文化認同提供了解咒前提。但有趣的是，中國知識分子並未因此而轉身去向中國文化要認同，而是猴急地加入了一場清算「西方文化霸權」的時髦運動，伏身去拾落滿學術界的種種「後現代」青澀之果，嚼得津津有味，今日中國學界袞袞諸公的腹中，又長成一副當年飢不擇食、消化不良的「五四」腸胃。

認同新危機在中國本土則是一種亢奮和迷亂。一座文化廢墟所能提供的認同資源，往往是那些未經脫魅而極具「非我族類」意識的神祕主義、「左道旁門」，所以會呈現「周易」、氣功熱與「痞子」文化「落霞與孤鶩齊飛」的景觀；而這樣的文化廢墟，又最能誘發「人們操縱歷史記憶的需要和思古的情緒，其結果是對歷史的建構流入隨心所欲而且往往出人意表的境地，思想的自由竟變成了不負責任的恣縱，人們在舊神話的殘骸上又編織了新神話」（余英時語）。我想，這幅景觀並非始於「六四」之後，它應是八十年代大陸又一次「視西籍如神聖」的「文化熱」的順延，那次「藍色狂想」孕育了這次「思古恣縱」，當然也導致了再一次的「後現代」拾人牙慧。

本民族文化的理性成分若不成為現代認同的一個資源，就可能提供強烈的「原教旨主義」，這是余英時教授提出的一個看法。他認為，由文化多元論而致文化相對主義的興起，「這一傾向發展到極端也會引生『返本論』的文化危機」，他將一般用以界定伊斯蘭教的「原教旨論」另譯為「返本論」，是因為「無疑更適用於中國的儒家和道家。而且照最近中國大陸上所謂『易學』和『氣功』的流行情況來看，如果將來中國出現儒家、道家或儒道混合的『返本論』，那也是不足為異的」。

「返本」運動在中國大陸的微瀾，當起於八十年代開放後的全國性浮躁，我稱之為「現代化後來者的焦慮」。從「女排狂熱」、「足球恥辱」直到同外國人爭奪黃河「首漂權」，以及官方有意將這種情緒引向「振興中華」的政治操作，充分餵養了民族主義。「龍」的崇拜和「龍的傳人」意識的浮現，都可視為外來意識形態（馬列新名教）破產後湧起的「尋根」和認同衝動。一九八四年鄧小平在天安門上第一次使用「炎黃子孫」的概念，以及鄧力群公開要求老百姓「可以不作共產主義者，但必須作愛國主義者」，都顯示這個政權意識到它的合法性與民族認同息息相關，向中國文化要民族主義資源以維繫統治，使共產黨第一次需要「利用」傳統。

近二十年來的動盪、流血、腐敗，在社會心理上產生追求共產主義和民主制度（包括公平）的雙重幻滅，導致民間向中國文化要神祕主義慰藉的渴望；同時，共產黨因屠殺和腐敗雙重統治危機，也產生愈加依賴民族主義的另一種渴望。這雙重「渴望」便是中國大陸「返本」運動極端化的誘因。

我想順著這個思路，稍引開來談談今天國際社會同樣面臨的國家認同危機。從伊斯蘭世界的經驗中可以看到，他們現代化運動的失敗，不論是何緣故，卻終究落入「原教旨主義」的泥潭，專制黷武的軍事強人得以利用這股來自本民族宗教文化的非理性資源，則是同他們也曾有過一段「尊西人若帝天」的歷史有關，這段可能也是「巨劫奇變，劫盡變窮」的歷史，淹沒了伊斯蘭宗教文化中優秀的成分，以至無法提供理性的認同資源。今天的中國大陸，反身向中國文化要資源的，不僅是上行下效的氣功熱，也不止於「尊儒祀孔」的袁世凱故技重演，更要害的是，獨裁政權越來越乞靈於民族情緒中偏狹排外的成分，在「返本」傾向瀰漫的同時，繼續以西方為假想敵，以充分榨取近代以來積累的「屈辱情緒」，並以「西方要使中國保持分裂狀態，不放棄台灣這艘『不沉的航空母艦』」為現實理由，煽動民眾的「統一情結」和沙文主義情緒，以保持對東亞和太平洋的進攻姿態，這不僅是要充當區域霸主，也已經顯露出步伊斯蘭後塵的跡象。

另一方面，「返本」運動又在中國內部製造著漢族之外民族的認同分裂，最明顯的自然是信仰伊斯蘭教的回族的「原教旨」傾向。在台灣發生的認同分裂更複雜，從國家認同裂變到民族認同，也引出拒絕認同中國文化的傾向；而對台灣本土的認同亢奮，也有「返本」追溯日本的傾向。這些群體認同危機將產生的後果，絕非多元文化的健康發展，和區域自治的整合以至民族國家的順利建構，而可能是重複伊斯蘭世界的「春秋戰國」和波士尼亞的種族衝突。

回到思想史角度來看，多元化的來臨，對近兩個世紀的「啟蒙心態」是化解還是加劇，值得存疑。至少「西方文化霸權」的衰微，和西方學術界對「啟蒙心態」的清理，並未使我們的文化危機稍有緩解，倒是引發了另一個危機向度——「返本論」的崛起。依然「尊西人若帝天」的現代化運動，與「紅旗插上曼哈頓」的「返本」運動合流，其激進的張力更高；「反傳統」也一變而為以壞傳統糟蹋好傳統，大陸上未見有一絲儒家「君子風範」來歸，卻只聞「痞子精神」大行其道。承擔民族認同界定和釐清責任的知識界，或熱衷於「後現代」論說，對中國那座文化廢墟繼續盡情地「解構」，津津樂道於「民族國家話語」對民族情緒的火上澆油；或言不由衷地侈談儒佛道，以及所謂「前現代的神聖文化」，只是鮮少有人面對蒼涼、遙遠而醇厚的古典精華，以客觀知識還原出一個屬於我們的起源。

此種困境已非一個「啟蒙心態」可以解釋，也不只是「尊西人若帝天」那麼簡單。余英時指出，社會學家研究西方各國民族主義興起與演變，尤其重視一種更隱晦的心理，即「羨憎交織」——現代化競爭中，落後者攀比先進者而形成的心理失衡：理論上平等的師法對象卻永遠無法企及和比肩，猶如法國之於英國、德國之於英法、俄國之於西歐；特別是俄國，彼得大帝在十八世紀初即起步效法西歐，一個世紀後俄國精英自覺已不在英法之下，而整個十九世紀裡「憎羨交織」情緒就在他們當中滋長蔓延，因為俄國知識精英們認為西歐並不完美，而他們卻追趕不上，馬克思主義便在這個心理氛圍中生根，並最後在俄國爆炸，於是俄國師法了西歐兩個世紀後終於走上了「反西方的西化」——俄羅斯通過「無產階級革命」，超過西方的「資本主義」而率先進入社會主義，俄羅斯終於「勝利」了。余先生在他的〈中國現代的文化危機與民族認同〉（見余英時著《歷史人物與文化危機．自序》，台北東大圖書公司，一九九五年五月初版）一文中，概略爬梳了這種心理在中國近現代思想史上的雪泥鴻爪，令人信服地詮釋出此種心理將俄國推入「十月革命」，而中國又步其後塵的歷史微妙。

一九八一年余英時在耶魯教書時，發表過一篇〈試論中國文化的重建問題〉：

> 近代中國雖屢經戰亂，但並沒有遭到中古歐州被「蠻人」征服的命運，在文化上更沒有進入任何「黑暗」時代。「文藝復興」在中國的出現是既無必要也不可能的。

此文對「五四」的評價，也深露「同情的了解」，並基本肯定其「科學與民主」的文化路向。這種態度到八九年他發表《中國近代史上的激進與保守》，似有改變，大概因為這種激進化趨勢，最終將中國推入「文革」和「六四」，恐怕已近乎「黑暗」了。另一個極為相同的例子是費正清，這位美國學界中國近代史的「霸師」，震驚於「六四」屠殺，竟在臨終前推翻自己以往的看法，著《中國新史》「以今日之我非昨日之我」，余英時作序贊為「學人的良知」。

今天的困惑則是，在一個千呼萬喚的「太平洋時代」初露端倪之際，雄視這個大洋的中國，以及劍拔弩張的台海情勢，會在認同危機的裂變下，去步伊斯蘭世界的後塵嗎？

二〇一〇年一月

神話與解咒

一、文化符咒

無論從傳統還是現代化的角度來說，一九四九年以後的大陸社會都是一個特殊的時空，人們在這個時空裡失去了說話和思考的能力。錢鍾書說：「一個社會、一個時代各有語言天地，各行各業以至一家一戶也都有它的語言田地，所謂『此中人語』。」這種情形被中斷了。雖然在任何社會裡，話語的作用實際上就是使人不能在話語之外思想；而每個人所能說的話，也不過是權威性主體以這個人所能接受的方式在說話，但大陸這三、四十年裡，這個「權威性主體」像沒收土地等私有財產一樣，收繳了所有人具有其特殊歷史來源的「私有話語」和「邊緣話語」，並憑空揑造一個脹滿一切想像領域的「創世紀」，為統一人們的說話方式而製造出源於這個神話的「國有化話語」。

這個神話譜系當然不只是毛澤東「數風流人物還看今朝」的神話，不只是兩萬五千里長征、青紗帳太行山抗日、轉戰陝北、大決戰等等（無非是抹去失敗的紀錄製造常勝將軍），這些只不過是一個艱難卓絕並帶有傳奇色彩的來源，這個來源的輝煌使得以前的歷史哪怕幾千年都變為黯淡無光、渾如蒙昧，以至人們無法再去追尋哪怕更遠一點的來源，因此人們被先在地給與了一個極短的歷史前提，被攆進某種話語的第一層魔障：他們被架入一個超時空、超歷史的存在，使得他們可以藐視古人也不管今生今世地成為一種「新人」——其本質正好是「新」得沒有任何真實的歷史，沒有歷史包袱，無知並厭惡一切傳統。這個神話譜系到此並未結束，在製造罪惡感和懲罰模式（主要是在真實生活中讓「反革命」如同賤人般真實地生活給人看）的同時，又需製造「新人」的模型，至此，中國傳統的「聖人」製造術被創造性的接榫進來（這主要發生在劉少奇主政的溫和時期），「史前」打天下的英雄譜系，如抗戰之張思德、白求恩，內戰之董存瑞，韓戰之黃繼光、邱少雲（「老帥」式的英雄譜系反而是近幾年才製造的，因為沒有毛神話的禁忌了），被一個全新的「建設年代」的平民化的英雄譜系所取代：向秀麗（一個燒傷的女工）、劉文學（農村小學生）、雷鋒（普通戰士）、焦裕祿（縣委書記）、王進喜（產業工人）、陳永貴（農民）、時傳祥（城市清潔工）、邢燕子（下鄉知青）等等，完備到了幾乎為這個話語系統中「正當」的身分和各行各業都製造了對應的一個模型；由於知識分子身分的曖昧性，他們的模型是要到鄧小平時代才被「扶正」，於是後來又在這個譜系上續了諸如錢學森（科學家）、張海迪（傷殘青年）、李燕傑（教授）、曲嘯（被冤枉的幹部）等等近乎被人調侃的「英雄」。饒有趣味的是，這個「權威性主體」如何仿照替自己編造「創世紀」，為每一位後來的「英雄」編織他們身世和業績的那些故事，如六十年代那部「雷鋒日記」的出籠記，應當是極精采的中國現代演義。

不過，只靠這些神話譜系還不能組成一個語言的暴力體系。還需要製造一批「經典」構成話語的第二層魔障，即借助一切傳播和藝術的手段，進入大眾想像、表意系統、情感宣洩方式等等淺意識無意識領域，用不是剝奪而是偷換的方式，把每一個「自我」摘除掉，代之以革命「經典」所供應給你的「標準件」：在人們的想像和表達的對象化為空洞之處，代入超越性的、抽象的、抹平一切差異的意識形態話語。這樣的「經典」或稱「文本」，最初只是一兩首民歌改編的小調，如「東方紅」，取自一首陝北情歌的旋律，將歌詞全部偷換掉，這竟是話語改造最標準的做法——將所指空洞化。後來就洋洋大觀，出產了大陸上曾經婦孺皆知的「白毛女」（從民間傳說到話劇、電影、芭蕾舞），「洪湖赤衛隊」、「紅岩」（都是從小說到電影、流行歌曲），「收租院」（從大型群雕到紀錄影片、博物館）等等，以及整個龐大的、有大師級人物（如老舍、茅盾、郭沫若）作為支柱的具有強烈感染性侵蝕性的所謂「革命文學」。當年法蘭克福學派所分析的「權威國家」像製造工業一樣製造「文化」，以及晚期資本主義的國家在一切生活領域裡的干預，比起中國大陸上的這種話語改造運動來，真是小巫見大巫了。

因此，大陸人在面對真實的暴力之前，已經被種種更可怕的潛在和無形的暴力修理過了，那些思想的暴力、語言的暴力、視聽的暴力、詞的暴力，等等，總之是精神上的閹割、拷掠、凌辱，使人退化、白痴化和精神分裂的各種被稱為「思想改造」的技術，都在暴力之外的一切領域氾濫，以至當人們真實地面對暴力時反而很陌生，也沒有恐懼感，像北京老太太們往坦克底下躺過去時，還真有點把那大兵當晚輩的氣勢，好像那不過都是小說和電影裡的「子弟兵」娃娃。三十年的文化符咒使人們很難在官方給予的話語之外去思考和懷疑。民眾敢鬧「民主」的預設前提，恰好是認為共產黨是「民主」的。叛逆也是缺乏創造性的，憤怒的方式也是抄襲的。

二、解構

全能主義式政治消退了，但是人們卻無法走出那話語的魔障。人們滯留在那語境之中，除了依然不斷重複那種至少五級抽象的「暴虐的詞」便不會說別的話，除了「毛文體」便無法思考，除了那套神話譜系便尋找不到崇高、雄偉和真善美；連最古老的那些大象徵，如龍、長城、黃河，也都被塞進頂多五十年的淺近含義裡，充當「革命」歷史的飾物和注腳。

真實的荒誕感應當發生在一九七八年以後，開放將大陸人置於極度的尷尬，「世界中心」意識（「天朝上國」的現代版）的被嘲弄，整個神話譜系的漫畫化，神聖的光環消失了，一代青年的所謂「信仰危機」起初還帶著真誠的痛苦，不久也麻木起來，他們懷疑一切「意義」都被玷汙了，他們一張嘴就覺得掉進陷阱，他們的反叛也找不到支點。便在這找不到精神源頭也失落了終極價值的狀態下，大陸人的焦慮竟暗合了現代主義的真諦。

於是一代知識精英對這段時空的解構，走了現代主義的道路。在經歷了一個短短的美術的傷感、文學的傷痕和電影的煽情之後，一九八五年出現的一幅油畫〈李大釗、瞿秋白、肖紅〉，以非情節的方式拼接三個毫無關聯的人物，幻化了虛假的「創世紀」也肢解了現實；另一幅〈亞當夏娃的啟示〉，則用西方的語言試圖尋求一個新的「創世紀」，隨之而起的所謂「八五美術新潮」，以強烈反叛「主體中心」（即「高大全」、「紅光亮」的造神美術）的語滙來表現「不是畫什麼，而是怎麼畫」。文學則先是詩的朦朧，繼而是小說的尋根，都是先將「形式」從「黨」的內容中剝離出來，然後在這個屬於自己的「語言田地」裡耕種，或回復「蠻荒」「過去」，或經營一方超越時空的「鄉土地域」，總之是跳出當下這個時空，漸漸重新釀造出「一家一戶」的「此中人語」。最能表現一個時代主流敘事模式、也最適合製造神話的電影界，在一九八四年也有三個年輕的所謂「第五代導演」，都跑到廣西電影製片廠，拍了三部與共產黨有關、卻又遠離現實的所謂「中國新電影」（《黃土地》、《一個和八個》、《蝶血黑谷》），一反經典電影那種以技巧誘騙觀眾跌進銀幕幻影誤讀意識形態的敘事語法，以顛覆性的鏡頭剪接打斷觀眾的窺視，遏阻神話的產生……。這樣，精英路線後來便邏輯地走向了「實驗小說」、「行動藝術」等消解意義的後現代主義。

然而，在八十年代大陸的變異當中，精英路線不僅遭到知識分子正統派的抵制，也無法為大眾所接受。受商業化大潮衝擊的社會急遽浮現消費群體的世俗傾向，恰與精英們的現代主義成南轅北轍。但是，象徵國家的「權威性主體」自身被溶解於消費性文化，便提供了大眾對意識形態解構的世俗化道路。這是一個相對更開放的、來源更龐雜的體系，包括港台流行歌曲、通俗小說（武俠與言情）、社會問題報告文學、青年理論文化叢書、清末宮廷體裁電影、域外（日本和南美）譯製肥皂劇、京味都市小說、西北風民歌搖滾、地下X級錄影帶等等，重組了大陸自一九四九年以來斷裂的市民文化，以其濃烈的通俗性和人情味，在一個極廣闊而民間性的層面上，復原著鮮活的「邊緣話語」，並同時以反英雄的嘲諷、破碎的價值觀和遊戲的人生態度，殊途同歸地與精英路線一同走向了解構。這種解構卻不須跳出當下，反而是靈活機智地以現實為材料，以自己為試驗品，在調侃中顛覆一切，例如不僅可以將聖樂「東方紅」搖滾化，也可以將這首本來就是從陝北〈信天游〉偷換來的毛澤東頌歌的原詞，再偷換為揶揄鄧小平的歌詞：「西方紅，太陽落，中國出了個鄧小個，他為自己謀幸福，他叫我們各管各」。

三、新神話

中國人好像獲得了一種前所未有的輕鬆。一百年來他們都是受氣包，近半個世紀來他們在大災大難裡栽跟頭讓全世界看著玩，三年前他們還血灑長街讓天下無不揾淚。可如今他們跟沒事人似的，把一切都付與笑談了。輕歌慢舞，卡拉ＯＫ肥皂劇，外加氣功。這副灑脫是真是假無所謂，重要的是他們似乎不再認真。

那種一向天真而膚淺的「真誠」消失了，中國人好像回復了他們過去的圓通和世故，見錢眼開，雁過拔毛等等。崇高感瓦解了。知識分子也嘲弄他們一向引為自豪的使命意識。雖然，這一切好像都是作為一場極為野蠻的殺戮的後果而浮現的，因而很容易被以往一貫高揚的道德批判責為怯懦、苟且偷生和愚昧麻木等等。其實，人的怯懦只是一種生物的本能，它遠比人不能思考來得正常。當然，在「黨」話語裡的思考漸漸枯萎了，人們又回到傳統的話語裡去思考那一類最中國式的老問題：「合久必分，分久必合」、「有皇帝也比沒皇帝好」……

反叛和顛覆不再時髦，因為一切意義都被消解了。有人說：「曾幾何時，前些年許多艱澀而紅火的實驗、顛覆，新進口的理論，才出籠的先鋒，轉眼竟紛紛已成過景黃花，寂寞得很了。」反叛本身也被消解。民族主義也不提氣了，中國在巴塞隆那得幾塊金牌的全部意義只在於那金牌值多少錢、得主能分到多少。老百姓對官方也沒有任何政治期待而只問你分我多少。知識分子急速分化，歸隱傳統者言必稱孔孟，效忠現實者高談「新保守主義」；受到重創的自由派知識分子，則絞盡腦汁設法在鄧小平的南巡講話裡塞進一句「防左」以充令箭。這一切，又都襯托在一個新的神話之下：中國大陸的經濟起飛開始了。這個神話已經被太多的期待合理化——「二十一世紀是中國人的世紀」、「太平洋時代來臨了」、「大中華經濟圈出現了」、「工業東亞超越歐美」、「大陸第二輪經濟改革大潮迭起」、「中國將走出不同與蘇俄的和平演變路線」……

這個新神話的英雄譜系裡只有一個行將就木的老人。鄧小平復活了，以八十八歲的高齡返老還童，在北戴河公開祝壽。三年前曾經同他殊死對抗在天安門的北京大學生們給他寫信說「長壽」了，彷彿是換了一茬人，越過這一層並不困難，連健忘的理由都不需要。鄧的南巡，彷彿是一次「同治中興」，給中國人（包括港台新的政客和財閥）帶來新的希望，沒有人不認為他的過世將是災難，因此需要為他再造神話。今年十一月十八日，北京推出鄧的標準像——由一位美術教授創作的「我們的總設計師」，「目光深邃，神情剛毅」，人們競相搶購，買回本世紀中國最後一尊神像。當下最「自由化」並遭到查禁的暢銷書《歷史的潮流》，以及被稱為「新河殤」的電視政論片《歷史的選擇》，都重新大量啟用諸如「巨人」、「超人」、「力挽狂瀾」、「洞穿歷史」等「死話語」，直接阿諛幾乎不帶遮攔，也是今日的時髦。造神的手段雖粗鄙卻有新套路，如十四大閉幕後珠海市搞了一場「小平，你好！」大型歌舞晚會，由北京娛樂圈重金聘來的明星壓台，數支大型搖滾樂隊伴奏，從鄧小平留法一路搖滾唱到南巡。

新神話沒有屬於它的形式。它像蹲在一片廢墟上的白頭翁。

人們知道他們已經從那個曾經溶解於其中並被它強占的巨獸中掙扎出來了，然而這是剛剛發生的事，以至他們基本上還在一個空白中。

一九九二年冬於普林斯頓

解釋歷史並非兒女情長

毛澤東在「文革」高潮時有一次寫信給江青說：「我就在二十世紀六十年代當了共產黨的鍾馗了。事物總是要走向反面的，吹得越高，跌得越重，我是準備跌得粉碎的……。」十年前我將此話引進一文時，心裡曾頗驚異於毛的這種光棍式的坦率。然而，連這個極富想像力的「鍾馗」都始料未及的是，他身後不止粉身碎骨，竟還在他的貼身醫生的筆下化成一灘汙穢。這真是當代中國的一樁奇事。被李醫生這本書所嘲弄的，絕非一個毛澤東，而是整整一代中國的理想主義者。讀過這本書後再去回味那首「東方紅」，以及它所能夠勾出你的一切有關身世和時代的聯想，大概可以讓你想一下，以往你從媒體所接受的各種文字、語言、音響、影像等等，是怎樣一種欺負你而又叫你馴服的暴力。

幸虧有這樣一位伴君如伴虎的醫生，向世人托出了一個毛澤東的病歷，從性格、心態直至性行為（二十世紀的獨夫民賊大多是心理變態者，但如毛這般近距離被觀察被透視尚屬鮮見），否則我們中國人在半個世紀死去數千萬條性命之後，也只能接受諸如權延赤（一個軍隊作家）之輩硬塞給我們的一個「走下神壇」來啃了農民的黑饃還會掉淚的毛澤東。所謂「有血有肉」（中國人不愛說「七情六欲」）之真實，要看是在誰的筆下了。權延赤是以近水樓台之便（或許奉命也未可知），從毛的貼身衛士嘴裡掏出一個「人情味」的毛澤東，用來換取人們對一個王朝的諒解。肇始於此，「走下神壇」的毛澤東變成了所有「歷史巨片」裡的明星（順便讓一個會說湖南話的古月大紅大紫），還「走」進北京大部分出租車裡當了保護神，接下來就是颳遍全國的「紅太陽大聯唱」，中國人唱得如醉如狂，卻不知道究竟是念毛還是怨鄧，海外留學生們也都輾轉複製一盒磁帶放在汽車裡當鄉音聽。此時貓在芝加哥某地的一位「御醫」，正伏案將那「神壇」還原為一座穢藉宮闈。九十年代初興起的「毛澤東熱」，一路「熱」到西方來時，那「人情味」十足的老毛已成了一個性虐狂。一顆「紅太陽」被撕碎到這種程度，全不必靠什麼理論分析或意識形態批判，若再回溯這個神話從五、六十年前延安文人煞費苦心把一首〈信天游〉情歌竄改成「東方紅」以來的歷史，其間不知耗費了多少墨客騷人的心血，由此我便想到，對毛這一茬的中共「領袖」們作蓋棺定論，真不是文人們的行當，大凡都要耐心等著他們身邊的那個「李醫生」開口了，才能見到立論的證據。一部中國當代史也免不了是這樣。

這段歷史裡一個邊緣人集團控制了中國舞台，他們竊得神器後的一大特徵，就是宣稱「朕即歷史」，不但「千秋功罪，誰人曾與評說」，幾千年都要由他們重論功罪，繼而又編織自己的「造反神話」，最後還要主宰自己的蓋棺定論。這部閹割歷史的當代史，從五十年代大規模展開，較早見諸文字的是一套《紅旗飄飄》叢書，由解放軍各色將校大書歷次戰役的「常勝」回憶，人人自我造神，其中的「佳作」選入中小學課本；稍後便由全國政協組織出版另一套叢書，定名《文史資料選編》，令所有投降被俘的國民黨官員將領自述敗亡經歷，向世人現身說法另一個邊緣人集團在中國的恥辱史。此舉逐漸上推至北洋軍閥、滿清皇族，直達末代皇帝溥儀，據說連老舍都被請去為《我的前半生》潤筆。我這個年齡的人，都是一睜開眼就被塞過來這麼一種虛假的歷史前提的。

中共從回憶錄的初級階段走向為自己修史立傳，逐漸形成一套「官修」制度。我所知道的最早的官修班子，是為十個元帥裡死得最早的羅榮桓修傳，十多年都在草稿階段打轉，撰稿人都是軍官，漸漸也成了羅家的使喚。這個班子奉命壟斷對羅榮桓身後的一切解釋，生辰忌日起草紀念文章供報刊發表，接待所有與羅相關歷史、人物和事件的訪問調查、定性論罪。他們的背後是解放軍總政治部。此例亦漫溢軍外，中央一級的死者身後均有一個此類班子控制著他的名節，為他樹碑立傳。撰稿人多半只是工具，奉命取捨史料、塗脂抹粉。

為元帥立傳不僅出了「官修」的制度，也出了一套假歷史的話語系統。「文革」死去的元帥都陸續組成修傳班子，其中《陳毅傳》的撰稿人是一個將軍的女兒，文筆頗利索，寫完幾巨冊傳記又寫電影劇本，從性格上把個陳毅塑造得活靈活現，比以往那種衝鋒陷陣的武夫類型便勝一籌，她後又如法炮製為全軍立傳，拍了一部多集電視片，使用現代電子媒體把這個邊緣人集團的浴血暴力史，刻畫得艱苦卓絕而又充滿溫情，轟動全國，以致中央電視台慕名邀她拍國慶專題，為「新中國」再立一傳。假歷史的靈魂，就是這樣從一個元帥借屍還魂到一個國家上去的。

偏偏征戰確富盛名的一個元帥林彪此刻卻沒有被「官修」的殊榮，於是便惹出了「私修」的事：一個自稱曾在毛家灣「行走」過的前祕書，冷不防拋出一本《毛家灣紀實》，專寫林彪一家的隱私。此書的可信程度雖不敢高估，但顯示了「私修」所奉行的是「官修」絕對封死的私人角度。立傳對象是人是鬼，離了這個視角就很難辯清。此事也等於昭示天下，這個邊緣人集團的規則，是只允許被廢黜者脫離「官修」任民間擺布的，不知是否因窺出此一奧妙，有個科幻作家忽然厭了玄想，改行專門造訪那些無人問津的被廢黜者，寫了一部部「奸臣賊子」傳，葉永烈筆下的「四人幫」、陳伯達等臉譜，既無「官修」色彩也無活人氣息，但他本人卻是走紅港台、世界承認的中國大陸傳記作家。

「官修」與「私修」之間，還有一個「家修」。軍方修史立傳的癮最大，修完元帥又修大將，羅瑞卿有個女兒頗有些才氣自負，硬要「家修」一本，出版《我的父親……》，或許從此便有了女兒「家修」的先例和體例，自持有些文采的女兒均操此業，人還活著便「家修」起來。也有補修一部的，如曾沸揚海外的《叫父親太沉重》，對最忌諱政治和隱私不清白的周恩來，偏偏由他的私生女出來「補」了一筆，不會再有比這一筆更讓周恩來還原為人的了。

「家修」並非兒女情長，而是一種解釋權的爭奪。原本，控制和解釋史料（檔案、書信、當事人）是官修壟斷、杜絕民間染指的關鍵。中共最森嚴的一個部門，是第一檔案局，據說毛身前也難對它隨心所欲，只得自備一個小檔案櫃。「文革」中的中央文革小組便一度控制了這個檔案局，從中源源不斷地搜羅炮彈構陷冤獄。這場災難過後，倖存者是絕不會讓自己的劣跡還留在那裡的。因此檔案的意義降低，解釋的意義增高。「文革」後中共又成立一機構，稱「中央文獻辦公室」，內分毛組、周組、鄧組、陳組等，任務是編「選集」，實則控制所有文字史料，壟斷相關歷史、人物和事件的解釋權，意識形態的頭頭們都以參於某「組」為黨內派系的宣示，鄧力群便是陳（雲）組的核心。因此到了鄧小平時代，大家都已風燭殘年，別說立傳，就是編「選集」，甚而記錄一句誰也聽不清的囈語，都成高度敏感。難怪鄧家也會有個女兒，要奪回這種解釋權，急匆匆炮製出一本《我的父親……》。在這樣的魔幻政治下，你能信得過誰寫的歷史呢？

我想，歷史只活在目擊者心裡，只看他們肯不肯開口。

七年前我也曾「私修」過一次，染指了那個導致數千萬人死亡的廬山會議事件，竊以為重寫了歷史的一幕。如今想起來，除了廬山上目擊過這個會議的那些服務員、廚師、警衛、祕書們講出來的一個個故事之外，我所另加上去的都是廢話。

二〇一一年一月

萬塚千塋是百姓

二十世紀中葉中國一次大饑荒餓死的人數，至今還是一個謎，官方羞羞答答似乎承認兩千萬，民間有四千萬和八千萬兩個說法。這是頗具象徵性意義的一個當代中國迷思：我不明白，在不搞清這個數字之前，那些關於中國社會主義成敗、中共制度建設的意義、毛澤東功罪等等大問題的討論研究（包括西方學院裡的漢學界），還有什麼事實基礎可言？假如我們抹去納粹滅絕營殺死六百萬猶太人這個數字，那麼二十世紀中葉以來的歷史基準線會不會坍塌、而人類的精神及思想還有何種新的積累？

現代社會的第一個基礎支撐就是數字，數位化的可能才是現代化的可能——不僅是人均GDP計算的可能，也是計算體制誤錯的可能，而中國現今這半個世紀，一直處在一個數字被蒙蔽的羞辱之下。這個蒙蔽其實就是蒙昧，因為八億中國人（五十年代的人口）裡，七億人無法對另外一個億裡面的數以千萬計的餓魂負責，這種負責簡單地說就是把數字弄準確，再問一問究竟該誰來負責，這是起碼的文明，不問或問不了，則這個民族離未開化並不太遠。

外國記者調查中國的大饑荒

於是文明裡面有人來問了，Hungry Ghosts（*Mao's Secret Famine*, Mirror Books）講的是「中國餓鬼」，賈斯柏·貝克（Jasper Becker）先生是英國記者，閱讀他對東方一次大饑荒的採訪、考證、梳理，讓我感受到的首先不是他的訓練有素，而是文明人的一種態度。中譯者姜和平女士，是我和妻子在普林斯頓小鎮居住多年一直保持往來的一位友人，她出身中國人民大學統計系，應該對數字有特殊的敏感，但是，讀了她寄來的她親手翻譯的中文版（《餓鬼：毛時代饑荒大揭祕》，香港明鏡出版社，二〇〇五年十月），我才明白，她的翻譯動機更是由於受到了貝克那種文明人態度的感召，一如她在記者訪問時所說的，貝克先生這本書實際上就是為大饑荒死難者建造的一座紀念碑，而能為這座碑做一點事，使她感到欣慰。

其實我知道，在中國民間，很早就一直有人在暗中調查六〇年的大饑荒，但那都是一些分散的、零星的、底層的努力，常常被強大而無孔不入的體制輕易就粉碎了，所以幾十年來都不可能有調查和研究成果浮現，一位著名的民間研究者丁抒的《人禍》，也是到海外才發表的，由此可以想見一個外國記者來做此事的艱辛程度。八十年代初我亦曾涉足這個領域，起因於偶然得見關於信陽事件的幾份黨內祕密文件，旋而試圖實地察訪，卻發現處處諱莫如深，視為禁臠，無奈之下我將其束之高閣，幾年後撰寫《烏托邦祭——一九五九年廬山之夏》，二十五萬字一路寫來，行文至結尾處，描述那個神仙會之後的全國大熱昏乃至大饑荒，其中有河南慘狀之四頁文字，就是以這幾個祕密文件的內容敷衍而成。

中央處理的唯一地方饑荒事件

此番細讀貝克的著述，知他搜集研究的大量饑荒資料中也有黨內祕密文件，但似乎未見過我遇到的這幾份——這大概是一組文件：主件是河南省委報給中央的《關於堅決糾正錯誤，端正政策，轉變作風，徹底扭轉局面，爭取農業豐收的報告》（修改稿）；附件有三個，陶鑄一九六一年二月二日的講話、關於信陽地委第一書記路憲文的處理意見、關於光山縣委第一書記馬龍山的處理意見。若問這場大災難還會留下什麼確鑿證據，大概只有這幾件書面文字了；若問數百萬條人命的喪失為什麼沒留下任何民間記載而只有黨內文件，則要究問那種特殊的極權社會形態了；若問大饑荒的善後為什麼是一堆報告、講話、處理意見，那就是我至今還有興趣的一個問題：中共對饑荒的處理模式，生動地映射了它的制度性格，後者恰又是釀成饑荒的淵藪。

河南信陽事件在全國大饑荒中的位置之所以突出，是因為它對毛澤東的「克理斯瑪」（魅力領袖）熱昏，當頭潑去第一盆冷水，乃是大躍進冷卻的一個轉捩點，此其一；劉少奇周恩來等所謂「法理型」領袖，借此逼退老毛，以查辦信陽事件而出台一套救災模式，並啟動了調整方針，此其二。大饑荒雖是全國性的，但中央出面處理的地方性饑餓事件，河南信陽可能是唯一的，其不了了之的結局，又顯示即使在毛澤東自認犯了錯誤（六二年七千人大會）的境況下，黨內糾錯的可能性依然是杯水車薪，徒勞一場，甚至，根據南京大學高華的分析（《大災荒與四清運動的起源》），劉周等的此次糾錯，恰是毛澤東後來搞「四清」以至「文革」的誘因，則梳理出權力博奕的最壞選項：在毛澤東的獨裁之下，糾錯的效果是導致更大災難。這種選項，後來也為鄧小平所繼承，即改革路向最終選擇了下下策。

信陽事件的幾個文件的產生背景，也一片迷濛。大致來說，就是饑荒、隱瞞、調查、彙報、決策、救災、工作組進駐整頓、清算處理等等，一個典型的共產黨程式。一九六一年二月二日的陶鑄講話，已是尾聲，若倒推回至一九五九年八月廬山會議閉幕，約一年半時間內，中國就死掉了幾千萬人，那麼需要後人檢視的，就不只是導致大饑荒的制度因由，更是一個制度的救災（緊急動員）能力，以及它的拯救衝動首先是老百姓還是制度本身。

三次派工作組去信陽了解實況

北京得知信陽餓死人的第一時間，眾說紛紜，似應在一九六〇年四、五月間，不過官方管道完全被堵死，饑荒消息乃由民間洩出，尤其信陽是個「老根據地」，農民們紛紛捎信給城裡做官的親戚，自然是老幹部或軍人，據說老毛的警衛士兵有原籍是信陽的，也收到家鄉來信，但這都無濟於事，最後是中共的監察系統居然尚未堵死，接到河南省檢察院一個副檢察長上報的饑荒消息，但河南省監委卻不敢證實，於是中央監委和組織部直接向周恩來彙報，周請示毛之後，才派出一個工作組，組長是中監委副書記王從吾、副組長是中組部副部長安子文、公安部副部長徐子榮，赴信陽調查一個多月，至十月二十一日寫出報告，二十四日由李富春上報給毛。這是北京第一次向信陽派工作組。在此期間，陳雲恰也在河南視察，後來他建議緊急動用外匯進口糧食二百五十萬噸，可知他看到的饑荒端倪，大概已頗慘烈。

陶鑄那個講話嚴厲申斥河南省委「捂蓋子」，有這麼一段話：「少奇同志在政治局常委會上講，中央派先念同志，震林同志，派檢查組來，都反映河南的問題揭不開，中央很憂慮，……省委發現信陽問題，反而提出槍斃馬龍山、開除路憲文的黨籍，想以此來掩蓋錯誤，少奇同志很不滿意，他說：我對河南省委不信賴了。……中央又決定派李先念同志、王從吾同志和中南局陶鑄、王任重等一同來河南開會……」。由此來看，中央工作組竟有三次之多。

《餓鬼》第八章〈河南的謊禍〉寫道：「饑荒直到一九六一年初，三萬解放軍官兵奉命進駐信陽地區後才告結束。軍隊打開了國家糧庫賑濟災民，逮捕了中共信陽地委領導。軍隊在當地駐紮了三到四個月的時間。」這應是第二次「工作組」，此次皆系李先念率軍賑災，因為信陽當年屬於紅四方面軍的大別山鄂豫皖根據地之一部分，派這位當年的紅四方面軍總指揮去，有利於安撫，從上文陶鑄所言，賑災者應還有譚震林。亦據八十年代我在河南採訪所得，信陽有京廣鐵路貫穿，當時李譚二人調來滿載糧食的車皮沿鐵路一字排開，這才發現地方上沒有卡車運輸能力接續下一環，於是緊急調來全軍唯一的汽車團，卸下糧食朝各縣城運送，而縣一級再往下，不僅沒有運輸能力，也無公路了，所以賑災實際效果只到縣城，下面的公社、大隊、生產隊三級，則是聽天由命的。

將大饑荒罪責推給「階級敵人」

貝克先生筆下這一段文字：「據親歷者回憶，在潢川縣，當軍隊向災民發放救濟糧時，虛弱已極的人們只能緩緩地爬行著去領取。有的人就在爬到離救命糧咫尺之遙的地方，嚥下了最後一口氣。」全是事實。當年我在信陽採訪時的感觸是，假如有可能統計，信陽有幾成人實際上餓死在救災開始以後，這個數字將非常驚人。這也顯示中共尚以戰爭手段治國，黨和政府都是一個軍事集團。

出了天大的事情，誰的責任？中共拿下江山不過十年，此刻卻憑空又跳出來非常陰險的一個「階級敵人」，請看河南省委當時給中央的那份報告怎麼說：

河南在一九五九年冬季和一九六〇年春季，以信陽地區為主，在全省百分之三十左右的地區出現了大不好形勢，發生了極端嚴重的情況。最突出的特點，就是階級敵人利用兩年來災荒所造成的困難，利用省委常委在執行政策上「左」傾冒險的錯誤，用打進來、拉過去的陰謀手段，實行反革命復辟，篡奪了一部分縣、社、隊的領導權，向貧下中農進行最殘酷的絕望性的階級報復。在這樣的地區，組織大多數爛掉了，階級鬥爭最激烈複雜尖銳，一時敵我矛盾占居了主導地位。正如毛主席所指出的：「壞人當權，打人死人，糧食減產，吃不飽飯，民主革命尚未完成，封建勢力大大作怪，對社會主義更加仇恨，破壞社會主義生產關係和生產力。」階級敵人破壞的主要目標，集中在毀滅人上，他們用種種最殘酷的手段，活活把大批人累死、餓死、打死，其狀之慘事難以想像的。牲畜大批死亡，土地大量荒蕪，農具大量損失，房屋被扒毀很多，有的地區（如信陽的光山、固始、商城、正陽、息縣等地）所遭受的損失，是毀滅性的災難。

這是一個奇特的文本：悖違常識、事實，和使用生澀語詞，都到了無所顧忌的程度，但「文革」就在四年之後，由此便可以看到荒謬的起承轉合了。「大不好形勢」、「打進去、拉過來」，皆為典型的毛式語言，襯墊著極為硬性的意識形態桎梏，大災荒之前就是老毛發動掀起的「大躍進」，畝產萬斤，大煉鋼鐵放衛星，乃是「大好形勢」，誰敢說「形勢不好」就是右傾，所以如今餓死了人也只敢修飾那「大好形勢」於「大不好」而已。情理上的不通順，則是共產黨無所謂的，比如「階級敵人」如何利用得了「省委常委」？因此四年之後國家主席變成「叛徒、內奸、工賊」也是順理成章的。在河南及信陽「向貧下中農進行最殘酷的絕望性的階級報復」、「毀滅人」的，是中共的地委書記、縣委書記、公社書記們，這份報告的後文提到：「全省撤了四十個縣委書記，集訓十萬人，逮捕法辦八千多人」，這些其實也是李先念賑災的內容之一，所以他受命後，先調集兩個師把信陽圍個水泄不通，然後才賑災。

毛將饑荒定性為「地主階級復辟」

「前敵總指揮」李先念搞定第一步後，接下來是中央派出的第三個工作組前來興師問罪，欽差大臣是中南局書記陶鑄、王任重二人，他們受命於劉少奇，來河南召集省委擴大會議，我所得見的那一組文件，便是這個會議形成的。河南省委的報告自然不是省委第一書記吳芝圃寫得出來的，他已是待罪之身，報告無疑是陶王二位欽差的手筆，清算了你還要以你的名義留下文字，真乃共產黨一絕。

陶鑄說：「在河南省有兩個突出的問題：第一是一九五九年春季發生問題，反瞞產，沒有在廬山會議上作檢討，廬山會議後繼續搞。第二是河南發生這麼嚴重的問題，一直不向中央報告。後來雖然被迫向中央寫了報告，還是扭扭怩怩，不忠實反映情況，而且還封鎖消息，這是很大的錯誤。」

看來，黨組織最在乎的損失，不是死了多少人，而是它的紀律沒被執行，這種體制性格，要說也有它的合理之處，可是共產黨難道真的不明白，「組織」若不被監督，怎麼會有紀律、怎不「爛掉」？而且罪責終究會由「階級敵人」去承擔的，那誰還怕犯錯誤呢？

別看陶鑄口口聲聲「少奇同志」，似乎劉少奇主政很顯赫，其實那個副主席的心思只在如何給老毛留面子，而捅下漏子的毛澤東，已經給這個漏子定了性，那是一個他可以信手拈來的「敵人」，隨時隨地備用著，這也成了一個「共產黨傳統」，在一九六一年一月的八屆九中全會上，毛澤東說：「地主階級復辟，各地出了亂子，才意識到這是地主階級復辟，我們對城市反革命比較有底，對農村多年未搞階級鬥爭，沒底。」土改才幾年？農村地富階層早已被鎮壓成粉齏，卻還可以拿來當墊背。他後來也批轉了河南省委關於信陽事件的報告，稱讚是「好文件」，於是處理「信陽事件」出台的政策，是「民主革命不徹底」，解決的方法是「民主革命的補課」，以整風（階級鬥爭）奪回被敵人篡奪的各級領導權。到此，「文化大革命」已然埋下伏筆，連理論和話語的雛形都預備好了。文革過後，劉少奇沒逃過劫數，鄧小平卻被老毛留了活口，自然也是要他多少繼承點衣缽的，所以後來天安門鬧出事來，老鄧也去信手拈來那個「敵人」，可不太方便之處，是他接受「文革」教訓此時已經宣布「階級鬥爭結束」了，竟只好臨時編個新詞「長鬍子的」。

事件的最後處理全部不了了之

既然有墊背的，清算怎可認真起來？所以黨內鬥爭雖殘酷又常淪為兒戲。河南省委舍卒保車，拿一個縣委書記的人頭和一個地委書記的黨籍向中央作交代，惹劉少奇大怒，他主持罷免了一批餓死人嚴重省份的省委第一書記，如河南吳芝圃、山東舒同、甘肅張仲良、青海高峰等，也打算逮捕法辦一批地縣幹部，以挽回共產黨的威信，可老毛那頭不舒服了，竟以中央名義表示：「他是同一切願意改正錯誤的同志同命運、共呼吸的」。陶鑄王任重在河南，也是「風聲大，雨點小」，起初給事件定性很重，對死了上百萬人非常震驚，多次講過不殺幾個幹部不足以平民憤，也內定將光山縣委第一書記馬龍山判處死刑、信陽地委書記路憲文判處死緩，工作組並對這兩人罪行詳細取證，形成文件，但是到六一年四月間，調子就漸漸降低了，先是陶鑄不讓下面再報死亡數字，說再這樣統計下去，對整個黨的威信和形象越來越不利；接著他就不讓大家再提廬山會議以後的問題，說他同劉少奇通了電話：「少奇同志提醒我們，廬山會議是一個界限，不能因為出了信陽事件，就否定廬山會議的正確路線。」後來陶鑄幾次講話，明顯地為吳芝圃開脫。

信陽事件的處理，最後不了了之。吳芝圃調任中南局任第三書記，並且一直是中央委員，「文革」中河南群眾去廣州找他算帳，受到阻攔，後來在廣州病死，一九七九年中央還為他正式補開追悼會，稱他受「四人幫」迫害而死。馬龍山後來也沒有被槍決，據說是毛澤東定的原則，「信陽事件」一個不殺，因為責任在他自己。路憲文一直被關在河南北部的一個勞改農場，「文革」後還活著，居然乘著平反「冤、假、錯」的風頭，給胡耀邦寫申訴，說當年陶鑄王任重冤枉了他，要求平反。胡耀邦批示道：如果連路憲文這樣的人都要平反，我們還搞什麼撥亂反正？

我不知道，胡耀邦這樣的「好共產黨人」，難道真不覺得，從劉少奇的救災到鄧小平的改革，其實都不是在拯救百姓，而是拯救他們這個黨？

毛澤東強逼幾億中國人跟他玩「共產主義」大實驗，後來搞砸了，劉少奇便以務實救急，此務實的精髓也在「救百姓才能救黨」，所以「法理型」通曉權力勝於「魅力型」，但並未進步一寸；後來老毛又強逼全黨跟他玩「文革」大實驗，也搞砸了，又有鄧小平救急，這回便是「讓老百姓過好日子，他們就會擁護我們」，此「改革」無非劉少奇救災的翻版而已，但這個黨只要活過來，天下依然難過，於是八九血光之災以降，中國雖經濟騰飛，卻是香港政論家陶傑所說的「血肉盛世」：

「聖誕樹是中國製造的，買來一棵，擱在客廳的一角，彩球、電燈泡、小手杖，一棵聖誕樹亮晶晶，細看下來，聖誕樹上掛著的，是河南民工的斷臂、髑髏和手指。」這倒叫人想起鄧小平另一句話來：「只要他們日子過好了，就會忘掉一切的。」他實在沒有把中國人當人看，而這個黨的存活所需要點熬的，不是天然氣，也不是石油，而是民脂民膏。

二〇〇六年三月

晚涼天淨月華開

——話說《河殤》出洋之後

關於一條河的電視片，在中國引起了一場文化與政治迸發的高燒。我在那場高燒中昏昏然去了我曾虛構的「蔚藍色」之中，慢慢退燒了。可是我曾詛咒的「黃色文明」如今卻真的「藍」了起來，欲望大潮滾滾，而中國也像睡醒了似的，對太平洋虎視眈眈。我的「蔚藍色」憔悴了，但幻夢成真。

我的《河殤》（1）

我必須面對某種情緒的後果——由於我的加工，這種情緒變成了有政治意味、也有思想史含義的東西，雖然那是我始料未及的……

一九九一年「五四」，在螢幕上又出現了一次《河殤》裡黃河那壯闊的身影，那雄嘆悲放的解說詞如今聽上去已令我有些難堪，而是，螢幕熄滅，燈光亮起，我忽然看到許多眼眶裡閃動的淚晶……沒有人說得清那是為了什麼，只是至今還會勾起一種悲情。

那天我也說了：

我自己今天看《河殤》才忽然感覺到，構成這部電視片的幾種要素當中，如情緒、觀念、史實、問題等等，情緒的支配力很大。比如，在談到戚繼光修長城的時候，這樣寫道：「為什麼島國的倭寇可以渡過海洋來打中國，而中國人只能守在海邊，竟然連想也沒想過要去那個島國看看這倭寇究竟是怎麼回事？為什麼當時的歐洲已經擁有火器裝備的海軍四處侵略，而中國還只知道修築萬里長城？並且竟然把長城修到海邊呢？」

這的確是當年我坐著一條小船，划過蓬萊水城的拱門就面對了黃海時的一閃念，當這一閃念經過層層藝術包裝之後，我竟向誰都再也描述不清它了。這種包裝雖然只是我的職業敏感——對情緒，無論是個體的還是社會的情緒的高度興趣，抓住了就不肯放手，一定會大作文章，這回還借助了最通俗的電子媒體，不期然中竟釋放出來的，不止是情緒，還有能量。

所以，我才會遭遇這樣的尷尬：不記得是在美國的哪所大學裡，有一次我演講完了，一個剛從大陸出來的女學生站起來問道：你覺不覺得這對這一代大學生影響很大？我隨口即予否認。我倒不是忌諱它給我帶來了「煽動」的罪名，而是認為這一代大學生追求個性解放甚於民族國家前途，在理念上早已超越了《河殤》。這個女孩子忽然哭起來說：「你們怎麼這樣不負責任？」這是我第一次聽到的斥責，不是來自政府，而是來自據說被我們「煽動」的學生。我究竟在哪裡「煽動」了他們——我並不以為這要負什麼「顛覆」的責任，但倘若《河殤》真的觸動了天安門這一代的某種共鳴，我則是要負「文化責任」的，這卻正是沒有人來追究我的。顧炎武說：「國家興亡，肉食者謀之；天下興亡，匹夫有責」，這是文人不能推卸的——我不清楚這責任是什麼，但大概還是那種情緒。

學者們的《河殤》（1）

《河殤》對中國大陸之外的中國人意味著什麼？沒出國前，我只知道它觸動了中國文化的幾個大符號，如龍、長城、黃河等而招致反感，因為這在中國本土之外已是某種文化認同的符號，難怪楊振寧、李政道這些「傑出華裔」會率先有羞辱感，但那還是一種情緒。

在學術界，《河殤》是另一回事。我出來之後首先領教到的，是哈佛大學東亞語文文明系教授杜維明說：「《河殤》沒有說黃河流入的大海是哪個海，如果是太平洋的話，它首先要碰到的，就是工業東亞的台灣……。」這是很含蓄的一種批評，但意向卻是清晰的：你們呼喚的「蔚藍色」難道只是西方嗎？已經委婉地點出《河殤》的反傳統傾向。

早已如雷貫耳的林毓生教授，我出來才知道他是一個學術上絕不饒人的人，他對《河殤》就不客氣了：

> 撰稿人以誇張的語言說中國是退步的、呆滯的、老化的、腐敗的，而西方從希臘開始就是進步的，用簡單的二分法表現結構來分析問題，而且是直線的、一元論的、不是黑的就是白的……對中國傳統持整體性的否定態度是這些撰稿人的基本心態，這是自「五四」以來以魯迅為代表的反傳統的民族主義、反傳統的愛國主義。

雖然如此嚴厲，可他還是請我去他任教的威斯康辛大學給學生講中國的政治和文化。

我的《河殤》（2）

其實，七年前《河殤》正轟動的時候，在對它的缺憾之下，我已開始動手製作一部續集《五四》，來談新的想法。這個衝動，就是來自偶然讀到林毓生的一篇論文〈中國意識的危機〉，裡面有一句話對我極具震撼：「現代化不是要比快，而是要比慢。」林毓生對「五四」整體反傳統主義的清理，成為我們續集的基調，但在眾目睽睽之下恐難以為繼了。

我帶著攝製組南下去拜謁「五四」鉅子們的亡靈，從安徽跑到湖南，途經上海正是一九八八年的最後一天，好友《文匯》月刊編輯嵇偉特意來陪我們度除夕，她悄悄問我還能得拍出來嗎？我說是很忌諱，但還是要幹，哪怕播放不了。回到北京拚命趕製，在春天裡還是遇上了天安門事件，整個北京城裡再也「擺不下一張平靜的書桌」。很巧，我在製作中涉獵「五四」史料時，也偶然發現一個細節：七十年前「五四」運動爆發的那個早晨，北大校長蔡元培曾趕到校門口去勸阻學生，這個極富魅力的細節曾使我通宵難眠，卻未料到七十年後我竟會去重複這個舉動，也跑到天安門去勸學生。勸也是沒用的，一個月後，我如約將拍攝《五四》的經過寫成一篇報導文學「世紀末回眸」，經嵇偉處理後刊登在《文匯》月刊上時，我已在逃亡之中。

很久以後我才懂得了那女孩子的哭——當一九九五年的「六四」周年幾乎成了天安門領袖們被「審判」的日子時，當廣場的「激進主義」已被編進紀錄片裡倍受鞭笞時，我有一種「站乾岸」的難堪，雖然離開中國後我也「鞭笞」過他們。審判者都是我這一代的「精英」，我便愈加覺得無地自容。我又來了情緒，拿梁啟超說事，從政治激進一路說到文化激進。我說：

我們對他們應負怎樣的責任？這是「六四」以來所有知識精英都三緘其口的問題。我們永遠是一個批判、評價的壟斷中心，一頭衝著政府，一頭衝著學生，有專門清算政府的，也有分工專門修理學生的，好像這就是知識者的「後現代」特權。是否因為有了中共莫須有的「黑手」政治指控，我們就可以對自己豁免掉對學生所負之責，不管它是政治的還是文化的？八十年代文化熱當中各領風騷的幾路「文化諸侯」們，無論是「走向未來」、「啟蒙壓倒救亡」，還是什麼學院派的韋伯新馬或某四「黑馬」的尼采沙特；也無論是文學上「傷痕」的「知青」，還是電影上的「高粱酒」、報告文學上被砍了頭的「王實味」，所有這些都合作釋放了一群靈魂：黑壓壓躺在廣場上唱〈血染的風采〉去了……。

學生對我們永遠不服氣的地方，大概是我們營造了某種情緒、氛圍令他們跳進來當了主角之後，又斥道：你們幹嘛這麼激進？

學者們的《河殤》（2）

最早提出「激進主義」概念的普林斯頓大學歷史系教授余英時，在爬梳了中國近現代激進思潮的來龍去脈之後，也提到《河殤》：

那麼「文革」以後，中國思想史的激進化過程是不是已結束了呢？……經過七十年的激進化，中國思想史走完了第一個循環圈，現在又回到了「五四」的起點……從《河殤》的轟動一時，我們不難窺見反傳統的激進思想是多麼深入知識分子之心。

余英時又指出：「以中國傳統來影射專制政權而施以猛烈的攻擊……有得不償失的嚴重後果：第一，它曲解歷史，首先違背了知識誠實的原則；第二，它把一切現實的罪惡歸之於中國文化傳統，在客觀上反而起了為現政權開脫責任的效果。」

我竟落腳普林斯頓，雖不是一個學者，但還是會心儀學術界的真知灼見。

《河殤》引起的文化大討論，在中國大陸雖攪動了幾億人的情緒，卻只是心浮氣躁，沒有讓中國人明白什麼，後來的政治風潮腰斬了這場討論，它在海外反而找到了心平氣和的環境。我早就聲明，提倡批評、剖析、討論，正是《河殤》的目的，假如能夠讓中國人明白起來，把《河殤》批得體無完膚也沒有關係。《河殤》已經完成了它在中國大陸的情緒角色，它將作為一個「文化激進」的標本留在中國思想史上，這有什麼不好呢？

有一次我去余英時教授辦公室，他叼著菸斗坐在那間四壁書架環繞的房間裡，笑起來的樣子像個憨厚的中國老農。他說：「這個討論會我看乾脆就叫『從『五四』到《河殤》』怎麼樣？《河殤》從文化上提出問題是抓準了的，我雖然不同意裡面的一些觀點，但我看它提出的是真問題，不是假問題，現在常常有人提出一些假問題，爭來爭去沒有用。」

這是我來普林斯頓籌辦的第一個文化討論會。

這就是普林斯頓輝格廳裡的那次會議。當我站在麥克風前，用種種理論「武裝」了之後會說：

對火藥、紙、羅盤和印刷術等中國古代「四大發明」曾在歐洲文明中發揮巨大作用而未能在中國造成工業文明的那一番感慨，等等，都強烈地帶有近代中國的痛苦情緒。問題在於，這種早在一百年前就糾纏中國人的情緒，為什麼又重現於今天的大陸……這是中國人發現自己是一個現代化的落伍者所產生的普遍焦慮。

這種「焦慮」是什麼？在中國之外和情緒之外，你才能發現，它正是中國自「五四」以來，以細微而至驚雷怒濤之不可禦遏的激進和反傳統兩股思潮，《河殤》潑墨重彩地又一次宣洩了這種情緒，正好和盤托出中國人，尤其是知識分子還在那兩種思潮的激盪之中，而這正是中國現代化困境的癥結。抽乾了情緒來評價情緒，我所歷過的那種情緒才被描述清楚。

老外們的《河殤》（1）

我到美國才知道，《河殤》最早的英文譯稿，據說是播出不久就由CIA請一些中國問題專家翻譯的。後來，它有了正式的英譯本、德文譯本，兩個日譯本，法文譯本中途夭折；另外，美國至少有兩個大學計畫出版中英對照本，還有一些大學把這部電視片剪輯成英語配音的影片，供教學用。許多大學的東亞系都拿《河殤》當中文和當代中國的教材使用。

「說實在的，對外國的中國問題專家來說，了解《河殤》是很不容易的。」英譯者包瑞車（Richard

Bodman）近乎油滑的北京腔和幽默，在輝格廳裡引起陣陣笑聲：

> 可是能懂《河殤》，也就能懂這十年來中國中青年知識分子的很多想法和情緒。《河殤》給我們提供了一本新的教科書，可這本新的教科書是一個謎，因為它存在於一個具有中國特色的立體文學空間。為了正確認識這個新的實體，老外們沒有一個既定的理論參照系可尋，所以只好「摸著石頭過河殤」了。

包先生是明尼蘇達州一所私立大學東亞系的主任，他認為不必太在乎《河殤》的所謂「學術性」，而應研究它的通俗性和普及性：

> 在西方，托夫勒的「第三次浪潮」就是這種通俗性的社會科學作品，他依靠了很多學者的學術成果和論點，設計了一個很大膽的假設：農業文明要讓給工業文明，工業文明要讓給資訊文明。這個假設是對未來的，不能加以論證，可是還是很有啟發性。《河殤》同樣很大膽地提出了黃色文明和蔚藍色文明的假說；如果有人說這種二分法太簡單，那好，我也認為太簡單，可是這只是對話的開端而已。

學者們的《河殤》（3）

過去有沒有人把文明形象化為「黃色」和「藍色」這對概念，我不知道，在我們的話語裡，「黃色」象徵內陸取向、農業文明，而「藍色」則象徵海洋取向、工業文明。現在這兩個概念被使用得很廣泛。

那天在輝格廳裡，余英時說：

《河殤》有一個主調，是說中國不能面對海洋，永遠面對內陸，這種說法我覺得是有商榷餘地的……《河殤》提出一個重要的問題，就是海洋和內陸的問題。我覺得海洋和內陸的問題是這樣一個問題，中國的政治是被內陸所左右的，經濟文化是慢慢向海洋發展的，所以政治與文化，經濟與文化有一種衝突，不是合一的，甚至是背道而馳的。

余英時的講詞題為〈中國大陸之外的中國文化〉。他說：

我要提出一個觀察，這個觀察是說，中國的歷史是從西北，從內陸亞細亞逐漸向海洋推移的一個過程。我們最初從漢代帝國唐代帝國所遇到的敵人，都是來自西北的，到唐以後，遼、金、元都是從東北西北，都是從不靠海的內陸開始，這是一個壓力，是少數民族對中國的壓力，不斷地把漢民族從黃河流域推到長江流域，從長江流域逐漸向海洋發展。推是一個方面，就是說內陸來的政治壓力，一個代表西北的文化，我們中國的發展是從西邊向東邊，然後從北邊到南邊，慢慢地越來越接近海洋，這種發展一直沒中斷，但是遭遇到西北力量的影響而有轉折。

第一個轉折就是蒙古人的入侵。我覺得海洋和內陸的問題是這樣一個問題，中國的政治是被內陸所左右的，經濟文化是慢慢向海洋發展的，所以政治與文化，經濟與文化有一種衝突，不是合一的，甚至是背道而馳的。所以永樂的心裡想的依然是蒙古人，明朝對大知識分子的侮辱不是中國的制度，自漢唐以來對宰相、三公九卿是非常尊重的，何以有後來這些嚴酷的制度，當然是從內陸民族帶來的，最早是金人，後來是蒙古人，然後是明朝人繼承下來。但到明朝，向海外發展已經很大了，永樂有鄭和下西洋，西方人研究文藝復興的，研究航海歷史的，都承認中國可以向西發展，它何以沒發展？主要是政治原因，永樂的宮廷政治不允許這樣的海外發展。這就是我說的，內陸的政治和海洋的經濟發展是背道而馳的，衝突的，這個衝突可以說一直延續到今天，我甚至可以說包括共產黨。它真正的基地是陝北，是在最貧窮的、也最能滋養原來內陸政治那一套的土地上發展起來的，在這種土地上發展的政權，有一種封閉性，就是關門主義，對外面是恐懼的，不放心的。由於滿清王朝比後期的明代帶著更濃厚的內陸取向，海洋中國的發展在十七、十八世紀受到了嚴重的政治阻擾。歷史有時是奇詭的。近三、四百年來，中國內陸取向的政權雖然千方百計阻撓海洋中國的成長，但傳統的內陸文化，特別是家族組織和勤勞節儉的工作倫理，卻是中國人海外發展的主要的精神憑藉。脫離了內陸政治的羈絆，中國的傳統文化反而能在新的經濟領域中發揮得更為暢快。

余英時娓娓道來，說從漢唐開始漢民族被西北的內陸勢力一步步向南向海洋擠壓，東晉和宋以後就不斷開發東南沿海以至南洋，並向太平洋發展，形成了一個巨大的海外中國，說到這裡余英時問：「怎能說中國沒有『蔚藍色』呢？」我聽得怦然心動。

後來我又讀到他在另一篇關於台灣的文章裡，再一次清晰地使用了「海洋中國」和「內陸中國」概念，尤其是傳統的內陸文化之「家族組織和勤勞節儉的工作倫理」，成為中國人海外發展的主要精神資源，他寫道：

台灣成為海洋中國的尖端則是最近四十多年的事。這又是歷史表現了一次奇詭，一方面，二十世紀中葉的海洋中國已發展成熟；另一方面，它和海洋世界也完全融成一片。內陸取向的大陸政權再也沒有力量阻止海洋中國前進的步伐了，八十年代以後，中國大陸也不得不轉變為海洋取向了。我們不妨說，文化和經濟的力量是比較長久而深刻的，而政治的力量則是比較短暫而浮面的。

這大概是對「蔚藍色」最新的詮釋。

再後來，我又讀到陳寅恪對魏晉南北朝、隋唐歷史的梳理和創見，詮釋了中國文明自秦漢後何以升騰出盛世、轉又進入衰微的歷史奧祕。他認為，漢帝國衰亡轉入魏晉南北朝，胡漢混雜、佛教傳入中土等因素，推出了一個盛唐；然經一代有宋，中國文明消化了外來的佛教，再在漢族士大夫手中升華至極致，至此便墜入頹勢。有明一代北疆海疆禍患頻起，士大夫面對西來之科學和基督教挑戰亦盡承接之能事，然終未能再達消化佛教之局面，「亡天下」之結局已注定。

若將此只可歸結為中國之文明可應對內陸遊牧文明之挑戰，而無以面對海洋文明之挑戰這樣簡單的說詞，確乎有對歷史不公平之嫌。為什麼呢？明代為我國之中世紀後期，又呈現「前近代社會」之特徵；其又為處於元、清兩個外族王朝之間的漢族政權，而它陷入政治腐敗、經濟崩潰、社會腐化、朋黨之爭、滿清入寇、流賊之禍的交互作用，則是以漢族為中心之中國文化的最複雜形態。

我們也沒有意識到，《河殤》觸碰了最複雜的文明難題。

老外們的《河殤》（2）

包瑞車也許代表了「老外們」的另一種看法，這種看法覺得《河殤》宣告傳統中國文明的死亡，引起了類似西方「上帝死了」的巨大文化爭論，「驚人的責罵之激烈頗象個宗教戰爭——因為名義上無神論的中國大陸，在國家主義、民族主義這個偉大的神壇周圍，仍有不少崇拜者」，而這樣的所謂「認同危機」（Identity Crisis）是現代世界的普遍現象，不止是中國人對傳統「又愛又恨」，印度人、穆斯林、俄羅斯人，包括西方的「後現代」社會，都是如此。他的看法，暗含了一種我們所不熟悉的西方思想：對傳統要有反思能力。

有一次我應邀去哈佛大學費正清中心座談《河殤》，席間不少美國教授都稱讚《河殤》這一點，座談結束後，一位老者把我拉到一旁說：「《河殤》讓我看到了中國人有反省能力，這正是現在西方人缺乏的。」後來我才知道，他是特意從麻省理工學院過來參加座談的、以獨樹一幟而著稱的政治學家白魯恂（Lusien Pye）。

一九九三春我短期逗留巴黎時，曾同法國跨文化學院商談《河殤》法文版的事宜。這個學院受歐共體資助，為歐洲的文化整合作研究，延攬了一批歐洲的大學者作顧問，本身卻只是一個空架子，由一位溫文儒雅的拉比松先生張羅事務。別人告訴我，拉比松是法國的「新儒家」，主張復興歐洲傳統，對大革命砍了皇帝的腦袋持批評態度，很奇怪，人家還告訴我他很喜歡《河殤》，力主譯成法文出版。

見面後一談，才知道他受《河殤》啟發，打算拍一部片子，由歐洲的學者出面，約中國的學者在長城上談文化，再沿著絲綢之路到中亞、西亞及中東，約伊斯蘭世界的學者再談，一路談過去，沿途拍攝下來。真是個動人的計畫，只有珍惜傳統並走向文化多元的人才可能產生這樣的念頭。拉比松告訴我，歐洲人對東方的感覺很特殊，覺得自己的位置處在東西方之間，感覺上沒有美國人那麼「極西方」。這話起初我不懂，後來慢慢嚼出味道來了。

你曉得——
天下黃河幾十幾道彎？

如今，我才聽得出這小調裡的絕望……

海內外盛傳蘇曉康認錯了——一九九一年春天當一位《華爾街日報》的自由撰稿人分別訪問北島、張郎郎和我的時候，我沒有向那位採訪者迴避我的某種看法的轉變；他又問：你想回國嗎？我則肯定地對他說：那不是我能決定的。

這是傳播很廣的一次「認錯」資訊，國內《參考消息》轉載這篇報導時，用了「北島蘇曉康盼望回國」的標題，一幫「崇洋媚外」者居然也在西方「混不下去了」，這大概是《參考消息》的潛台詞，為此我到《華爾街日報》去向他們的編輯委員會表示質疑，我只抗議「想回國」的歪曲報導，我很清楚我沒法同美國人說得清楚《河殤》這個政治和學術糾纏在一起的「中國特色」。自然我也發現，我同樣沒法向港台和海外的學者們說得清楚。我知道，我很心悅誠服對《河殤》種種學理上的批評，那是非常嚴肅的研究，但被置於審評位置上的，是我們在封閉中饑不擇食的那些半生不熟的理論，而不是令我們產生創作衝動的那種情緒——它才是我必須獨自面對的後果。

一場風暴過去了。我沒有什麼遺憾，雖然我為《河殤》付出了很大的代價，把母語、讀者和自己的創作旺盛期統統拋閃，來到「蔚藍色」裡作寂寞的流亡者。寂寞是情緒的反面，我正需要在那裡面淡泊和思考。以前的種種「發燒」剝奪了我的思考，現在終於還給我了。此時的心境，常常令我想起梁啟超，以及他晚年的一句名言：「以今日之我難昨日之我」，對完全陌生傳統的我們這一代來說，能懂得梁啟超，也就不容易了。那天我在輝格廳裡最後說：

《河殤》已經成為歷史，我們會往前走。

一九九五年十二月十日

女人一台戲

——「六十年」評說的一個側面

「紅衛兵」批評「八九」學生

二〇〇九年檢點「新中國」六十年史，讓我們先來檢點一番這裡面的「女史」，或許別有一番風景。毛澤東說他這輩子就幹了兩件事：打蔣介石和鬧文革，只有後面這一件屬於「六十年」之內，且有一位「旗手」（江青）是女的，便叫男人遜色於女人；還有一件事情，即一群女學生打死了她們的女校長，也使得女性在文革中令人印象深刻。三十年後的「六四」，其象徵是個「民主女神」，偏偏絕食總指揮也是一位女學生。我這麼突出女性，倒不是用來討好「女權主義」，而是，對這些「歷史中的女人」的批評者們，也都是女人。你說奇不奇？

上述這些「女史」細節，你只管把它們簡單地排列起來，不做任何分析，就會發現，期間有一種看不見的神祕關係。不過，我現在連排列也省了，因為美國紀錄片女製作人卡瑪．韓丁的兩部片子，恰好把這部「女史」神奇地勾連在一起，形同一部上下卷。她也許是無意的，則更說明某種內在聯繫避不開。

兩部紀錄片都很著名，即《天安門》和《八九點鐘的太陽》，其內容無須贅述。在時間順序上，有點顛倒，《天安門》似乎播出在前，就先說它——卡瑪在這裡是一個批評者，她的鏡頭裡最著名的一段，就是生動地展示絕食總指揮柴玲「讓他人流血，自己逃生」，坐實了八九學生領袖的「激進」。但這部片子之前，早就有人批評柴玲，我記得最早一位，是剛從秦城釋放就來哈佛的女作家戴晴。她一到那裡，波士頓就有一座「道德法庭」出現，「要判柴玲重罪」。這其實是《天安門》紀錄片的一個劇本草稿，那裡的「法官」多數也是女人，有的後來就是紀錄片裡的「受訪者」，其潛台詞是，政府（黨）被學生逼急了，好像鄧小平沒有退路。

「符號」「化身」與「合成」

批評了天安門學生之後，卡瑪扭頭又去讚揚二十年前的紅衛兵，片名用了毛澤東的一句話「早晨八九點鐘的太陽」，這倒還在其次；我們實在沒弄懂的是，那些紅衛兵不是鄧小平最痛恨的嗎？因為他就是把柴玲他們當作「紅衛兵」，才下了狠手。可是，最早的紅衛兵都是他們自己的子弟——北京的「老紅衛兵」，特別是所謂「西糾」，搞「血統論」的那一夥，「紅八月」裡殺人不眨眼，卡瑪的電影裡有一位著名的「要武」宋，蒙著臉在鏡頭裡說話——四十年前就是她那個中學裡的女紅衛兵們，打死了自己的女校長卞仲耘，而鄧小平有個女兒也是那裡的一個女頭頭。

「紅衛兵」與「八九」學生，前者批評後者——據說卡瑪當年也是一個「紅衛兵」，於是《天安門》毫不留情地鞭笞柴玲，《八九點鐘的太陽》卻竭力為宋彬彬辯護，說她「背黑鍋」——是她上天安門親手給毛澤東戴上「紅衛兵」袖章，老毛賞賜她一句「要武嘛」，一錘定音將「紅衛兵」跟暴力掛，也是封賞施暴的特權給高幹子弟們（「西糾」「聯動」）。假如卡瑪同情一個女孩子，解讀這段歷史乃是老毛讓宋彬彬背了「黑鍋」，那麼她會不知道以柴玲的年紀和經歷，根本不懂「血流成河」的意思嗎？她不也給柴玲扣了一口「黑鍋」？

卡瑪對記者說：「宋要武」成了一個「合成人物」（composite figure），成了一個符號，什麼壞事都安在她身上，變成一種神話，變成「文革」中紅衛兵暴行的化身。——可是，卡瑪難道不是把柴玲當作一個「符號」和「化身」來處理的嗎？其手法也是「合成」：把柴玲的兩段相隔四十分鐘、對兩個記者講的話，剪輯在一起。

對紅衛兵及其歷史的清算者

其實，兩個女學生都是時勢造成的「公眾人物」，都逃不脫「符號化」而被世人評說。但是最大區別在於，她倆身後所代表的，是截然不同的兩個集團：「八九」學生是被殺者，紅衛兵則是殺戮者。末了，卡瑪也免不了被世人評價，因為那兩部著名紀錄片，有人也追究她的「家庭出身」，指出她的父母曾為毛澤東的專制和屠殺大唱讚歌，這是不是也算一種「血統論」呢？這是「文革遺產」，她所歌頌的東西，最終報復到她自己身上。

對紅衛兵及其歷史的清算者，也是當年的一個女學生，但她從來不曾是一個「紅衛兵」，今天看來，這點區別不是沒有意義的。王友琴固執地「考古」紅衛兵的暴行，絲毫不顧及他們的「理想主義」濫調，那卻是卡瑪所讚揚備至的；而卡瑪又絲毫看不見「八九」學生的「理想主義」，卻圖解他們心懷叵測。「理想主義」無法當作一種事後的辯解，看來是批評者的一種邏輯。《八九點鐘的太陽》不就是想給「紅衛兵」塗抹一層矯情的「理想」光暈嗎？自然，也是順便給西洋人開一開「東洋葷」。

六十年橫跨毛鄧兩代，留下的幾乎只有血跡，以及年輕人的躁動。這是一個什麼世道！

二〇〇九年夏於德拉瓦

非自願的流亡

——懷念劉賓雁

猶如瞿秋白臨終留戀「中國的豆腐」，賓雁在病痛中抱怨美國這裡吃不上地道的「燒餅油條」。一個秋天去看他，見他骨瘦如柴地躺在客廳沙發上跟林培瑞聊天，夫人朱洪說他體重還有一百五十磅，曾是一個偉岸的漢子，病入膏肓的境地還饞得很，叫我依然可以想起每次下館子，別人不動筷子的扣肉只有他吃得香……

他的直腸癌治療失敗了，聽他和朱洪覆述治療過程，也不得要領，好像一開始的放射治療效果很好，既減低了癌細胞指數，身體亦無甚難受，於是停下來使用口服藥，癌細胞又上升，醫生又讓放射治療，卻換了一種藥，情形便開始逆轉，既不殺癌細胞，惡性反應也起來了……老兩口艱難描述著莫名其妙的治療時，傅莉踉蹌地進來，賓雁指著她對我說：「現在我成了她，朱洪成了你。」老太太已經顫巍巍了，只一年未遇，她手指和嘴唇都在抖動，她說醫生說她有「甲亢」，回來的路上我對傅莉說，只怕賓雁未走，朱洪先倒下……

有病患社會學這門研究嗎？病患群體（patients）的錯覺、幻想、神話、語言皆自成體系，跟常態社會已經脫節，他們被動地受制於醫治者、宗教者（靈界）和超越領域（信仰、神）的操控，不再有自我，直到靈魂出竅；假如還有自我，那也是一個只提供病患體驗以迎合各種神話的破損主體，此情形一如前現代社會之需要巫魅，因為尚無足夠知識甚至科學可以解釋周遭，便只能構築神話以紓解疑惑和恐懼。現代醫學因研究發現日益增進而成一繁複龐大的體系，非專業人員不能知曉其一二，大眾社會亦成一個醫盲社會，情形與前現代之缺醫少藥並無二致，甚至現代社會之通俗健康文化釀成民眾皆一知半解於醫學，更對巫魅推波助瀾。蘇珊．桑塔格曾劃分「康樂的王國」和「病痛的王國」，如今我看已經不必，兩廂都在錯覺之中。車禍後我攜傅莉浸泡其中，常常只是靠幻覺、希望活著，而無力返身。

終老異邦，賓雁是沒有心理準備的，我想這大概跟出國的年齡有關，過了知天命的年紀才被放逐，會心心念念於回鄉，後來他甚至不是為了治病，只想大江南北再走一遭，這是外界所知他的唯一遺願。思鄉自然更是一種幻覺，幾千年的幻覺，孕育了絕世的樂府唐詩，不過賓雁的思鄉並非「床前明月光」，他是政治思鄉，耿耿於那廂的水深火熱、朱門酒肉乃至狼煙四起，跟民主不民主倒不大相干。他始終關注的細節直到北京豬肉幾錢一斤，而從不理會紐澤西的汽油一加侖漲了多少。已經網路時代，多少年了，他還一直在剪貼中文報紙，難道他只相信鉛印的新聞？我想那是他思鄉的一種形式，也是他在異鄉延續記者生涯的無奈之舉。賓雁是一個最苦的中國放逐受刑人。流亡，在近十幾年的中文語境裡遠不是一個晦氣的字眼，毋寧頗有些「放洋鍍金」、「生正逢時」的隱喻在裡頭，而對賓雁，無論歐陸古典、英美氣象，仍不過是西洋鏡，他卻只惦念江東父老。與其說中國的百姓不能沒有這顆「中國的良心」，倒不如說劉賓雁更不能沒有中國老百姓，於是放逐他，便是把他從中國的胸膛裡摘除出來，其存活的艱難，以新潮「流亡」說解之，未免蒼白。

據說「流亡」之建樹有兩造：一端丈量個體陷入孤絕深淵之體驗和代價，另一端則離棄隔絕，別開生面，攀援於異域文化，乃至雜交（hybridized），這大概便是當下時髦的「全球化」吧？顯而易見，兩造均未呈現於中國大陸流亡社群之中，原因無他，這是一個地地道道的不情願（Involuntary）的流亡階層，時代和命運的一個誤會，那裡面有幾人是甘於流亡、自我放逐、蔑視回國的？大夥兒十幾年還在中文裡面糾纏，苦苦書寫著「夢裡河山」的中國毋寧是對「流亡」的一種拒絕。這也無妨，卻為何又要標榜「流亡」，還不惜拉上賓雁這老爺子作大旗？八十年代國內那陣子，大陸尚在前現代，人民需要「良心」、「青天」，賓雁不想當也不行，可是在異邦又要當「不死的流亡者」，海外封他這頂桂冠的那次祝壽聚會我沒去，不知道賓雁心裡勉強不勉強，但從旁看去，他把這些大符號從東方負載到西方，真是辛苦。

劉賓雁在中國共產主義幻滅的時代，當了一次天字第一號的大記者，無人可以望其項背。他在最新型的極權底下喚醒了古典的與民伸冤的「青天」文化，他給了沒頂深淵的中國人虛幻卻無以替代的一個希望，他在文字獄世界裡創造了一種新的抗爭文體，他頑強地維繫著、宣示著某些最基本的倫理規範。他的人格和文字，是他的時代無以磨滅的一個標志。

他自己也帶上了難以磨滅的時代印記，不巧又配上他性格的耿介、尖銳，也留給中國一點典型的「劉賓雁爭議」，比如關於「忠誠」、關於馬克思主義等等，這些彷彿老掉了牙的概念，讓快速西化、自由化了的中國異議陣營嗤之以鼻，也不會再引起新一代中國人的任何興趣，但我想賓雁的問題會一直頑強地留在中文語境裡，甚至，今天的中國人有沒有資格來討論「忠誠」究竟是什麼東西，我都深表懷疑。劉賓雁身後的寂寞，將是長久的。

解讀劉賓雁，估計將是當代文學史上的一個空白，因為在中國當代史被釐清之前，劉賓雁的文學含義也不會清晰起來，而他所代表的那種文體也只有被忽視的份兒，這種文體轉瞬即逝，太短命，是文學和政治的雙重緣故。我想賓雁的意義更在當代思想史上，他以一生的代價丈量了共產黨的言論政策，他是當代中國言論自由的一塊尺碑，言論尺度乃是中國全部政治的基準線。雖然，言論空間的拓展並非從無到有，但以極權政治的全能特徵來看，自由與權威的博奕常常始之於說破真相，即哈維爾洞見的謊言成為權力運行的本身，劉賓雁是一個撕開口子的人，他從懷疑細節開始，懷疑整個龐大的烏托邦；他也最先開始講真實的故事，講得全中國如夢初醒；他獨領風騷，撩起一場暴露文學、揭短新聞的風潮，竟無意間賦予記者職業一頂「為民請命」之冕，在沒有法制的中國，曾將傳媒業的社會干預功能最大化，可謂「無權者的權力」風光一時。

這個劉賓雁的言說奇蹟，永遠地留在八十年代的清新空氣裡，並附帶留下了那個時代裡一種精英與普羅的互動方式，由此「中國的良心」桂冠第一次出現，而非劉賓雁莫屬。今人說賓雁，又常常從中國古典座標上找到屈原那裡，則是這種互動的另一個側面，老百姓總是憐憫忠臣，而並非只有青天顧憐蒼生。我則另有一個向度，覺得賓雁身上，叫人依稀可見某種俄羅斯精神，悲天憫人，惻隱之懷，永遠地傾向弱者，有些杜斯妥也夫斯基的影子。

劉賓雁被放逐後的中國大陸，跌進所謂「後極權主義」，權力與資本媾和，原始積累血淋淋，跑馬圈地不已，謊言瀰漫並變得更徹底，「無權者的權力」反而消失得無影無蹤，此刻，劉賓雁還有精神遺產在那裡嗎？新一代持不同政見者們，連賓雁的同代人李慎之，皆言必稱哈維爾，頗類似五四當年之言必稱希臘，而足見我們自己文化中抗拒權力之支持意識的稀薄可憐，又似乎賓雁未曾增添什麼在其中，誠為悲涼，若論五十五萬右派，更算上四九年以後的數千萬條生命，這麼昂貴的代價，是需要賓雁這樣的象徵性人物有一點精神遺產的。為民請命、青天意識這一類古典，在消費犬儒的新世態裡還能掙扎嗎？賓雁這樣的人格魅力或許已成明日黃花，枯萎在聞聽過「右派」這個字眼的那幾代人心裡。

他走到人生的末端依然是一個強烈的左派。那天我想起身告辭，他按住我們：「再聊聊。」於是我們聊起國內的劉曉波來，賓雁滿面愁容地說了一句：「你說他怎麼那麼右？看美國什麼都好，還替美國打伊拉克做宣傳……」我對賓雁說，中共搞民族主義，反西方霸權是意識形態，必然攻擊美國的伊戰，這跟西方知識分子反戰的理由完全不同，而國內的異議分子，從反體制的角度也必然跟美國站在一起，尤其是他們必須反對海珊的獨裁，你能苛責他們什麼呢？看來，賓雁跟前十年蟄伏佛蒙特山裡的索忍尼辛很相似，厭惡美國資本主義，他們大概都有濃厚的社會主義傾向，不知老索也是一個新馬否？他無疑是個大俄羅斯主義者，那麼賓雁也是大一統主義者嗎？左派而又大一統著名的，台灣有一個陳映真，反之，中國流亡陣營裡有一個曹長青，不遺餘力推銷美國極右的「牛康派」，卻是支持台獨而著名的，那麼，左、右、統、獨的洗牌規則在哪裡？它們的內在聯繫是什麼？到此，我已經理不出頭緒了。

二〇〇六年一月十五日

中國人誤會文學太甚

——高行健的文學理由

倘若高行健的獲獎演說可以葬送另一個演說，毛澤東的《延安文藝座談會講話》，哪怕只在少數幾個作家的心靈中葬送掉它，我都覺得兩千年諾貝爾文學獎，沒有枉然授予中國人。有人說高的演說「太政治化」，我則猜他有不吐不快之感，也是存心要借這個講壇來說這番話的，上個世紀就該說了，拖到這個世紀才說，已經是一個悲劇，說他「政治化」的人恰好並不真的厭惡政治，或者對所謂「延安傳統」毫無感覺。

中國大陸好像商業化了一個十年，便不知有「毛」，何論「延安」？倒是小說已經可以拍賣了，雖然對於文學來說，商業化不過是另一個「延安」而已。文學「市場化」底下的人很難想像「黨管文學」，大抵也是一種單向度。二十世紀，從延安開始的「欲改衰翁為姹女」（陳寅恪句）的一場精神閹割，使得以億計算的中國人不僅不會思想，甚至不會言語，被魯迅在世紀初就要「療救靈魂」、並一脈相承到「靈魂深處爆發革命」的一個民族，有沒有文學已經不是最要命的事情了。清算「延安」，其實從八十年代就開始了，乃是當時大陸評論界的一個興奮點，諸如劉再復、黃子平、李陀、孟悅等，均有精彩議論，卻也在八九血祭之後隨著諸多自由思潮沉寂下去，以致今天許多人並不曉得高行健說的是什麼。

現代中國人實在誤會文學，也虐待文學，蓋因太迷信文學有什麼天大的功能。解釋學認為，文學虛構的指涉，乃是一個「空物」，維根斯坦稱為「零度原始」（the zero origin），那是一個任由讀者憑自己想像力去填補的空白，因而可以是無數不同的私人性的填補，亦即無數不同的「話語」（discuss），然而，總有某些權力要來控制、選擇、組織和分配這些「話語」；權力如果爭奪不到話語，它便不再是權力；也因此，所謂話語就變成使人實際上不能在話語之外思想，換言之，人們說話，不過是在說權威性主體讓他說的話。

中國人被毛澤東虐待得畜生不如，不是由於恐懼，而是心悅誠服，這當中所謂「話語」的被改造，是比思想改造更察覺不到的一條，有人形容如同經濟上的所有制改造，是一種「話語國有化」，「以往留下的任何文學慣例、寫作風格、擬想讀者群及擬想寫作自我，都面臨著作為『私有物』交公的別無選擇」（孟悅），而四九年以後大陸的小說、戲劇、電影，無非是「話語統一」運動的一堆產品，跟文學、藝術皆不相干。

八十年代曾有一個「重寫文學史」的口號，似乎想去清理這種「話語國有化」是如何可能的，黃子平不知從哪裡拈來一個「社會衛生學」（social hygiene）的提法，給我印象很深，覺得由這個「衛生」及其帶來的「治療」概念，大約可以把中國現代思想史跟文學史串起來講了：本來近代恥辱起於所謂「東亞病夫」（跟鴉片有關），一上來就沾著「醫院」的味道，但是「醫生」與「病人」的身位，卻是由據說受果戈里啟發而寫出《狂人日記》（大概是中國文學的第一個病人）的魯迅來界定的：知識分子——啟蒙者，農民——被啟蒙者。魯迅大約被梁啟超「啟蒙」出來，特別受他那個「小說救國」高論的影響，才棄醫從文，也未可知。總之，思想史上的「救亡」與文學史上的「療救」，都是要從文化到靈魂治療這個

「東亞病夫」，既無限誇大了「思想」的作用（即林毓生歸納的「借思想、文化以解決問題的方法」），又極度膨脹了文學的功能，並且兩相激蕩，弄得二十世紀中國既無思想也無文學。

畢竟只是書生的激進幻覺，無論「救亡」還是「療救」，五四新文化處於汪洋大海的民間中國，微若螢光，第一位「療救者」最終也以《野草》表示他無話可說了，其絕望在於「五四話語」不僅喚不醒「鐵房子裡的人」，而且還面臨著將要被它的療救對象「反治療」的命運，那就是「延安話語」的出現。

延安修理五四，那就真的是一場「治療」了，黃子平繼續使用他那最具象徵意味的「衛生學」概念，說延安整風清算了丁玲的一部小說《在醫院中》，這場整風正好是把「五四」薰陶出來的類似丁玲這樣的知識分子，送進一個「醫院」裡去重新「治療」一遍。整風的口號是「懲前毖後，治病救人」，即徹底顛倒魯迅「療救」文學所界定的「醫生」（知識分子）和「病人」（民眾）的位置，重新詮釋「乾淨」和「骯髒」的含義，用毛澤東的話來說就是：「拿未曾改造的知識分子和工人農民相比，就覺得知識分子不乾淨了」；有趣的是，另一位「五四」幹將羅家倫曾描述知識分子與民眾的關係，是要「身上蒙上猴子的皮，這些猴子才會相信你」，延安的毛澤東則要知識分子「脫了褲子割尾巴」，原來知識分子自己才是「猴子」，必須「脫胎換骨」。基本上，毛澤東是很服氣魯迅的，大概這位「民族魂」給了他修理「靈魂」的極大想像力，而那是「十月革命一聲炮響」送來的馬列主義無法比擬的。

痞子們是準備好了一套「文化」才去登天安門城樓的，這一點被許多搞思想史的學者所忽略。這套「文化」最初大概只是一首〈東方紅〉，其手法也簡陋到去篡改陝北情歌，卻是已「被改造過的」知識分子的作品了，所以人們好像只看到共產黨有「土改工作隊」，並沒有注意它其實也裝備好了「話語收繳隊」（否則延安幹嘛有一所「魯迅文藝學院」）。這個黨從一開始就不只要統禦山河，還要徹底實現「五四」未完成的「療救」目標，對中國人搞「脫胎換骨」的，至今即使在文學史領域也很少有人去研究、梳理這套「脫胎換骨」術。孟悅是涉獵這一領域的少數人，她曾寫道：「新中國成立以來，國家話語對社會意識及無意識領域嚴絲合縫的統馭，應當說最充分地展示了中國特色。這種統馭不僅體現為文化監察制度和對於新聞言論的種種限制，而且意味著使群體想像域、各種表意系統和神話生產過程本身，一律成為意識形態國家機器的組成部分。」

孟悅曾以「翻身」經典之作《白毛女》為例，出色地破譯了新中國敘事設計中的意識形態詭計：關於喜兒的敘事雖然突出了一個性暴虐的情節卻不傳達與性別有關的任何話語，「喜兒與黃世仁之間強暴被強暴的性別壓迫事實一旦被抽空，便只剩下壓迫被壓迫的關係式——剛巧符合我們關於『階級』概念的簡單化理解……隨著喜兒『身體』標記的完全消亡，她的性別處境已被抹卻，痕跡不留，但留下的那個空位，卻被名之為『階級』。一個不再有身體的『受壓迫女人』就這樣在被剝除了性別標誌之後，變成了『受壓迫階級』的代表。」（孟悅《性別表像與民族神話》）

《白毛女》（從話劇、電影一直發展到芭蕾舞劇）之後就更是洋洋大觀了，小說《林海雪原》、《青春之歌》（從小說到電影甚至到樣板戲），電影《洪湖赤衛隊》（從電影到流行歌曲），《受租院》（從大型群雕到紀錄影片、博物館），等等，以及整個龐大的、有大師級人物（如老舍、茅盾、郭沫若）作為支柱的「革命文學」，填充著中國人的所有想像空間、表達方式乃至潛意識領域，在真實暴力之外的所有領域，都是詞的暴力、視聽的暴力、語言的暴力，最後才是思想的暴力，即無聲無息地灌注直線式二分法、非黑即白、單向度的思路、態度，由此形成一種「中國大陸性格」，讓毛鄧兩朝受用無窮（唯一的麻煩是製造出來的對手跟他們同一性格），甚至「取消階級鬥爭」之後，尚可遺澤第三代江澤民，很現成地用來製造「東西方」的對立關係式，「階級矛盾」國際化。所以北京沒有如同它在國際上的兄弟黨那般皆垮在二十世紀之內，而可以延捱到今天，大概要拜賜五四「療救文化」的成功。

在中國大概只有等到把文學還原給個人（personal），人民才可能還原為人（human），我想，這就是高行健想說的「文學存在的理由」。

二〇〇〇年十二月十六日

文化的飄零

（一）

中國被「屠殺」後有一句調侃：「精英」不是在外頭（國外），就是在裡頭（獄中）。套用一句台灣愛用的文雅用語，這大概也叫作「花果飄零」吧。飄零者，散落海外也。一九四九年有過一次大規模「飄零」；沒幾年，「飄」到港台的，又陸陸續續往歐美「飄」。總之，凡「飄」出去的便漸漸被「裡面」遺忘，如我輩（「文革」一代）對胡適先生除「美帝文化走狗」之外一無所知。這是一層。另一層是，據說當時「飄」出來的人，忽然聽說「裡面」好得很，連「文革」那時殺成一團，也渾然不覺，許多人又「飄」回去了，結果吃了很多苦頭，又往外「飄」。

如今也是這樣。不過相去三年，「裡面」對飄零在外的「花果們」，已漸漸露出戲謔的意思，說你們前幾年也「風光」夠了，該輪著下一撥人「風光」了。港刊上也有了這樣的文字：「曾幾何時，前些年許多艱澀而紅火的試驗、顛覆，新進口的理論，才出籠的先鋒，轉眼紛紛已成過景黃花，寂寞得很了。」

據說，也沒人去附和官方的討伐，只是大夥兒對「精英文化」已經厭了，如今熱的是平民的俗文化和肥皂劇。再說「飄」在外面的人，也漸漸對「裡面」生疏起來，摸不著感覺了，先是眾口一詞「天下將大亂」，繼而又說裡面「黃金滾滾」，不少人心裡癢癢的又想往回「飄」了。

秋天在哈佛見到一些裡面出來的朋友，大概都是搞學術的，個個聲稱不看報不問天下事，有的沉入考據癖之中；有的一派政治冷感，極言「中國不會變，誰死了也不會變」，好像特意要對海外求變心切兜頭潑一盆冷水。說起裡面的光景，「毛澤東熱」已是舊聞，什麼「中華大家唱」、「易經」熱、辭典熱、「文化衫」變成「語錄衫」、「唐詩今譯」發行二十七萬冊、北大青年教師重注「十三經」，等等，我都懵了。一個月後又見到另外的朋友，卻說起這幾年裡面「自由化分子」能做的唯一動作，就是反「左」，還好不容易借了「鄧南巡」講話的「東風」，那艱難程度比起當初反「凡是派」還甚十倍，彷彿十年白過了，一切從頭來。我聽了這些，忽然覺出自己已然是一個局外人了，再難「進入」中國去——很難冷漠，也很難為鄧的講話所激動，大概也不愛看肥皂劇和「唐詩今譯」。

（二）

九〇年代初我去台灣，一下飛機就說，渴望拜謁名重一時的柏楊、陳映真和李敖。柏楊從台北郊外的山上趕來會我，彷彿離市囂已經很遠。在一個飯局上見陳映真，看上去眼色迷濛、一臉厭世。再打聽李敖，說已經躲出台北。我這才意識到，三位名士如今都已在塵世之外。向台灣人打聽他們，會招來一頓奚落：都什麼年月了？

那時台灣的出版界很慘，書店裡只有最年輕的女歌星的最短的格言集暢銷，大家對另一種語言——

立法院裡的「肢體語言」又想看又煩心。朋友告訴我，當年的文化精英已成古董，如今台灣是政治精英和大眾文化明星的天下。

還有人記得林懷民嗎？二十多年前台灣文化藝術脫出體制的第一步，就是從他的「雲門」開始的。台上台下一起流淚，台灣成了「國際孤兒」，執政黨和文化人都需要「本土化」。這情形，就如同後來鄧小平和大陸知識分子，都需要「傷痕文學」一樣。

看來，兩岸的結局差不多，都是占統治地位的官方意識形態，與反體制的文化力量同歸於盡，代之而起的是大眾消費文化。雖然這在台灣，是經「美麗島」事件的壓力而促使蔣經國變革，而在大陸則是經由一場流血，在刺刀下將文化精英趕到「外頭」和「裡頭」。不過我想，即使沒有「六四」，商業化的大潮也已勢不可當，文化擺脫政治魔咒之後，還會套上商業化的魔咒，這個趨勢是注定的。

所以，海外文化人還未結束政治流亡，恐怕要準備另一個更漫長的「文化流亡」了。

（三）

杜維明講「文化中國」，有三個意義世界，新加坡來的學者郭振宇說，你忘了一個「世界」——大眾文化。那些流行音樂卡帶、KTV、卡拉OK、香港電影、武俠小說、通俗文學，已是「中國文化共同體」的一部分，它們超越地理上的「三個意義世界」，在所有中國人的世界蹦來蹦去，所向披靡。台灣「小虎隊」打遍兩岸，四年贏利四千萬美元，《亞洲週刊》稱「小虎隊統一中國」。其實在海外的一般中國人當中，哪裡有中國文化的主流？能有的就是這種中文式的消費文化。

大眾文化是港台商業社會的分泌物，以其經濟強勢，已對大陸構成絕對優勢的文化霸權，在後現代的中國，或許成為主流。它的源頭活水，大約是四十年代上海十里洋場孕育的市民文化（中心），後來同地域性的嶺南文化、閩南文化（邊陲）雜交而成，這就如同港台的通俗小說，都要拜當年上海租界裡的張愛玲為祖奶奶。

台灣社會的現代化雖不過比大陸早了十年，卻使兩岸處於兩個時代。台灣因七〇年代先得技術文明和消費文明而占據高屋建瓴之勢，大陸遲至八十年代對外開放，勢必成為發達國家的商品和文化消費品的傾銷市場，這種情形，正如台灣在經濟起飛時成為美國和日本的市場一樣。這種落差，又是因為港台處於西方體系之內，其體制雖也鉗制民間對政治的參與，卻同時給民眾以不參與的「自由」，因此給社會留下通向世俗的巨大空間，各種「次級文化」或「亞文化」都可以在政治禁忌之外發展；而大陸由於對文化資源和人的心靈的過度摧殘和禁錮，「次級文化」無從滋生，「文革」後文化的復甦需要向外借助一個推力，這在知識界產生對西方各種思潮流派的囫圇吞棗的現象，在民間則產生借港台通俗文化而世俗化的現象。

如今大陸畢竟在一場血的祭奠之下，放縱了民間次級文化的滋生，於是，在那最古老也最現代、最敏感也最冷漠的、最中心也是最邊緣的北京，大陸人自己的市民文化，從崔健的西北風搖滾到葛優的大陸版「無厘頭」，從王朔的「痞子文學」到毛阿敏的演唱會，真正肆無忌憚地——沒有政治禁錮也沒有精英壓制地成長起來了。

（四）

市民文化的興起，淡化政治色彩，無意識形態傾向，卻有反「精英」傾向。

文化空間的獲得，原本是仰仗一個龐大的文化買方市場的興起，文化產品迅速變成了商品，使得任何精神層面的影響——無論官方的還是知識精英的，都必須減弱到市場可以接受的的程度。這恰好形成一種張力，產生了精神上的中間地帶。同時，文化的市場化迫使各種新思潮、新觀念都必須走大眾化的路線，這種大眾文化的消費性和傳播方式，都是精英文化所不適應的。

在中國文化當中，大傳統（精英）與小傳統（民眾）之間的緊張和衝突，從未消除；一百年來傳統的式微，又產生如毛澤東一類利用小傳統反大傳統的能手，使兩者在深層蘊涵著敵意。

大眾文化在中國有雙重的邊緣性——文化上的和地理上的，它由邊陲侵入中心，對大傳統下的精英文化構成挑戰，就象歷史上的邊緣人入侵中心，將文化人邊緣化；同時，以傳統包裝現代，廉價出售，將民俗文化（小傳統）商品化。

地處儒家文化區邊陲的港台消費文化，衝擊著處於前現代的大陸，以濃厚的西洋化和反傳統特色對其「反哺」，並召喚大陸市民文化的興起，從價值觀念到話語系統都迅速將大陸解構。

在一個更大的背景下，以西方中心主義和經濟強勢為後盾的現代消費文明及其痞子文化（kitch culture），到處都在瓦解著人類的傳統價值，也創造著多元的前景。

然而，真實的多元是不可能了。消費文化的統一性，正在於市場的統一性，和感覺被複製的單一性。利潤與欲望宣洩的結合，使文化變成工業，利用人的弱點和文化的弱點達到最大利潤。一切都表現為對時間的高度敏感，以瞬間頂替永恆，將哲理和刺激煮成一鍋，先鋒派也向通俗化妥協，逃避生活的方式就是玩藝術……。

中國正在融入世界市場。她變得越來越世界性但也讓我們越來越陌生了。

中國在改變，但注定不會再按照某一種理想去塑造了。

一九九三年一月

輯五 存亡

劉曉波把激進煎熬成溫和

從「中國要當三百年殖民地」，到「我沒有敵人」，此間距離多少、又如何丈量？這既是從文化到政治的距離，從尼采到甘地的距離，也是從叛逆、狂妄、目空一切，到自省、謙卑、甘下地獄的距離。

劉曉波因「文化激進」而備受批評，又因「政治溫和」而同樣備受指責，受「兩面夾擊」如是者，在中國又曾有誰？

從六四清晨在大軍環伺的槍口下帶出廣場抗議學生，到身繫牢獄贏得諾貝爾和平獎，劉曉波二十年換了一個人，雖依舊桀驁不馴，但他已然有了一副溫和心腸。

「文化熱」尾聲的黑馬

大約八八年夏秋之交，我與劉東合作構思《五四》電視片大綱，他是李澤厚的博士生，為「師道尊嚴」而下戰書給劉曉波，約在社科院研究生院禮堂辯論。我未前去觀戰，事後聽說雙方打了個平手，但坊間說法是兩人皆稍微口吃，論戰因此而精采。這可算是八十年代「文化熱」的尾聲花絮，而以「黑馬」之稱鵲起，劉曉波幾乎就是一個「憤青」的始作俑者。

歷盡變窮、地蠻天荒之後的八十年代，「文化」忽然風靡起來，各路神仙皆不免「語不驚人死不休」，據稱《河殤》對此「集大成」，鞭笞傳統，謳歌西化，驚動海內外。未料劉曉波竟嗤之以鼻，他說：

「《河殤》在解說詞和畫面的背後，蘊含了中國人幾千年的虛榮心，它不是徹底承認中國落伍。比如一開始的舞龍場面，拍得激昂，很有力量，如果我拍的話，我會拍出中國人如何的萎縮、軟弱和『操蛋』，而不加一句解說。但《河殤》潛在的意思還是在說中國是一個偉大的民族，中國人百分之九十九的萎靡狀態和那些畫面表現的精神狀態差得太遠了。我在〈新時期文學的危機〉一文中，曾指出中國人從肉體到精神統統陽痿！」

港台及歐美的中國學者曾一致指出《河殤》文化上的激進傾向，但劉曉波更激進：

「我承認我對中國文化的研究，最後走投無路，如果你把問題歸結為政治腐敗，再及文化腐敗，就會問：為什麼孔子的思想能統治中國這麼多年，至今陰魂不散？我沒法回答。我說過可能與人種有關。我絕不認為中國的落伍是幾個昏君造成的，而是每個人造成的，因為制度是人創造的，中國的所有悲劇，都是中國人自編自導自演和自我欣賞的，不要埋怨別人……」

以上兩段文字，皆引自一九八八年十一月香港《解放月報》（開放雜誌前身）主編金鐘對他的專訪，那堪稱驚世駭俗的一席談，其狂妄姿態，令雄嘆悲放的《河殤》相形見絀，其中最著名的，便是他的名句「中國需要殖民地三百年」——假如中國八十年代只許選幾句經典之語，絕對不能少了這一句。

劉曉波的「黑馬」身影，帶有尼采、傅柯、沙特這一路的叛逆底色，雖然他是後來坐牢才開始讀尼采，「第一次讀傅柯是一九九四年，他的《癲狂與文明》和《規訓與懲罰》動人心魄，就連很少看理論書的妻子，也在我的朗讀中進入了凝神狀態」，而他的閱讀毋寧也在清理自己的偏激。照余英時梳理的中國近代思想史上的激進化脈絡，其間最為激昂的身影是譚嗣同，他一隻腳還站在坍塌的傳統廢墟裡。在他身後，反傳統的後代們，是連傳統的邊都沾不上了，支援意識唯有來自西方，劉曉波之醉心傅柯（批判權力），於此可見一斑。

「文化」熱到八八年底已經熱不去了，或者說「熱」出了政治瘧疾，否則劉曉波定會有更驚世的文化豪舉。不過「文化」的退場，恰好將已經熱身而躍躍欲試的文學博士劉曉波，送進另一個沙場，他在那裡竟一發不可收拾，幾度生死……

飛蛾撲火，火中取栗

米涅的《法國革命史》認為，一個專制恰好是在它最願意改革的時候，引發了革命。這頗可以拿來映照一九八九年的中國。不過中國當時還有另一個特點：大眾最不恐懼的時候，恰好是知識分子最謹慎委靡之際，那大概是厭倦革命、畏懼政治、希冀和平演變的一種綜合症。風雲驟起於首都最龐大的一個政治空間，那裡曾是各種革命妖魔狂舞之地，飄蕩著醉人的死魂靈。學生們使性子要跟共產黨死磕，「長鬍子」的知識界卻整體是個「政治唐氏綜合症」（先天愚型兒），在旁邊又哄又勸，就是不肯跟娃兒們「躺在一條戰壕裡」。這當口兒，劉曉波飛蛾撲火似的從紐約趕回北京，二話不說就「躺」進學生堆裡去了，雖然他遭到「起鬨」、「作秀」的痛罵——這麼一個簡單的動作，當時整個「精英」階層做不出來，可見被毛澤東「運動群眾」整怕了的文人，也幹不來「民主」。

劉曉波沒有「精英」身段還在其次，他懂得向學生運動謀求一個平等的「資格」，這個資格使得他十幾天後，得以在野戰軍濫施坦克機槍，沿西長安街一路殺來圍住廣場後，在那肅殺的黎明中，說服幾千學生接受他跟「殺戮機器」的談判，隨他撤出廣場。

這是八九學運期間無數次談判中唯一成功的一次。劉曉波不僅火中取栗地救出已然迷狂的學生，也替鄧小平楊尚昆避免了在他們那座「英雄紀念碑」底下施行一次大屠殺。這一善舉，照中國話說，是大積陰德，大概也值半個「諾貝爾和平獎」吧。

當時沒人給劉曉波記這個功德，中共反而逮捕他——此人化解廣場殺戮於千鈞一髮之間，一定要借他的嘴巴來告訴全世界，北京沒有殺人。我不知道劉曉波是否可以寧死不從，但他真的沒有看見廣場殺人，「血流成河」在西長安街上，他該怎麼說？他借了他的嘴巴給屠殺者，由此受難者不饒恕他，由此他懺悔不已。然而，歷史暫時做不出裁判的這樁公案，徹底翻轉了劉曉波。他的狂妄從此一路折損下去，謙和於是乘虛而入。

他那張嘴巴也習慣了左右開弓，出了監獄就「獨白」，痛罵他救過的學生——「一九七六年之後，共產主義信仰所強加於中國人的道德秩序的坍塌所導致的全面道德崩潰，也表現在八九抗議運動時期的沸騰的天安門廣場，令人難以忍受的髒亂就是最好的示範。革命了，造反了，絕食了，就可以不要最起碼的道德規範了……廣場上的每一平方米的空間都有垃圾……廣場上的另一大特點就是驚人的浪費……有的學生真的認為自己參加了絕食，全世界的人都欠他點什麼……我恨這些學生，也恨我自己……活該！誰讓我想沽名釣譽呢。寫到此，我感到手中的筆在發抖。」（《末日倖存者的獨白》）

與受難者相守

劉曉波的「道德憤怒」，招來了世人對他更大的「道德指控」。他總是憑直覺罵人，動作也總是太離譜。在中國人的判斷裡，直到今天對他還是只用一把「道德尺度」。因此，中國不僅知識界是「政治弱智」，社會大眾也是「道德幼稚」。

劉曉波只會一種謙卑：面對亡靈。那亡靈只有十七歲。十七歲是一個象徵。象徵著死去的無辜、活著的懦弱、權力的暴虐。

我沒有資格和勇氣
捧著一束鮮花和一首詩
走到十七歲的微笑前
儘管我知道
十七歲沒有任何抱怨
……
超越了年齡
超越了死亡
十七歲
已經永恆

〈給十七歲〉叫人第一次看到一個謙卑的劉曉波。九一年他出獄後去看望丁子霖夫婦，「既作為學生，又作為身背負罪感的晚輩」，他一見蔣連捷的骨灰盒，「就扭身告退出外，半個小時後，他手捧一束鮮花來到連兒靈前，一下子就哭倒在地……」。一九九九年除夕，他第二次出獄後又去拜訪丁蔣二人，得到一份一百五十五名死難者的《尋訪實錄》，劉「一進家門，連口水都沒顧得上喝，就迫不急待地翻開〈見證屠殺尋找正義〉讀起來，從讀第一頁開始，我的眼睛就濕了。我是在淚水中念給劉霞聽的，幾乎每讀一小段都要因哽咽而中斷，我已記不清中斷了多少次，每一次中斷時的沉默都有死一樣的寂靜，都能聽到亡靈們在地下發出的冤哭，那麼微弱、那麼無助、那麼撕心裂肺。」（〈來自墳墓的震撼〉）

中國言論箝制、資訊封閉，即便產生一個諾貝爾和平獎得主，其生平和成長背景的資料，也必定付之闕如。描繪劉曉波的文字很少，其中丁子霖蔣培坤的〈我們與劉曉波的相識、相知與相交〉，是極難得的一文，寫出了有血有肉的一個劉曉波。

我發現，在他們筆下，反傳統激烈得幾無二人的這位「黑馬」，其實為人巒傳統，他對丁蔣口口聲聲「二老」，他也很在乎那些亡靈們大多數都還是孩子，他懺悔「我這十年來，時時被負罪感所困擾。在秦城監獄我出賣了亡靈們的血，寫了悔罪書。」這種人道心靈，在中國便是「老人所老，幼人所幼」，而人命比天大，更是很西方的。

他一次次的坐牢，死也不肯出國流亡，與其說是要陪伴那些受難的母親們，不如說是要陪伴亡靈；而他為此付出的代價，實不足為外人道也。〇八憲章發表前，劉曉波常在Skype上和我聊天，有一次他講了一件剛發生的事情：他所居住地段的派出所，經常無端騷擾、搜查甚至拘禁他，但他還是盡量跟那個所長交朋友，雖然此人很無賴，最近故意來尋釁，帶了幾個大漢，劈頭蓋臉就毆打他，又押回派出所關押了十幾個小時，劉曉波回家後氣憤難忍要上告，這個所長又跑到家裡來給他下跪求饒。這個細節講的是折磨（皮肉和心理），我也聽出來一種地獄裡的凌辱氣氛。監獄並不能折磨劉曉波，他會在那裡面跟傅柯、沙特遨遊，出了監獄他反而要受煎熬，因為他面對了亡靈。難怪他一聽到獲獎消息，會脫口而出：「這個獎首先是給六四亡靈的。」

桂冠還是十字架？

諾貝爾和平獎據說是「天王級」。中國的八〇後們獲悉很興奮，但他們不知道劉曉波是誰，「他一定是個好黨員、好幹部、為人民做實事的好領導」（《時代》週刊）；海內外也有不小的反對聲音——以劉曉波的巨大爭議性，對他沒有疑義反而不正常了。

我不敢預期劉曉波獲獎對中國現實政治能有多少觸動。中國人的驚喜帶有很大的豔羨成分，甚至還會參雜「民族自豪感」，卻很少有人真懂奧斯陸的意思。這個情勢，反而叫得主背負了沉重的榮譽債。

劉曉波還在牢裡，已經承荷了國際社會與中國民間的巨大期望，他能做什麼呢？國際層面比較複雜，此處無法深論，反正西方還得跟中國做生意，投資也暫時沒有更好的去處。中國自身則困境已深，政治惡臭，人心塌散，積極的有組織力量在哪裡？

從諾貝爾和平獎的單純視角去看，中共二十年的高增長、高腐敗、高壓制，不期然地打壓出一位「長期非暴力抗爭」（諾獎公告）的和平獎得主；與此同時，民間抗暴運動伴以強烈的造反意識，已呈星火燎原之勢，而漸進、溫和、對話的非暴力理念，也快速地被人們棄之敝屣。據公安部的數據，一九九三年全國抗議事件八千七百起，到二〇〇八年已增至十二萬起。此暴漲的情勢，一方面使中共「維穩」的財政支出與國防開支不相上下，另一方面則使民間從期盼「陳勝吳廣」，轉而直接呼喚「辛亥革命」，而凡是主張「和平轉型」的人，一概被斥為「非暴力合作派」、「保共改良派」，在此社會氛圍下出籠的「〇八憲章」倍受攻擊，被扣上「投降主義思想路線」的帽子。劉曉波榮膺大獎之際，也面臨了更艱難的使命。

丁子霖曾勸劉曉波搞研究著書立說，少寫「惹人生厭」的時評，他答之曰「我回不到過去了」，又戲稱要為劉霞攢下一筆稿費，萬一再坐牢的話。其實他想靠網路時評，在中國播撒一點理性、中道、非暴力的思想種子。經歷了天安門屠殺後的悲涼歲月，目睹了母親們喪子的刻骨哀痛，劉曉波不僅滌淨了自己的傲慢心態和激進情緒，也從學理上釐清了漸進、和平轉型對中國社會整體利益的合理性。他沒有白讀博士，哲學的底子幫他很乾淨通俗地講他的理念，雖然一時尚曲高和寡。

在一定意義上，二〇一〇年的諾貝爾和平獎，早在一九八九年春北京的沸騰廣場、血沃長街就應驗了。天安門學子滿腔報國之心，被機槍坦克碾碎之際，啟動了共產主義陣營大坍塌的骨牌效應，「八九」一代卻抱憾飲恨至今，終於劉曉波代表著他們的理想和叛逆，登上諾貝爾的殿堂；再深一層說，推選劉曉波的，也不是現世的人們，而是倒在長安街上的亡靈們，他們要讓這位前「黑馬」代表他們，來告訴這個世界，殺人不是政治，只是獸行；反殺回去，又在重複獸行。中國要爭取講道理的那一天。

民族英雄劉曉波

以下文字是六年後增添上去的，劉曉波此刻已經奄奄一息，全世界都在呼救他，但是中南海鐵了心要他死在監禁中。這個政權對於製造一項新的暴政紀錄，居然還有某種殘酷的快感，它已經無所顧忌，因為既然已將中國掏空、將神州毀掉、將這個民族征服，中共當然就不怕在一間病房裡，向全世界直播它如何「處死」劉曉波。

他沒有敵人，他溫和到噤氣，這卻正是暴政恐懼他的緣故。四九以後，中華民族嚇破了膽、知識分子打斷了脊梁骨，劉曉波隻身防堵「道德資源」流失的後六四精神困境，重建「知識者人格」。他做了三件事：主動背上負罪感，懺悔自己；堅守國內，拒絕流亡，一次又一次地去坐牢；謙卑地攙扶受難者。在此，他實踐了一個「基督徒」的受難精神，由此他也超越了「五四」精神，因為五四那一代巨人，比如胡適，都是蔑視和反對西方基督教的；中國的大知識分子，四九以後又都是向毛澤東投降的，後來幾代人都是努力爭取回到「五四」，但是只有超越「五四」，中國知識人才能重生。今天我只看到一個人走到了這一步，他就是劉曉波。

在這個世紀之交，對中國文明和進步所做出貢獻者，沒有第二個人可以跟劉曉波比擬。在余英時稱之為「天地閉，賢人隱」的黑暗時代，劉曉波罕見地堅持對暴政的和平抗爭，謙卑地攙扶襄助受難者，孜孜不倦地探尋中國擺脫暴力迴圈的政治轉型途徑。這三十年裡他做的事情，無人可以替代。我們今天面臨的，是全世界從未有過的「升級版極權」，中華民族也面臨滅頂之災。劉曉波探索了一個可能的政治路徑，是中國民間的一筆巨大財富。

正值余杰囑我作序之際，網路上有人貼出我的這篇舊文〈把激進煎熬成溫和〉，是二〇一一年底寫的，我無法寫得更好，而劉曉波也是寫不盡的，他對中國和世界的意義，在時空中越往後將愈加清晰、飽滿、深刻。

起筆於二〇一一年，結稿於二〇一七年

「讓我們來講故事」

——閱讀廖亦武兼談見證與文獻

我辦網刊，老威來投稿，給我講地主的故事。我不知道還有多少人要聽這一類的故事，但我至少知道，我這一代人是聽著「地主的故事」長大的，那是「標準」的地主，諸如高玉寶的周扒皮、白毛女的黃世仁、瓊花的南霸天、四川大邑的劉文彩、潘冬子的胡漢三等等，無非禿頂凸腹、山羊鬍子、賊眉鼠眼，可是這一茬「地主的故事」威力無窮，其歷史功效非同小可，不但是四九年中國政權的合法性基石，更是全民瘋魔、紅衛兵氾濫、女學生鞭死校長的全部行為的底火，甚至，毛澤東非整死劉少奇不可，也須借助這一路向的詮釋才能圓說，雖然他倆不免皆為他們自己定義的「地富子弟」，真是堪稱二十世紀奇觀一樁。煙消雲散之後，待到老威來給我們講下一茬的「地主的故事」，卻難了，因為世道變了。雖說是世道變了才容他來另講一套，可不幸的是，他遇上了一個「盛世」，在那裡連「帝王戲」都演濫了、「尊孔秀」都做膩了之後，大夥要看「身體書寫」了，不久連那一套也懶得有人讀了，那麼，還有誰肯來聽新一輪的「地主的故事」呢？況且，這世道是不是已經誕生了新世代的地主也難說，反正新世代的資本家已經被允許「入黨」了，相應地也會產生新世代的「貧下中農」和「無產階級」，而他們又在「仰望北斗星」

似的懷念毛澤東，那正是製造了老威版本的「地主的故事」裡的一切苦難的魔王。如此說來，老威遭遇的尷尬，甚至比他在南陲採寫的艱辛寂寞，也不遜色。

老威又叫廖亦武，我是編了他大半的故事才弄清的，他是個詩人我早知道，又偶然聽說他還是個吹簫的，常常是在最冷寂的角落裡，獨自吹那聽似悽楚卻別有韻味的音曲，於是我想，他寫的故事，我們不妨就當作他的簫聲來聽吧。他說他「固執錄下生鏞的苦難，久久遊蕩的萬千冤魂就有了歸屬」，我好像有點懂他為什麼喜歡吹簫了，據說簫聲是可以穿透歷史的，也許他要探進歷史層積裡去，向那裡的靈魂採訪。簫聲可以穿越千年，而我們面對的蒼白歷史其實非常暫短，五十年，原是什麼也洗刷不掉的，但在中國已經渺無痕跡了，從暴戾年代終於轉換到豔俗盛世，又無形間對那基礎底下的森森白骨加了一道密封。一個吹簫的來揭封條，其單純的動機再自然不過，因為他的爺爺也是一個地主，可無數的「地富子弟」而今安在，他們都選擇吞噬了嗎？由此當局才無所忌憚？他們也派遣「烏鴉」對吹簫人稍事圍剿干擾，並不認真，那意思卻是：這點陳芝麻爛穀子，任你晾出來又怎的？

一個東方農耕大國的一場革命，說破天去也跳不出莊稼人的那點事。百分之九十五的人口是農民，則用西方引進的某種學說，將其中的一小撮，比如百分之五設為「另類」，用以動員、控制和統治其餘的百分之九十五，這就是中國人對馬克思的「創造性運用」，也即「階級鬥爭」的精義，這點訣竅，便叫共產黨打敗了國民黨，我們其實無須黃仁宇先生另作諸如「上層結構、下層結構」的深奧詮釋，而「大救星」毛澤東的全部本事不過是捉弄農民，除此之外都算不上神話。中國是不能沒有「農民的故事」的，哪怕「經濟起飛」、「超英趕美」之後，農村與農民的體積及其含義，依然是中國之最，例如進入兩千年後，中國最優秀的紀實文字還是叫《中國農民調查》，順便讓全世界都知道中國的莊稼人還在叫人欺負。說來荒誕的是，曾經跟著「毛主席、共產黨」幹了一場「農村包圍城市」的莊稼人，到頭來卻被城市、資本、開發等怪獸組成的巨大權勢圍剿得暗無天日。「打土豪、分田地」之後半個世紀，農民這個階層又淪落到了幾近爆發「土地革命」的境地。由此看來，事情還得從那「打土豪」的源頭捋起，所以講了「農民的故事」之後，須得講一講「地主的故事」，才不算是糊塗到底了。在網上看到，已經有人在講《土改學》了：「土改劃階級本來依據的是土地引起的窮富差別與剝削，但在有這種差別時，並沒有劃分出階級，而在土地被沒收、剝削被消滅之後，才有了階級的劃分。地主失去了土地，才成為『地主』；貧農得到了土地，卻被稱為『貧農』。『階級』是在取消了階級之後，被創造出來的。這種森嚴的階級劃分，其實是一種權力與身分的虛擬，所以學者黃宗智將它稱為一種新型的『種姓』制度，是不無道理的。因為只有『種姓』，才會聯繫歷史和血統。」（葉匡政，見「觀察」網刊）

讀了廖亦武寫下的故事，我們對新中國「種姓制度」的荒謬，從大背景、施暴者心態，直到受虐的細節，才會有血肉般的質感的了解。中文裡「地主」一詞的能指是空洞的，那都是一些臉譜，是舞台上的戲子，是被人在腰間繫上繩子可以拎起來扭動的木偶，他們不是什麼具體的個人，他們是「一個階級」，而且因為「革命是暴動，是一個階級推翻另一個階級的暴烈的行動」（毛澤東語），在五十年的第一個十年裡就把這個階級整個兒「消滅」了。消滅一個階級，不是打日本鬼子，不是跟國民黨蔣介石打內戰，不是淮海戰役，也不是用「小米加步槍」，那是另一套「系統工程」，猶太人給它起了一個說法，是中文裡沒有的一個詞：「滅絕」（genocide）。我們的吹簫人就是去做了這場「階級滅絕」的一個後來的見證人。在這個意義上，廖亦武是威塞爾（Elie Wiesel）在中國的傳人。一九七四年六月三日，在紐約聖約翰天主教堂舉行的關於大屠殺的國際討論會上，威塞爾的開場發言說：

讓我們來講故事……讓我們講故事來記憶人類在面對凶猛的邪惡之時是多麼脆弱。讓我們講故事來阻止劊子手說出最後的遺言……大戰後，死者向每一個倖存者問出了同一個問題：你是否能講述我們的故事？現在我們知道了答案：不。他們的故事無法被講述——也永遠不會被講述。開口的沒有人聽見；你聽見的故事並非他們所說的故事。

基本上，這也是廖亦武這部新作，及其面世之境遇，所給我的一個簡潔印象。

「口述實錄」體，幾成廖亦武的唯一書寫姿態，從《中國底層訪談錄》到《中國冤案錄》，再到眼下這本《最後的地主》，無疑，見證成了他還能剩下的書寫衝動。然而，這本新作又有些不同，幾乎是他在轉述別人講給他聽的故事，這轉述的姿態，愈加凸現了代言、見證、控訴的儀式與意義，則是令我頗為動心之處。轉述乃是對於「滅絕」的一次反抗、是書寫面對灰燼的不甘、是悲慟之餘的潺潺簫聲。吹簫人毋寧處處刻意流露他的謙卑和惶恐、他的轉述的局限和無奈、他在語言、文字盡處留下的空白、顫悸、窒息……甚至，他的這次採寫訪問，也具有某種救贖意味——是在一位基督徒孫醫生的引領之下，猶如一次死亡蔭谷的穿行，撲面而來的傾訴者，如七十五歲的彝族老漢阿澤、七十五歲的和瑞堯、八十歲的張進謙、八十一歲的郭正洪、八十四歲的張應榮、八十四歲的張美芝、八十五歲的董存英、八十八歲的朱家學等，都是名副其實的地主，「一個被消滅的階級」的倖存者，一個個口齒木訥、煢煢孑立、行將就木。這是四九以後從未進入過中文書寫領域的一個客體，更遑論是紀實領域了。若非吹簫人的光顧，他們到死都不會開口，而他們的顯身，也不可能替代早已占據在主流話語中的那些「地主臉譜」，然而，幸虧他們對吹簫人開口講了他們的故事，這便恰如威塞爾曾寫下的這些文字：「遺言屬於受害者。這得取決於見證人來抓住它，使它成形，傳遞它，仍舊把它作為一個祕密來保存，然後向其他人傳播那祕密。」

廖亦武的轉述又是立體的，是轉述的轉述。這也是灰燼之餘的限制，是見證的有限性——他已經找不到更多還活在人世的地主了，雖然他不放棄任何線索。於是，他順便也採訪地主子弟，如錯劃地主之子張三民（土改時十三歲）、孫如勳（時年十三、四歲），甚至不放過一位同行的地主女兒李世珍，「她的雙頰充盈著山地人特有的赧紅，而笑容很美麗，有一種不易覺察的高貴」。同時，他也採訪其他的目擊者，如貧農李正才、余金元，土改積極分子孫宗文、土改民兵何秀元，土改工作隊長洪鐘、工作組長陳文高，民兵主任余學康，等等，從這一側面對「土改」的重現，是廖亦武頗耐人尋味的一筆，雖佐以其一貫反諷、幽默的文筆，又不失冷峻的見證價值。

由此，廖亦武的紀實文字，便非預期地跨進了文獻作業（documentary work）領域。我說他「非預期」，是指這位「前六四」詩人兼路邊吹簫人，六四大屠殺以後不寫詩了，乃是「to write poetry after Auschwitz is barbaric」這句話在中國的一個實踐者，然而，他寫了比詩更有魅力的文字、嘗試了比詩作艱難無數倍的書寫努力，我不清楚他是否自覺到這種轉型，但這是一種開創性（groundbreaking）。

他以口述實錄體陸續完成了五部民間底層的紀實之後，從二〇〇五年冬季開始，「自甘放逐到黑白混淆、朝廷與江湖混淆的雲南邊陲……墮入尋訪土改受害者的不歸路」，奔走在市鎮、村舍、苗寨之間，不少地名竟然在雲南省地圖上均未標出，行文之間，也留下他採寫曲折之痕跡，其中有一件事，頗為經典地印證了文獻作業的反覆與難度。雲南境內有一著名基督教聖徒家族，其中心人物王志明牧師，文革中因抵制對毛澤東的「三忠於」膜拜而遭公開槍決，一九九八年被列入英國女王宣布的二十世紀全球十大基督教殉道者名單，是其中唯一的中國人。廖亦武也去採訪了王志明牧師的兒子王子勝牧師，忙亂中按錯了答錄機鍵鈕而抹掉了這個訪談的後半截，他在心裡罵自己：「廖亦武！你個盜竊記憶的賊。你要記住此時此刻！為了你的一個低級錯誤，朋友們跟著受累。特別是孫醫生，腰都快折了。幸好這個採訪抹掉可以重來，然而許多記憶一旦抹掉，就徹底完蛋。十幾年，我訪談了二百多次，這是第一次出這種低級可笑的意外！」後來，在他再次趕去採訪的途中，「我們打的斜穿春城西北角，抵達亂得不可開交的黃土坡車站。由於在行進中交談激烈，竟將背包忘在了車子後備箱裡。那可是我跑江湖的全部行頭啊，計有：隨身多年的洞簫、紫銅轉經缽、算盤、口琴、鈴鐺、拇指琴以及好友岳建一不久前才送我的特製的塤。此外還包括照相機、答錄機、電話本、各類音樂CD若干——時至今日，我仍覺得氣緊和肉疼，不願相信真的丟了。」後文尚有他百般追尋那個遺失背包的種種細節描述，末了一無所獲，還是買了一個新的答錄機，去繼續完成他的作業。

廖亦武懂得記憶的難以往復性，懂得他的每一次都可能是最後一次，由此接近了見證和文獻的真髓，這便是美國四十年代著名影評家詹姆斯．艾吉（James Agee）所說的：「每一個人，都曾以他們的身體和心智去經歷，並將繼續經歷下去，而且這一切都將有不同的表達，來自他們自己、來自一個根，並且是對等的；其中的任何一種、或任何一個人，都不是可以被複製、被替換的，也是沒有先例的；每一種都是新的、不可言傳的脆弱生命，損傷於每一次呼吸，並幾乎很容易地死於傷害；他們片刻維繫在沒有保護之下，任那巨大無常的攻擊。」

一九三六年詹姆斯．艾吉結伴攝影師沃克．埃文斯（Walker Evans），在美國南部阿拉巴馬州與三戶佃農家庭生活了八個星期，做出轟動一時的攝影和文字報導，是為美國大蕭條時期的象徵性見證，一九四一年他們的攝影和文字彙集成書《讓我們來歌頌那些著名的人們》（*Let Us Now Praise Famous Men*），是一本超越當時傳統模式和新聞限度的頗受批評性讚揚的作品。艾吉將有實際根據的事實，襯墊了文學的繁複和詩歌的麗質，展現了一種準確、細微的報導新形式，向廣泛的受眾詳細報告他所看到的，並輔以蘊涵洞察力的感受和採寫艱辛，由此創造了美國一個幾近消失的人群的耐久雕像。但是，這本書在美國成為釐清「事實的純度」的一個長期爭論的範例，艾吉的文本，既是人種學的，也是文化人類學研究的，也是小說的和詩意敘事的，有人認為這種豪華的詩性文本與伊萬斯的黑白照片頗相配，有人恰恰認為這些華麗文字被照片的樸質反襯得不真實，有人說作者拒絕傳統報告方式的野心是與其創造性平行的，無論怎樣，它受到多年的高度讚揚，並作為新聞革新和文學靈感並存的教材，流行於學院裡。

不錯，所謂紀實、記錄、文獻作業，都是再現和代表他者所見證的、聞聽的、無意間得知的（overheard）、感知的等等，但是，無論見證、傳達、再現，都無可避免的要同來源產生距離，這個距離，便是書寫者、作業者添加的東西，正如普立茲獎得主、美國著名兒童精神病學家羅伯特・科爾斯（Robert Coles）所指出的，它們「都是某種組合：特有的心智、興趣、價值、推測、假定和前提，也是某種記憶和天賦對於存在之直接或間接的承受，最後，以某種文字、圖像乃至音樂或人造製品的形式，或其中一種形式，顯現於世界。一則文章或一本書，在其形式上，作者可以從兩個方面添加進去來自他自己的因素和變數：一方面是社會的、文化的、歷史的，另一方面是個體的或特殊的。」

顯而易見，西方的文獻作業已然苛刻地釐清著「虛構」與「非虛構」的各自邊界，以維護「事實」（fact）的純度，但其間的張力極大，並非輕易可得之事，因為「事件是要被一個人的意識所過濾的，它本身不可能不被影響，被一個私人經歷的歷史所影響，被一切種類的抱負、挫折、渴念所影響，被那些不易捉摸的、有意義的心思所影響……」（科爾斯〈傳統：事實與虛構〉）。換言之，傳達人文性的資訊、資源，不是傳達諸如清晰無誤的資料、公式、定律，沒有那麼單純，而是複雜得多，一絲不變的機械的傳達，毋寧是不可能的，是另一種失真。科爾斯亦曾提及他在哈佛授業之際，跟他的學生討論文獻作業，「他們通常就閱歷所及而將自己置於不虛構之處，彷彿我們無疑是不會虛構的：即使不是以正確對比謬誤，至少也是以真實對比想像。但是這樣的對應或替代，並非十分公平，或是概念化地、實用地對待『人的真實性』（human actuality），而那卻是作家、攝影師、民俗學者、音樂學者和導演的職業，他們面對的是人們的言語、音樂、姿態、行動及其綜合顯現，並轉達給其他的人們。」

反觀廖亦武的這些故事，他「添加」了什麼呢？屬於他的「一個私人經歷的歷史」，他的「抱負、挫折、渴念」和「不易捉摸的、有意義的心思」，又是什麼？我想，這似乎也是讀者應當留意的，自然也會見仁見智。於是，我們要想閱讀廖亦武，就不能不同時閱讀他身處的這個時代，連同它的冰冷、倒錯、滑稽、迷惘以及種種不可捉摸，在一定意義上，它是廖亦武之飢渴、掙扎、憤怒、追求的淵藪，是他得以跟那個已經「被消滅的階級」相遇的時間平台，也是我們得以閱讀他的文化空間，我們甚至可以從他筆下的每個倖存者的絮絮叨叨之中，找到他的影子。他固執地要聽他們的見證，幾乎全被他們看作是無補於事的「馬後炮」，這一點，又恰恰跟七十年前美國的艾吉相似，那個大蕭條時期，當時的羅斯福政府亦曾無補於事地盡可能救助窮人，因為即使窮人，也需維護起碼的尊嚴，而艾吉挑戰文學的、政治的、道德的傳統，也許對他所關注的窮人不能有任何實質性的救助，卻對於更多的大眾和讀者，至關重要。艾吉的美文不是麵包，廖亦武的故事，也不可能是「平反的政策」或「補發的賠償」，卻注定變成「受害者的遺言」！

二〇〇八年二月

童子功、豔情詩與文評家

——康正果的「文化熱」

康正果作自傳（《我的反動自述》，二〇〇四，明報出版社），獲史學家余英時撰序舉薦，洋洋萬言，此後別人想再給他作序，已經不可能了。那篇〈人生識字憂患始——中國知識人的現代宿命〉，是迄今我所讀到過的最精采的書序，直把那宿命說到大知識分子馮友蘭與毛澤東的關係，對比之蘇東坡與宋神宗，點撥出毛澤東比「封建皇帝」霸道未知幾許，而現代極權下的讀書人也遠非古代士大夫們幸福。青年康正果劫難卻也傳奇的經歷，令余先生做如此大文章，其中必有道理，我猜他自少年便浸淫舊學，於祖父的「寂園」中遍讀國學典籍，修得「童子功」，必定是一個原因，余先生引正果為文化知己，是無疑的，這份殊榮，海外並無幾人幸有焉。

自光緒三十一年廢科舉，繼而「五四」廢文言倡白話，坊間風氣「以適之為大帝，績溪為上京」，國學廢弛，國人亦不識原典，恐怕陳寅恪嘆喟「赤縣神州值數千年未有之巨劫奇變」，就是這光景，王國維亦「殉道」於此，而非清室。中國不只傳統沉淪，文化崩解，語文也完全是另一套，道德、人文因此「皮之不存毛將焉附」，甚至產生梟雄毛澤東——「全世界幾百年、中國幾千年」才出一個，也當作此解。所以，在這「天蠻地荒」中誰能遇上一堆古書，便是福氣，像康正果那樣，要不是「大躍進」時他惹禍而被父母送進「寂園」，他何能遇到祖父塵封的藏書呢？而自修國學、重接元氣的康正果，竟跟這世道格格不入起來，舉止如「不食人間煙火」，用上海話說叫「戇大」，後來搞到勞改的地步，不是又氣煞他的父母？

我在國內並不認識康正果。八十年代那一場「文化熱」，沸沸揚揚，他似乎並未介入，而他卻是一個標準的「民間文化人」，見諸報端電視上的那些「文化名人」（自然也包括我），大概沒有一個比他更懂舊學和傳統，於此可見那「文化熱」的水分了。又者，康正果之於舊學，偏重冷僻一角——古典詩詞中的女性研究，他的碩士論文就是寫晚唐詩人韓偓的《香奩集》，但給「槍斃」了，後來改寫杜甫的「詠物詩」才通過，我想除了「左」的問題，恐怕當時中國的教授們懂古代「豔情詩」的也沒幾個，於此又可見中國學術的水分了。康正果在八十年代後期也算「崛起」於文化界「各路諸侯」之間，靠得是一本《風騷與豔情》，那極搶眼的書名，與當時主流話語中的「文明」、「興亡」一類大論說，可謂「落霞與孤鶩齊飛」。

我與康正果相遇，晚在一九九五年春，那是我遭遇車禍後的第三年，稀裡糊塗被請到耶魯去參加一個華人的文化討論，在台上發言時，我自覺口才已鈍，講得索然無味，人也很謙卑，眾人大概覺得我被車禍毀了。台上還坐著一個大漢，站起來個頭在一米八以上，態度收斂沉默，主人介紹他就是大名鼎鼎的康正果，令我一時無法將這大漢跟「豔情詩」對照起來！

我倆第一次見面，竟沒說一句話，那隔膜無疑是「文化上」的，他大概對我這樣的「文化激進主義」者，有點敬而遠之？但我們對於中國的現實，竟有「相知恨晚」的感覺，那是後來才知道的。我倆怎麼又接上了頭，細節忘了，只記得有一天，康正果從耶魯來電話談他讀了李昌平的書，讀得幾度眼眶潮濕，「就像當年讀你的《洪荒啟示錄》」，而我卻不知道李昌平是誰，原來車禍後我對國內已經冷漠，若非他這個電話，我還覺察不到。

中國已經陌生，但在常識層面並不會比我們所知相去太遠。康正果很感慨毛澤東陰魂不散，我說也可解釋為什麼新左派成時髦，但基本問題跟八十年代沒有很大區別，還是權力沒有制衡，基層幹部很容易成為豺狼；他要我再寫，我說我順不出一個頭緒來：八十年代聯產承包，還土地給農民，為什麼會淪喪到今天這個地步，成了惡霸遍地？我回答不了這個問題。不久，康正果寫了本書收入的「三農問題」一文，伊妹兒給我，六十多頁，要我列印出來給余先生送去。我想，康正果勞改後在農村真的當過幾年農民（並非僅僅知青），那些年的磨練，使他從此不再可能作為一個城裡人去看待農民和農村，由此而窺見中國問題的根基，遠非書本知識可以提供；同時，也令他可以毫無障礙從古典「香豔詩」一下子跳到「現代農村惡霸」，這豈非為余先生引東坡句說他「人生識字憂患始」又添一解？

康正果在耶魯教授漢語和中國文學，平素裡勤於筆耕，涉獵廣泛，動輒萬言，卻並不討好於「短平快」的互聯網式文風和讀風，他不以為然，心存題目，得暇動筆，不寫手癢，大致上有兩大範圍：文學評論與文化批評。他的文學評論，自是他「豔情詩」研究在當代敘述裡的順延，眼光峻刻，參照宏闊，每每有膾炙人口之語，在中國文評界可謂獨樹一幟。這本《百年中國的譜系敘述》屬於後者，在我看來，乃是康正果來到海外後著迷了他個人的一場「文化熱」之結晶，此其一；其二則是，他在「反動自序」之後，又不禁要對令天下讀書人死去活來的這個世道探個究竟，否則便白遭了那場罪似的，不像很多人遭過罪還會去效勞那個制度——此「犬儒」之謂也。

中國近現代史的梳理，是七、八十年代的顯學，史學家余英時、林毓生等以西學框架，從中剝離出一條激進主義和「反傳統」的思想史脈絡，可謂「五四」以後僅見的一種睿識，但這路研究，又漸漸沉寂下去。不過在民間，尤其是海外，有心人承繼余林之餘緒，在這個路向上繼續探索、耕耘，亦有所獲。康正果自然敏感於此，遍尋同道，所得不過幾人，皆欣然命筆與之呼應。收入本書的「三人論」（周劍岐、李劼、胡志偉），恰好分別來自台灣、大陸、香港，又無疑代表三地的民間學人水準，可一窺中國百年沉淪後知識分子身臨其境的思考與感懷；又因三地文化背景的迥異，三人衍生出各自不同的批評視野、焦點和人文韻致，並在康正果的「批評的批評」之下，匯攏成一部文化言說三重唱。

來自台灣的周劍岐，與康同庚，其「無意做成名成家的學問」，「帶著自己內心的困惑，去閱讀中求疏解」「有個心無芥蒂的感覺，步入行無罣礙的情境」，頗令康正果激賞，並坦誠「對我思想上開導尤多，糾正上也用力甚勤」。周劍岐耿耿於「民國世代」之血性義烈，以其自創的「血性質地觀」，獨闢蹊徑疏理近現代以來，中國農業社會向現代工商社會轉型期間中共暴力革命插入所憑藉的「左情左思症」，其特徵是「既激烈反傳統又滿懷民族主義情緒的矛盾」、「高漲的義憤與自卑的怨詛陽亢陰虛」，由此必然「崇拜民眾」，於是將俄國販來的「人民」觀，直接代替「民族」，正好把自己無根的個人與虛擬的大眾，結合成一頂堂皇的「普羅」冠冕，最終演變成一群「物靈殘缺」而嗜血的共產黨人，領導著一個「平庸惡」氾濫的社會。周劍岐於是極度緬懷所謂「民國新文化」，那「在北伐、抗戰苦難的戰火考驗下應運而生的，從梁啟超、章太炎到張愛玲、沈從文，其精神素質、人文風貌，即使與英倫的維多利亞和德國威瑪等現代文化相比，也毫不遜色。」

「上海本地人」李劼，多年著力於晚近歷史，自稱「不再以理念為轉移，從而也不再以尋找規律為然，僅僅以歷史的人物和故事作為描述的對象」，「在評梟雄而說士林的人物臧否中，以紛然雜列的賦體筆法鋪陳了一幅百年來政治演變和文化滄桑的寫意長卷」，康對他汪洋恣意「侃」歷史的妙論，讚之為「才力」與「膽識」，如「加給孫中山頭上的『流氓』帽子，斥其『上斷改良之路，下啟國共之禍』」，而「覺得用『流氓』稱呼毛澤東及其一夥都高抬了他們，掃視七千人大會，他看到的竟是這等模樣：『近看是一夥無知無畏的草莽，遠看是一群史無前例的瘋子。』李劼的速寫何其傳神！」但康進而指出，其「放言縱論冥冥中似乎就傳達了後毛共時代國人歷史意識覺醒中資訊混雜和思慮躁亂的狀態，鬱積在很多人心中的歷史追悔情緒就這樣通過他的筆端發出了眾聲喧譁的混唱」，「為敘述者，他在一定程度上也可以說是被動地代言了群體的歷史積怨。」

李劼這本《梟雄與士林》推出一個「人文精神光譜」，以四九為界，厚「前」而薄「後」，褒「改良」而斥「革命」，極度鍾情王國維陳寅恪，偏愛辜鴻銘，同情梁濟，鄙視馮友蘭、熊十力，微詞梁漱溟以及「上賊船」的羅隆基、王造時、儲安平，甚至「紅朝御譯」錢鍾書，「對五四以降文藝界『革命憤青』的撻伐則出手最狠」，即郭沫若、成仿吾、蔣光慈、李初梨、馮乃超一干人，直斥為「一群野娼」、「革命的小騷貨」，入木三分地解構其「激進的衝動與其說基於文化理念，不如說是出自一種遲到者的焦灼。朝著辛亥革命望洋興嘆倒也罷了，讓他們不安的是，參與新文化運動也遲了半拍……於是，他們只能想方設法與新文化運動諸子攀比，誰更革命。」李的這個解構，恰與周劍岐對毛澤東「怨憤」心結的剖析，有異曲同工之妙——年輕毛澤東因外語太差而不肯留學，到北京發展又被「文化精英」冷落，「似乎一直都為他那一身外省的土氣所累，以致長期處於不入流的地位」，因此他「一直遵循的都是尼采所說的『從反方向尋找確定價值的行動』：從否定『外界』、『他人』和『非我』開始」，是一種「出於自卑心理而竭力提升平庸者及其平庸的顛覆與倒錯」。

康正果寫第三人的那篇〈史海神探，檮杌剋星〉，就幾乎是在給香港國史專家胡志偉作傳了，行文間掩飾不住他對在香港「孤軍奮戰」三十年的這位前輩之敬重，盛讚其「著書立說，一貫揭偽打假，翻史海之冤案，暴文壇之醜事，賣文修史，樂此而不疲」。四九變天以後，「面對大陸方面一手遮天的歷史敘事和台灣那邊的保持沉默，胡志偉只有以私修國史為己任」，他著《毛澤東欽點的一〇八名「戰犯」歸宿》，既彪炳國軍將領抗日戰爭「中流砥柱」的歷史功績，也緬懷戰敗作囚、殺身成仁的將領，如黃維、康澤、陳長捷；它既是「忠義譜」也是「罪責錄」，衛立煌等所謂「葬送大陸的四大罪人」有之，潛伏的中共奸細和投降將領亦有之。胡「捍衛」國民黨和蔣介石到了痴迷之境，不惜四面出擊，觸犯者從《李宗仁回憶錄》編者唐德剛教授、批評孫中山的史家袁偉時，直到寫毛傳而非難胡宗南的張戎。康正果大書胡的「死硬作風」，不禁令我想起中共的「造反神話」，我曾寫過這麼一段文字：「這部閹割歷史的當代史，從五十年代大規模展開，較早見諸文字的是一套《紅旗飄飄》叢書，由解放軍各色將校大書歷次戰役的『常勝』回憶，人人自我造神，其中的『佳作』選入中小學課本；稍後便由全國政協組織出版一套叢書，定名《文史資料選編》，令所有投降被俘的國民黨將領自述敗亡經歷，向世人現身說法另一個邊緣人集團在中國的恥辱史。」由此可見，抗擊這強勢話語霸權的唐吉訶德，僅僅胡志偉一人而已。

周劍岐說：「除卻活人的氣質素養，文字是空的，話是空的，文化又何嘗不空？」所以他們的近現代文化爬梳，皆有「人」的自覺，周是重構「民國世代的血性義烈」，他說「要談先進文化，就得以民國文化為主體」；李劼則「談林昭的精神光譜時，更多地強調了她吳越女子的陽剛」「江浙V.S湖南，就是先進的資本主義經濟和資產階級文化V.S落後的小農經濟和經毛共粗俗化的無產階級文化。」有趣的是，本書收入的「一九四五年以來台灣的文化譜系」，恰好是「一個大陸人的海外觀」（台灣觀？），跳出前一個「階級性」（「資產」「無產」）的光譜序列，引入另一種「殖民性」的光譜序列，我們又何妨不可以拿「殖民地」的概念，來通觀中國近現代史——一八四八年以降的「半封建半殖民地」中國（中共話語）、《馬關條約》以降的「日本殖民」台灣、四九以降的「馬克思主義專制（共產殖民？）大陸」、八九以降的「全球化」經濟殖民中國？嚴格的說，此文梳理的不是寬泛性的文化，而是狹窄的「國家認同」脈絡，雖然台灣只是一個島嶼，卻在時空上穿越了極為繁雜的夷夏、中外、東西、新舊、帝制民國、閩南中原等等隧道，人文和社會心理所經歷的異化和斫傷，又豈止是異族外寇？但是文化史的描述，應該納入「民族認同」的變異歷程，從此文的嘗試便得到了印證。假如這個路向可以成立，我們嘗試去辨析中國人自五四以降，在習俗、語言、行為、心理上，離「漢唐明清」人近，還是離歐美西洋人近，就不言而喻了。這個已然喪失了「華夏魂魄」的民族，手裡攥的最後一張王牌卻是「民族主義」，因而必須聲嘶力竭，其中緣故，又被康正果娓娓道來，讀者不妨細讀他收入本書的那篇〈中國的民族／國家主義焦慮〉。

二〇一一年春

浪蕩海外的無根之人

——尹萍剪影

尹萍是我最早認識的台灣人之一。她是少數幾個採訪大陸的先行者，一九八八年在北京通過吳祖光先生找到我。那時我很怕和台灣來的人接觸會被政府抓把柄，可是她卻公然邀我去她住的飯店談《河殤》，我只好硬著頭皮去，聊了一會兒放鬆起來，我竟第一次見面就向台灣人大談一九四九年以後大陸的種種祕聞，我感覺這位台灣女記者的大陸情結很重。「六四」以後，我從歐洲數度訪台，再見到尹萍，發現她已不再對大陸山河空懷相思，而是憂心如焚於台灣的現實，她說：「我作為長在台灣的外省人，為什麼還要到大陸去尋根呢？我們應當承認這個島上曾經發生的都是我們的來源，它就是根。」

重讀美麗島於海天之間

根的感覺是純粹人文性的，常常訴諸情感，很難靠理性獲得；根的資源又大多溶解在俗文化裡，鄉音、民俗、小調、山河情懷，都是與生俱來。因此台灣的本土化一開始就伴隨著環保運動。然而，這點曾被壓抑的本土情懷似乎很快就在欲望的釋放中蒸發了，所謂「小龍」奇蹟，只掙扎出一個經濟的飛躍，就幾乎耗盡了自然和精神兩種資源。前現代的鄉土文化也未能跨越一個商業消費社會，給台灣的心靈補給點什麼。鄉土觀念也許可以讓人產生「與島共存」的衝動，尹萍寫了一本《海洋台灣》的書，又向前引申了一步：與海共存。

我想，這也許是尹萍為她自己尋找到的一個根的所在，她願作島民卻不甘落入那島的心態。也許，她有點像我三年前向大陸上的人們兜售某種「藍色文明」似的，也向生活在海上的人們兜售某種「綠色文明」。也許尹萍從後工業社會的台灣，順藤摸瓜摸到中國農業文明的某種「耗竭式」的資源利用模式，以及那種竭澤而漁的小農心態，在文明澤被之下，已將那大陸的局限暗換為島的局限，暗示了中國文化中缺乏應對現代困境的精神資源。

所謂「台灣經驗」不再是膚淺的誇耀，觀察台灣歷史也不只抱著悲情哀怨心態。對台灣的新認同需要依託某種超越性——不被地域、語言、歷史心結和短淺的政治誘惑所局限。至少，尹萍是在海天、歲月的一個大背景底下，重新審視她對這個島的感覺，誰知竟被她把這個島的內涵極大地豐富起來，從原先那種被緊緊壓扁在一個「經濟奇蹟」、酒色財氣的粗糙層面上，「發現」出這島同一座大洋、幾種古老文明的聯繫。誰說台灣只有三百年歷史？一個神祕龐大的南島民族的源頭就掩蓋在南灣的波濤之下；而透過一隻竹筏，台灣把亞洲文明同南美的馬雅文明掛起鉤來。人類的文明史不都在那幾塊輝煌的大陸上，它們的斷裂之處便在海洋上。

今日島上的人太需要在精神上補充這樣的文明時空感。他們對自己的來歷缺乏信心，因而他們太沉溺於命運剛剛賜與的財富之中，把這個蕞爾小島當作永世的桃花源去受用。驅散這個醉人的淺夢並不容易，人們的想像力被太多未經解譯的資訊黏在現世的感覺裡，失去了溝通歷史、感應未來的能力。於是，尹萍追逐著海岸線去同大海對話，邀集那些港灣、魚兒、潮汐、沙汕、竹筏、珊瑚一道來評論島上的人們，她唯一的姿態，就是放下人類的傲慢。

這真正才是現代人的感覺來了。不是用拖網捕魚，與大海爭地，每年消耗XO世界第一，在立法院裡摑臉，外匯存底八百億才叫「現代」。當你聽得見南灣礁石下珊瑚的呻吟，看得見陰陽海上漂浮著山體淌出的血，並且有了再也等不到「鳥魚來了」的遺憾，和兒子將會在春天裡找不到樟樹的恐懼，你才有了另一番境界。我初去台灣時，遇到過一位近乎癡迷的護林員，和一位已經絕望因而進山把最美的草草木木都拍下照來的植物學家，我才知道台灣不是只有股票狂和「肢體語言」運動員。

我不知道該不該問罪傳統？我在西方深深地感覺到，那膚淺的消費主義正萎傯著西方曾經那麼有生命力的文明；以科技為基礎的物質化，靠消費刺激的經濟體系，使美國最清教徒式的文化也抵擋不住。整個人類都無可抗拒被導向發展、富裕和貪婪，非物質主義的價值觀越來越稀薄。這大概是人性架構出了問題。自文藝復興以來的個人主義的人文傳統，在工業文明的框架之內已經蛻變為那種「新人類」蒼白的「自我中心」，人類出現了中空狀態。

因而，在與海共存的後面，大概還有與地球共存、與宇宙共存，這樣的新倫理恐怕還沒有被創造出來。剛剛走出冷戰的世界，還在資源爭奪、貿易角逐、宗教仇殺、種族清理、文化傾銷的亂局中，遊戲規則還不知道在哪裡。那麼，新倫理會先從哪兒冒出來？我想會從先進入後現代的工業國那裡產生。台灣會不會呢？大概眼下沒人會信。我只從尹萍的《海洋台灣》反省中，看到一線希望。

江湖上一個「散淡的人」

在遙遠的南太平洋上，一個「散淡的人」，寫下不甘空靈的文字，耿耿於「卻顧所來徑」。尹萍另一本《武士家族》，在我看來恰是加入當下台灣的「認同」話語熱，與龍應台的《大江大海》，有異曲同工之妙。你若細窺其間的分別，龍應台是從歐洲返回台灣去詮釋這「路徑」，而尹萍竟是「出走紐西蘭」之後，在一個更加遼闊的視野，回眸她的由來——「正因為離開了，走遠了，回首那一片土地上的恩怨情仇，有時候有些不同的領悟。」

大家都何曾「散淡」得了？當中國大陸還陶醉在「民族主義」「大漢族主義」等前現代情結裡，台灣卻因為「去中國化」意識的出現，而產生了更複雜、更具挑戰性的認同危機。其實這是所謂「中國現代化」未臻成熟的一個後果。傳統的「天下」觀念自近代解體以來，國家認同的新載體只有一個「民國」，卻未獲足夠的時間釀造，便因戰後的共產主義勃興而碎裂，至今糾纏不清。大陸上的「新政權」除了認「孫大炮」做「國父」之外，徹底碾碎「民國」認同，至今仍竭力將其矮化為一種「省區」認同，而大陸民間則僅有文人微弱的「民國範兒」呼喚。反倒是台灣的龍應台，寫了一本《大江大海》，為四九興亡辯誣，實乃梳理「民國認同」的大手筆。但是尹萍說得依舊痛徹，「外省人第二代」，忍辱背負台灣、大陸兩地的「國民黨原罪」。這個「民國世代」的認同，竟成一項「政治不正確」，逼迫很多人選擇遺忘。

紓解這種緊張，確乎需要江湖上一個「散淡的人」來做，最好遠離囂噪、拉開距離。尹萍獲得這個「位置」，難道當年預謀不成？不過最要緊的是，倘若借著一個尋常人家的顛沛流離，去折射一個亂世，便獲得某種永恆的意味，饒是文學，也不過如此。哪曉得，這故事竟是她自家的，可以信手拈來。

南京城東龍潭鎮子弟尹誠中讀高中時，抗戰爆發，遂投筆從戎，抗敵報國，曾在湘鄂與日軍周旋；後鎮守黃河防線，抵禦共產黨。在那個年代的中國，他這種經歷，成千上萬的人都有，戰後將士們也就「解甲歸田」了。無奈政權易幟，他後來奉命隨國民政府遷到台灣，便要防衛台澎金馬，一生戎戍。尹萍說她是「武士後人」，亦類比日本幕府衰落後武士成浪人，榮耀中不乏悽楚，且未來茫然。我想，她寫出了台灣軍公教族群的某種通感。這個族群，恰是民國世代在台灣的後嗣。

尹萍筆下的「龔光憲」，簡直稱得上是一個傳奇了。兵荒馬亂的年月，十六歲的女學生偷跑出來投軍，那種勇敢和理念，今天已不可能。她在重慶坐困愁城、後來又輾轉樂山、瀘州的那段日子，竟是好人絡繹不絕地來幫她，最後終於遇到她的終身伴侶尹誠中，彷彿他冥冥中就等在那裡。後來她母子二人在靈寶陷入險境的那段故事，我讀得心驚肉跳。再後來尹上尉化裝成農民，潛入城中找到失散的妻子那一幕，簡直就是好萊塢的驚悚大片了。尹萍說：「這輩子，我避開了所有的災禍。」其實是她媽媽把她的災禍全都受完了。因此，作為一種回報，這個做記者的女兒發誓要寫家族史，編織進她媽媽託付下來的回憶文字，共同完成了一部奇特的「母女回憶錄」。

空靈、雋永、哀傷

這個家族的命運，是流亡遷徙的。一九九五年尹萍帶著一雙兒女「出走紐西蘭」，我們甚至可以看作是尹家一九四九年遷台的第二部曲。其間自有種種人生與世道滄桑的命題，不過我們從尹萍筆下讀到的另一個話題，是關於她作為家族縱座標上的一環所負有的承傳使命。教育，這個人類作為物種繁衍策略的大問題，我們知道尹萍是頗有自覺的，當年她就是因此而出走的——當我閱讀她帶著她那一對黃蓉郭靖，在紐西蘭「這塊人間最後淨土」的令人豔羨的戲耍（上學讀書也是其中的一種呢），我就想到假如我是馬英九，就去請尹萍回來做教育部長。

「我唯一堅持的，就是不修剪它。」尹萍是一個「杜威主義者」，那又一定是胡適留下的遺產。這種進化論與盧梭思想的結合，認為基於生物自然演化的前提，學習者都會自動朝著最大適應的方向前進，提升自我。學習者一定是向善的。但是這種「實驗主義」教育，在美國開始遭到懷疑，美國的教育被認為是失敗的（好玩的是，被認為成功的教育居然在中國大陸）。於是尹萍撫養出來的郭靖入讀的那個耶魯，憑空跳出一位「虎媽」來，炫耀「棍棒訓女法」，把美國人都鎮住了。我又想，假如有哪個基金會肯出錢，從紐西蘭請出高手尹萍，來耶魯跟那虎媽「華山論劍」，在互聯網上直播，火爆一定不亞於世界盃。

這本書寫到最後，尹萍的文字才真的空靈起來。第二卷家史部分，是結構精巧的紀實體，她要與母親，隔著時空來共同撰述；卷一，是她的育兒精粹，乃雋永的敘述體，母親描摹兒女的情態，一些句子好得如同醇酒；卷三，是散文的美文，寫得瀟灑極了；瀟灑中還帶了一點淡淡的憂傷——「活下去的理由」。「尹家場」那個起點，「其實是永遠的消失了」；台灣那個「廟堂」，於她這個「武士後人」，也不大相干了。她呵護的一雙兒女已遠在天邊。她用「宇宙」而不是「地球村」來隱喻跟他們的距離。她刻意用「早春情事」來掩飾「空巢症」。她自稱「浪蕩海外的無根之人」，也許為了踏實一點，才去「空城計」裡借了一個「散淡的人」來自嘲。她在天涯海角思考靈與肉的歸宿。她和老伴「上窮碧落下黃泉」安頓終極焦慮，結果是神、是佛、是道，或者是「兩處茫茫皆不見」，讀者自可解悟。她是有文化底氣的一個人。她的情懷，讓我想起我很敬重的另一個人。二〇〇六年余英時教授獲「克魯吉人文獎」，《中國時報》記者傅建中寫了一篇〈沒有鄉愁的余英時〉，結尾很動人：「余英時雖少小離家，卻從無衣錦榮歸的打算，也不會問什麼『君自故鄉來……來日綺窗前，寒梅著花未？』如果他有所謂鄉愁的話，早已融合在中國文化的長河裡。」

二〇一八年二月

從「五四」到《河殤》

——一場文化盛會的因緣

帶有希臘式廊柱的普林斯頓大學輝格參院議事廳二樓的大螢幕上，杜維明教授正向美國公共電視網（PBS）系列片《思想界》（a world of Ideas）的主持人比爾·莫耶斯闡述他的新儒家。就在幾分鐘前，同一個螢幕上出現過中國大陸知識分子窘迫寒酸的情景和對儒家傳統的激烈抨擊，這些鏡頭都來自電視片《河殤》第三集「靈光」，這是兩種多麼不同的「論說」（discourse），各自帶著多麼不同的文化背景，如今終於能在這裡對話了。

其實我知道離真正的對話還差得很遠，比如說我們一些大陸出來的人，對杜維明所使用的「文化中國」、「精神資源」一類概念還很陌生。我想，他對我們所使用的諸如「黨文化」、「新啟蒙」一類概念，恐怕也會覺得生疏，但是大家都聽得極認真，杜維明坐在台下記著筆記。

由普林斯頓中國學社（Princeton China Initiative）和夏威夷東西方中心，聯合在「五四」七十二周年舉辦的題為「文化中國：從『五四』到《河殤》」的大型討論會，按照余英時教授最初為會議擬定的宗旨，是希望初步釐清「五四」以來的三種價值來源——傳統、西化和共產主義在大陸的影響和演化，這種釐清只是描述性的，不去生搬硬套我們自己也不懂的學術概念、名詞。發言者大多是近十年來大陸經濟政治改革、文化批判和民主運動的親歷者甚至始作俑者，他們都力圖以自己的經歷和感受，平實而真切地描述三種價值來源對自己的混合式影響，並怎樣影響社會，他們恰好描述了「文化中國第一意義世界」（杜維明語）的精神資源狀況。

整個會議我聽下來，是從「五四」以後進入中國並在強烈民族情緒培育和殘酷戰爭及政治鬥爭催化下，逐漸取得獨尊乃至國教地位的馬克思主義，歷時七十年造成無數災難後，今天終於已成強弩之末，並因它從顛峰的跌墜而給中國大陸帶來空前的心理坍塌和精神危機；同樣也在「五四」時期隨著反傳統而進入中國的西方人文理性和科學理性，經歷了七十年孤寂冷漠和備受摧殘的命運，卻在今天以自由主義、民主制度和市場經濟的嶄新氣脈，攜帶著濃烈的商業化氣息並依舊強烈的反傳統色彩在大陸勢如破竹，不可遏制；在「五四」就被斬斷氣脈的中國傳統的命運更加奇詭，它在被共產黨意識形態既摧毀又利用的過程中逐漸分化，一方面與外來的馬克思主義、史達林主義媾和成所謂「黨文化」的怪胎，一方面又在民間化為無聲而強大的非主流精神資源。我想，杜維明在這次會議上所作的預見或許是有道理的，他認為這三種精神資源在未來能否健康互動，將決定中國大陸的命運。

在陽光燦爛的普林斯頓暮春裡，一九九一年五月三～五日，會議開了三天，充實而話題廣泛，其間常常有爭論爆發。大陸學人、海外學者和漢語說得極漂亮幽默的美國學者之間，高度參與的入世派與非政治化的出世派之間，知識分子與學生之間，流亡者與留學生之間、大陸人與台灣人、香港人之間，演講者與聽眾之間，「話語」漸漸溝通了。

召開這次討論會最初的念頭，萌發於二月裡普林斯頓中國學社與杜維明先生的一次長談，那是在哥倫比亞大學剛剛開完中國人權討論會後，杜維明趁著一個星期天從紐約趕來普林斯頓我家中，邀集這裡的大陸流亡文人，暢談了三、四個小時。在哥大的人權討論會上，余英時、杜維明兩位海外中國學者，在中國人是否有人權意識這個問題上，就同黎安友等美國學者發生爭論，這件事本身已經說明中國精神資源的匱乏，給我印象很深。我們也許可以從古代儒家那裡找到許多同現代西方人權觀相通的價值領域，但那畢竟已成「遙遠的迴響」（杜維明語），在「五四」以來強烈的啟蒙心態和近四十年大陸批判封建糟粕的強大聲浪覆蓋下，已經幾乎聽不到它的空谷回音了。

那次長談，從杜維明的「文化中國」的第一意義世界開始，他談到長期以來，在「第一意義世界」裡，彈丸之地的台灣一直是傳統的孤獨的代表，而大陸幾乎不再是一個文化意義上的中國，卻成為西方「烏托邦」理想的巨大而悲慘的試驗場，西方激進的知識分子在五〇年代普遍同情共產主義運動，大陸最黑暗的時候偏偏是它在國際上形象最好的時候，近十五年來這種情況開始改變。這主要是由於在台灣、香港和大陸先後都湧現了知識分子具有群體性、批判性的「自我意識」，逐漸超越一黨的意識形態和狹隘的區域政治觀念，形成了文化上互相參照和溝通的初步「認同」。也正是這樣的背景，人們才發現文化意義上的中國，精神資源之匱乏，價值領域之狹窄，已不足以擔負中國人應對現代化挑戰的重任，這是一個影響深遠的精神危機，它不僅表現在今天我們追尋現代化時的無力感，更會表現在將來我們或許可以現代化卻再也找不到中國人的文化認同。

那天杜維明的話題「侃」得很寬，他談到西方人至今生活在他們深厚的傳統資源中倍感沐浴恩惠，人們談到兩千年前的西方先師大哲，至今戰戰兢兢；西方的學校、報社、教會的傳承性非常強，檔案資料的積累鉅細靡遺，而任何一種觀念、組織、結構，只有傳兩代以上才有傳統可言，西方公民社會的基礎就建立在這裡，這是東亞社會無法比擬的。但杜維明也談到，在日本，美軍占領時為加速其現代化，曾將日文中的漢字壓縮到不超過八百字；美國人一走，日本便逐漸將漢字恢復到兩千至三千左右，同中國人使用得差不多，如果再加上日文、西方外來語，說明日本人所獲得的訊息量和文化資源就超過其他民族數倍。而南韓則發生相反的現象，從一九四五年開始廢除漢字，就發生了嚴重的文化斷裂，今天的大學生要讀懂十九世紀以前的文獻已經很困難了。

當然我知道，杜維明之所以強調他的「文化中國」，不僅僅出自中國人在應對現代化挑戰時需要傳統資源的功利目的，更在於他認為，當今的世界是一個按照西方啟蒙思想以特定模式鑄就的功利世界，其他文化中一切重要的價值範疇大體上都要被這種啟蒙思潮所裁決以定取捨，這使得整個世界都捲入爭生存、爭財富的社會達爾文主義漩渦之中，而人類其他的生存形態及其精神資源都只有枯竭下去，問題又恰恰在於西方文化應付現代化困境時，本身面臨資源匱乏的危機，需要從其他文化中汲取潛能。杜維明當然是非常強調儒家作為一種重視人倫、群體，講究天人合一的生命形態對人類未來的意義，但他的這種看法，對當今焦慮、急躁和充滿憤怒情緒的中國人來說，還完全是一種隔世之音，彷彿是比傳說還要飄渺的空谷鹿鳴。我在《河殤》曾嘲笑他的「儒家第三復興期」是「一廂情願」，如今當面聆聽，才有一股源頭活水緩緩而來的浸潤之感。

就是那次長談後，我們幾個人一同攛掇他來聯合辦一次討論會，他自然一口允諾。我們在普林斯頓緊張地籌備時，他一如既往地在地球上飛來飛去傳授他的理想，偶爾會從某個角落打電話來交換一下意見。會前我去機場接他時，他一瘸一拐地走來，說是關節炎犯了，會議開到第三天中午，台上爭得十分激烈時，他悄然離席趕飛機，我們都在背後開玩笑，說杜維明真像一個傳教士。

舉辦這次討論會還得益於另外兩位師長。

余英時教授叼著菸斗坐在他那間四壁都是書架的辦公室裡，他笑起來的樣子像一個憨厚的中國老農，他實際上是普林斯頓中國學社的靈魂。我們同杜維明先生談妥以後就去請教他會議的開法，他說「文化中國」這個題目很好：「我認為，中國的問題說到底是文化問題，你別看這十幾年台灣、大陸在經濟、政治制度的變革上很費勁，其實都不難突破。將來真正的難題是文化怎麼辦？中國兩千年面貌大致不變，傳承性那麼強，也不是可以用政治制度或社會解釋得了的。我想恐怕是一種文化傳承上的巨大穩定性，後來中國的一系列問題也出在這個穩定的文化系統被打亂了。所以，《河殤》從文化上提出問題是抓準了的，我雖然不同意裡面的一些觀點，但我看它提出的是真問題，不是假問題，現在常常有人提出一些假問題，爭來爭去沒有用。」

余英時提出，我們這次討論會乾脆就叫「文化中國：從『五四』到《河殤》」，他建議我們都來理一理傳統、西化和共產主義這幾種價值在自己身上的影響。「你們在大陸都是演出重大事件的人物，你們自己來講述歷史是怎樣演出的，實實在在地講，比玩弄一些西方學術的新名詞，要有意義得多。」的確，後來會議開得有內容，不尚空談、不弄玄虛，就是余先生在開始定下的基調。

平時同余英時先生聊天，可以感覺到他那深厚的史學根柢和貫通中西的知識，常在散談中沉甸甸地湧來，他在這次討論會上的發言，也是一種散談式的演講。我很佩服他用《河殤》裡內陸文明和海洋文明這一對概念講出了另一番道理，他說中國的內陸文明自古受西北遊牧文化的壓迫，一直保持著一股走向海洋的張力，自南北朝以後逐漸開發長江流域、東南沿海以至南太平洋，怎能說中國沒有海洋文化呢？從近代來看，孫中山領導的辛亥革命就是依靠海外華僑的力量，這正是一場海洋文明同內陸文明的鬥爭。國民黨與共產黨的較量，就其所代表的利益而言，也同樣是這麼一場鬥爭；代表沿海弱小的海洋文明的國民黨無法解決中國的內陸性問題，這是它失敗的根本原因；共產黨雖然獲勝卻最終也被這封閉的內陸文明所拖垮。所以，今天代表中國海洋文明的台灣是中國的希望，它和整個東亞的崛起在「文化中國」的意義上，終究會產生海洋影響大陸、邊緣影鄉中心的深遠作用。

到會的另一位師長是威斯康辛大學的歷史系教授林毓生。我與他素不相識，我逃到海外後，他正在新加坡講學，卻寄來幾本他的著作給我，其中有一本他與老師殷海光的書信集，我讀得手不釋卷，進而又去圖書館借殷海光的著作看，真覺受益匪淺。我最大的懊惱就是在寫《河殤》時沒能讀到殷海光二十多年前寫的那部《中國文化的展望》，如今讀來，方覺出一股「洞中只數日，世上已千年」的滋味。

我們請林毓生來，想讓他專門講講西方自由主義的真諦，對經歷了一場失敗的民主運動的我們來說，向自由主義大師海耶克的中國弟子請教，算是拜對了菩薩。

林先生書卷氣之重也是很少見的，他一口東北話，用來表述極為抽象的邏輯時彷彿不夠，而他像是有一種絕不說錯每一個概念的習慣，說出來的話可丁可卯，稍有表述的出入立即糾正，這使得他說話時常常使勁地搖頭、閉眼，拚命集中自己的思路，我們聽他發言也必須高度集中，才能跟隨他進人那彷彿缺氧的抽象思辨境界。他在發言中用最簡單的話（他其實不願意這樣簡單化）介紹了蘇格蘭啟蒙運動兩位大師海耶克、博蘭尼的基本思想，即一種較為保守的自由主義思潮，認為理性並沒有設計十全十美的理想社會的能力；個人自由不能被國家、民族這些概念所化約，但自由的含義不是「解放」的、任意所為的含義，而是受到文化經濟、道德習俗的深刻制約，特別是受到現代法律的制約。這是同法國啟蒙思潮很不同的，足可以從傳統中得到支援意識的，從這一派自由主義的觀點來看，馬克思主義的出發點就是錯誤的。

林毓生也認為構成現代化的基本價值，在中國傳統文化中是資源不足的，因此需要「創造性的轉化」，這種轉化最要緊的一環，是把文化中的一些基本要素，如儒家的「仁」、法的觀念等，加以抽象化、普遍化使之不能被特定的利益集團用於具體的目標，並加以重新組合，產生新的質。在他看來，這是一項長期而艱鉅的工作，中國人必須有耐性。

上面提到的這三位師長都來自台灣、香港，並在美國成就學術事業，這使我想起「五四」時代蔡元培、胡適所開創的學術傳統，這傳統雖然在後來七十年的中國未居主流，但畢竟在台港和海外被傳承下來，僅從這三位師長來看，不可謂不是碩果累累。我們有幸在普林斯頓受惠於他們，怎能不遙謝於蔡、胡當年呢？

也在這輝格廳裡。

我對《河殤》沉默了很久——在趙紫陽把它作為禮物送給李光耀而王震對它破口大罵之後，在坦克衝進天安門廣場也把它同X級錄影帶一道鋪在馬路上碾碎之後，在五位撰稿人或入獄或逃亡之後，也在香港、台灣、海外學人紛紛從學理上指出它的偏頗之後——我在這裡，美國數一數二的常春藤學府，第一次說：「我依然很喜歡我們的《河殤》。」——這句同政治和學術都不相干的話，我卻是到此方能開口。

一九九一年春

浪漫不再遺傳

從毛澤東到切·格瓦拉

巴黎一位友人寄來一篇文字給我，是回憶六八年法國「五月風潮」的，字裡行間的拉丁區街頭焚毀的車骸，讓我在三十年後讀去，彷彿還有一股青春被燒焦的糊味兒。她如今已近耳順之年，筆下「青春無悔」的不甘依然那樣強烈。不同制度、文化以及東西方在本世紀對峙得那麼水火不容，卻在六八年同時上演了一幕角色相仿的青春躁動大戲，據說大夥兒還都公認導演是當時已被擊斃的切·格瓦拉，和正在巔峰的毛澤東。

三十年前，我也絕過食、守過被成白上千手持鋼矛大刀的「敵人」圍困的一座孤樓，然後在黑夜裡落荒而逃。那時我只有十六歲，看到一位老師被大卸八塊的屍體後，很多天吃不下飯。跟許多同齡人不同，我很早就沒了「青春無悔」的那種浪漫，因為這青春裡總會泛起那具殘肢的屍臭，一輩子拂之不去。

我不知道我的六八年，同反越戰、吸大麻的美國嬉皮以及巴黎性解放者們的六八年，有何相干？

而今陷在股市崩塌、人欲橫流之中，資本主義幻化成巨大的「虛擬資本」吸盡了東亞奇蹟和尚未揭幕的「太平洋世紀」，我們又有理由去懷念三十年前瀰漫的理想主義了。據說冷戰消失之後，俄國和歐美的知識分子都惶惶然於他們所謂的「人類進入中空期」。「中空」彷彿比毛澤東的「中國六億人，不鬥行嗎」還要可怕。不知道切．格瓦拉的傳記在美國出了兩、三本之多，同湖南鄉下為「毛大爹」建祠堂，以及美國一群華裔毛信徒聲討「御醫」李志綏，有何關聯？真的是陰魂不散，還是不過懷舊而已？

明知故犯的懷舊文革暴力

柏克萊或巴黎的學運，同在毛澤東麾下我們這些「正牌」紅衛兵，理由真的一樣嗎？六八年的硝煙血泊，好像始終包裡著一層含情脈脈的理想主義光環，也從未被中國大陸死於「文革」的成千上萬怨魂抵消掉過多少。暴力可以譴責，理想主義卻永遠純潔無瑕。每一種青春，都可以理直氣壯為她自己辯護，而且好像越是過來人越要辯護。不過，我始終覺得為紅衛兵的辯護是蒼白的。我常猜想，大概不會有多少人在讀史丹福王友琴寫下的北京學生打老師的那些血腥故事時，肯追問自己一句。她每年假期自費回北京去，一家一戶的調查，用微弱的聲音揪住整個民族去懷這個「舊」。很多人大概心裡很恨她。

青春總是令人懷舊的，而且樣式很多。比如據說是「紅衛兵」這三個字發明者的張承志，九四年還在《讀書》雜誌上撰文，說他很遺憾當年毛澤東給馬丁．路德．金發唁電，而沒有發給馬爾孔．X，「也許是祕書們和專家們的失職，沒有向毛主席介紹馬爾孔．X其人。毛澤東是一定會喜歡馬爾孔．X的」，因為毛澤東討厭非暴力主義。紅衛兵張承志後來成了著名作家，再後來又成了回教原教旨主義者，他寫的「心靈史」，「要把黃河以南、漢語知識體系和漢族知識分子傳統拋在一邊」（某書評語），被中國回民奉為「新可蘭經」。他很崇拜馬爾孔・X這頭「高貴而危險的黑豹」，說對今日中國青年應該是「一個重大的參考」，雖然他不會不知道馬爾孔・X後來已經拋棄暴力主義，並且因此而死於暴力。這種明知故犯對「文革」暴力的懷舊，已經不是理想主義，是信仰了，而對於信仰則無論青春老邁都是無話可說。

還有一類懷舊，是辯護造反派的，恰好是張承志的對立面鄭義、楊曉凱。他們說中國大陸以外的人根本不懂「文革」，把造反派和紅衛兵一鍋煮。他們寫了許多文字論證造反派其實都是被紅衛兵的「血統論」打出來的，是一個同共產黨利益集團真正有「階級仇恨」的被壓迫階層，是打著擁護毛澤東的旗號反對共產黨，是中國最早的民主運動者。這個階層的英雄是遇羅克，寫文章駁斥「血統論」的一個中學生，大概就是六八年前後被關進大牢，臨槍斃前被摘掉眼珠，拿去作器官移植。一說到這樣的「青春」，我只覺得血漫過了頭，也漫過了那些什麼浪漫、理想主義、躁動、反叛期等等，用這些字眼已經不配去談遇羅克。

中國人青春躁動遺傳基因被閹割

都說紅衛兵運動傳染了全世界，因為全世界的青年都到了青春期的躁動和反叛。於是我想，這大概是可以遺傳的。果然，到八九年在天安門廣場出現了。那是一九六八年才呱呱落地的一代，是中國動亂裡的「嬰兒潮」，他們的父母都武鬥過，都沒讀過什麼書，只知道「批林批孔」，輪到他們可以上大學了，卻是食堂裡伙食不好就可以「造反」的一代，還對遊行、靜坐、絕食無師自通，那時主管意識形態的胡啟立百思不得其解，說「你們怎麼拿起筷子夾肉，放下筷子就罵娘？」共產黨不懂青春期躁動，雖然他們的「大救星」毛澤東從小就是一個躁動的胚子，「和尚打傘，無法無天」，「在榻上亂天下」，浪漫到老，把中國攪得「周天寒徹」。

共產黨對青春躁動只剩一個「殺」字。這一殺不當緊，殺得巴黎那些當年的老紅衛兵無地自容，也殺得哈佛的費正清改變了一生對中國革命的評價。不過，最要緊的是，鄧小平好像真的閹掉了中國人的青春躁動遺傳基因，從此浪漫不再。刀光劍影之後，九〇年代初只剩下調侃全中國人的一個王朔，和幾首痞里痞氣的搖滾：「人潮人海中有你有我，想一想是相互捉摸；人潮人海中有你有我，裝著正派面帶笑容」……其實這副笑容是捉摸不定的，後來就有一副惡狠狠的「說不」面孔昭然天下。到這時連王朔這個痞子也被「放逐」到美國來，不知道他還找不找得到三十年前美國的雅痞們，交流一下反體制的心得？可以肯定的是，他絕對不會去憑弔馬爾孔・X。

二十幾歲寫過小說《青春萬歲》的王蒙很欣賞王朔，說這小子的一大貢獻，是「顛覆崇高」，大概他自己當年那股萬歲青春，已經耗盡在放逐新疆的右派生涯中。當過右派的文人，能活出地獄來，大凡都很譏諷理想主義，如今好像只有一個劉賓雁，流亡在外只擔心中國道德亂喪，說大洋那邊中國人都得了「心靈之癌」。三十年前我就看到許多右派分子雖然挨鬥極慘，但自我保護的技術都很高，後來我才知道他們大概看著紅衛兵和天安門這兩代，都覺很可笑。

三十年裡很多齷齪都是借著「崇高」之名幹下的，「崇高」被濫用得很廉價，青春就更是幼稚可欺；可是顛覆了崇高，是不是只剩下無恥暢行天下，今日的中國人大概也顧不上了。你很難說青春反叛期究竟是被鄧小平閹掉的，還是被王朔「侃」掉的，反正中國大陸前後二十年兩次青春大躁動，好像洩盡了元氣，終於蔫了，也好像中國的「紅衛兵精神」一絕跡，全世界也都乖了。如今只剩下一個當年也曾是紅衛兵的魏京生，蹲了十四年大牢出來還有理想主義，說他此生不打算結婚成家，要跟共產黨死磕到底，在不再浪漫的世界看來，像一個怪物。

一九九七年十二月二十七日

退回人文，歸於平淡

《民主中國》辦了差不多五年了，它筆下的中國，大約快要「飄流」成只是我們觀念中的那個「中國」了：流亡文人記憶中的中國、預言家們猜測的中國、持不同政見者幻覺中的中國、北美華文媒體轉述下的中國、西方漢學家論說中的中國……只是，它離待在那兒的中國相去多遠，我無法確定。

我們在虛構一個中國。也許，這有些類似巴勒斯坦人薩伊德忿然抨擊的「東方主義」——「東方」，並非待在那裡的東方，不過是西方人發明出來的文化產品，一堆學術、經濟、歷史、文化、語言的想像、詮釋、字彙……。

「五四」式知識分子將絕跡

我想說的，不只是流亡的困境、話語的困境，也是中國知識分子在當今的迷失：他們從「五四」所承傳下來的時代感、歷史感和身分感，一併喪失在他們異口同聲稱之為「後鄧小平時代」的今天。

本世紀初從西方引來中國的那種時間觀念和政治憧憬，即從過去經由現在可以創造出一個「未來」

的歷史觀坍塌了。「五四」式的知識分子即將絕跡，這竟是他們自己曾經呼喚的現代化給出的順理成章的報應。

據說，全世界知識分子的歷史感到今天都消失了。西方知識分子管「今天」叫什麼的都有：後冷戰、後工業、消費時代、傳播媒介時代、資訊時代、電子高科技時代……這些空洞、生疏的名詞還可以歸結為一個更空洞的說法：「後現代」，到此，近兩個世紀以來的「偉大議論」失效，歷史「終結」。

中國知識分子對這些都不懂，他們只會說一種話語：「後八九」或「後鄧」。而且，他們幾乎是從「前現代」，經由天安門事變，一路被趕到這個「後現代」來，還丈二和尚摸不著頭腦，就逼著要「下海」去了。

現代化對中國知識分子來說，再度變得陌生、無情和事與願違。

中國知識分子這半世紀的全部經驗、憤怒和靈感，都集中在另外一些東西上面，如：黨、運動、國有化等等，這似乎也是一種「單向度」，失去了想像與現狀相反的生活形式和社會形態的能力，所能激發的最高理想，無非拒絕專制封閉而樂於接受資本主義的市場經濟。這種想像力，同他們當初由於不甘於中國落後挨打而情願接受共產主義的集權政治，如出一轍。「市場化」曾是中國知識分子在八十年代的一面旗幟，似乎只拿它對準極權政治吆喝，卻未深想自己會在其中的境遇。

「雜匯」、「無深度」和零

商品、消費、市場這些東西，也是一種政治、意識形態和文化霸權，它們並非特別是集權政治的天敵，卻天然是知識分子的剋星。

法蘭克福學派最早從法西斯主義在德國上台的成因中，窺出發達資本主義的文化機制，其特徵就是將文化成果經過市場，轉化為文化商品，以消費和享樂的形式，操縱大眾心理，並使技術、行政的合理暗換為政治的合理，化解了一切批判和否定的向度，知識分子變成了零。

這種看法在後現代理論中又順延下去，認為商品化進一步粉碎了高尚文化與通俗文化的藩籬，湧起找不到本源的文化「雜滙」，人類精神被導向中空狀態和新的無深度。這一套文化變遷的路數，原先只在西方發達國家醞釀，如今借著冷戰的告終，尾隨世界市場和現代化的拓展，向全球瀰散。

人們很容易忽略，在商業社會下不是知識分子同政治制度的關系，而是他們和大眾的關係，發生了根本變化。

知識分子一向有用武之地的那些領域，如階級衝突、社會矛盾、公然的政治箝制和輿論控制等，即讓他們得以開風氣之先、有資格成為大眾的精神領袖的那些「前現代」空間消失了，他們的道德、價值、知識乃至審美等傳統優勢均遭貶值。社會階層和身分的互換，不是發生在知識分子與統治者及其特權階層之間，而是他們與大眾之間：他們走向社會邊緣，而大眾虛位於中心。

巫醫與「中國大醫院」

眾所周知，中國「五四」式知識分子和大眾的世紀因緣，更是精神分裂型的，充滿誤情和錯覺。

由近代危機而發軔的「五四」情結，視中國在西方進化論觀念之下淪為從文化到靈魂的「東亞病夫」，解救之道唯有興起一場大規模的民族「治療」，知識分子的教化使命，就是要以「批判國民性」而再造民族靈魂。魯迅開創的「療救文學」，奠定了近一個世紀知識分子（醫生）與大眾（病人）的「社會衛生學」關系，這種「治病救人」的五四遺產到後來的毛澤東時代，竟氾濫成對全民的精神奴役。

毛澤東是一個巫醫，他是「五四」孕育，並從「五四」醫生當中變異出來的。他先完成了一個「反療救」的顛倒：「不乾淨」的知識分子被貶為病人，大眾升格為名義上的療救者。其實，這場民族治療中醫生的位置在延安就騰空了，於是，整個中國便可以淪為這個巫醫隨心所欲的一座大醫院。

中國這種「療救文化」的先天不足給了毛澤東成功的機會：「大傳統」與「小傳統」是分離的。這在魯迅正是一個絕望，「五四」新文化猶如一束光圈，光圈之外就是一片漆黑，於是他大寫「民族寓言」，對「鐵房子」裡將要昏死的人們大聲吶喊。最後，這位「吶喊者」終於也厭倦起來。另一位「五四」大將羅家倫說：「身上蒙上猴子的皮，這些猴子才會相信你。」

真正「猴子稱大王」的是毛澤東。「五四」新文化從一開始就借助對「大傳統」最具顛覆性的通俗文化而登上舞台，末了它同「大傳統」一道被吞噬。當然，通俗文化後來也在毛澤東的大醫院裡化為灰燼，中國真的被治療成「無文化」了。

如今，在文化廢墟上，昔日「中國大醫院」正被改建為一座超級市場——「多國化資本主義時代」的東方批發行，過去的「工農兵」（或叫「人民」）正集體轉業為消費大眾，「黨的喉舌」蛻化為聲嘶力竭的大眾媒體，文化廢墟上竟也有雨後春筍般的「文化工業」，那些搖滾、肥皂劇、暢銷小說，都是把「大眾」用後現代的「雜匯」手法包裝過再賣給大眾，大眾唱自己、演自己、讀自己、哭自己、笑自己，沒知識分子的事了，沒人肯花錢買他們的「憂患」和「療救」，甚至動用國庫搞「運動」來整治他們都是蝕本的。他們已經失業了。我很懷疑，假若魯迅活到後現代，他拿手的「民族寓言」還換不換得出幾塊美金？

退回人文中去

從魯迅進化到我們這裡，在那「鐵房子」裡沉睡的人們大多都會唱卡拉OK了，阿Q的抱負也昇華到「將紅旗插到曼哈頓去」，可是許多知識分子至今「喊」的欲望仍很濃烈。唱的和喊的都互相聽不懂了，弄得究竟是誰還躺在「鐵房子」裡都難說了。不過，我們在紐約看了從北京來的王起明的能耐之後，真的很懷疑再為中國的現代化、民族魂、國民性等等操心，還有何用？該操心的倒是：「鐵房子」裡的人都睡醒了，他們說，別喊了，該你們睡了。

知識分子的聲音在今日中國是聽不見了。

不過，在大眾傳媒或訊息時代，再作孤獨的「吶喊者」也真夠累的。尷尬倒不在於沒有聽眾了，而是我們很多人的「療救」癮還沒過足，現代化、民族魂、國民性一類天大的問題，依然是他們的「十全武功」，不練這一套便沒新的把式。再有，暗羨毛澤東「發動群眾」之術者，也大有人在。令人無奈的就是，中國知識分子從來不在乎自己說什麼，和怎麼說。

教師兼醫生兼救世主型的「五四」傳人，也該思考一下屬於自己的話語和空間了。未來，在一個大眾的消費的民主的社會裡，人文的關懷大概是最冷寂的，並註定是要處在邊緣的。從那裡去填補精神層面的缺失，滿足知識的欲求，是高層次文化唯一該做的，也只是這樣了。如想包打天下，就免不了還會淪喪。

這似乎是中國新的文化課題。

一九九四年冬

蘇曉康作品集 7

晨曦碎語——我的精神自傳

作　　者　蘇曉康
總 編 輯　初安民
責任編輯　陳健瑜
美術編輯　黃昶憲
校　　對　孫家琦　陳健瑜　蘇曉康

發 行 人　張書銘
出　　版　INK 印刻文學生活雜誌出版股份有限公司
新北市中和區建一路249號8樓
電話：02-22281626
傳真：02-22281598
e-mail：ink.book@msa.hinet.net
網　　址　舒讀網http://www.inksudu.com.tw

法律顧問　巨鼎博達法律事務所
施竣中律師
總 代 理　成陽出版股份有限公司
電話：03-3589000（代表號）
傳真：03-3556521
郵政劃撥　19785090　印刻文學生活雜誌出版股份有限公司
印　　刷　海王印刷事業股份有限公司

港澳總經銷　泛華發行代理有限公司
地　　址　香港新界將軍澳工業邨駿昌街7號2樓
電　　話　852-27982220
傳　　真　852-27965471
網　　址　www.gccd.com.hk

出版日期　2022年 3 月　初版
ISBN　978-986-387-535-2
定　價　450 元

國家圖書館出版品預行編目資料

晨曦碎語：我的精神自傳／蘇曉康著 -
-初版, 新北市中和區：INK印刻文學, 2022.03
面；　公分. -- (蘇曉康作品集 ; 7)
ISBN 978-986-387-535-2(平裝)
1.CST: 蘇曉康 2.CST: 傳記 3.CST: 學術思想 4.CST: 文集
782.887　　111000657